房地产市场结构、经济管制
与长效机制研究

王阿忠 ◎ 著

中国财经出版传媒集团

经济科学出版社
Economic Science Press

·北 京·

图书在版编目（CIP）数据

房地产市场结构、经济管制与长效机制研究／王阿
忠著 . -- 北京 ： 经济科学出版社，2024. 12. -- ISBN
978 - 7 - 5218 - 6560 - 8

Ⅰ. F299. 275. 7

中国国家版本馆 CIP 数据核字第 202431ZC70 号

责任编辑：撖晓宇
责任校对：杨　海
责任印制：范　艳

房地产市场结构、经济管制与长效机制研究
王阿忠　著
经济科学出版社出版、发行　新华书店经销
社址：北京市海淀区阜成路甲 28 号　邮编：100142
总编部电话：010 - 88191217　发行部电话：010 - 88191522
网址：www. esp. com. cn
电子邮箱：esp@ esp. com. cn
天猫网店：经济科学出版社旗舰店
网址：http：//jjkxcbs. tmall. com
北京季蜂印刷有限公司印装
710 × 1000　16 开　20. 25 印张　300000 字
2024 年 12 月第 1 版　2024 年 12 月第 1 次印刷
ISBN 978 - 7 - 5218 - 6560 - 8　定价：82. 00 元
（图书出现印装问题，本社负责调换。电话：010 - 88191545）
（版权所有　侵权必究　打击盗版　举报热线：010 - 88191661
QQ：2242791300　营销中心电话：010 - 88191537
电子邮箱：dbts@ esp. com. cn）

序　言

　　1998年住房制度改革（以下简称"房改"），开启了中国房地产市场化的征程，楼市经历了波澜壮阔、风风雨雨的26年发展，实属不易。这段时期不仅见证了行业的迅速崛起与繁荣，也暴露了一系列的问题和挑战。为此，我们有必要进行总结，首先是主要成就：（1）居民住房条件显著改善。房改政策的实施极大地推动了住房商品化进程，使得我国城镇居民的居住条件显著提升。人均居住面积不断创出新高，住房质量也得到提高，居住环境更加舒适和便利。（2）城市化进程持续提速。房地产市场的发展促进了人口向城市的集聚，加速了城市化进程。大量农村人口涌入城市，为城市经济发展提供了充足的劳动力，同时也推动了城市基础设施和公共服务的完善。（3）成为经济增长的重要引擎。房地产市场一度成为国民经济的重要组成部分，对这段期间的经济增长贡献率持续处于高位。房地产行业的发展带动了上下游多个产业的繁荣，包括建筑、建材、金融、家电等，创造大量的就业机会。（4）金融创新与发展。房地产市场的发展推动了我国金融产品的创新，包括住房按揭贷款、住房抵押贷款资产证券化、住房信贷政策和住房公积金制度等，为居民购房提供了更加多元化的融资方式，促进了金融市场的繁荣。其次，在取得成就的同时，也存在不稳定、不健康发展的问题：（1）房价高涨与居民负担加重。住宅商品价格整体升温，房价过快上涨，超出了居民收入增长的速度，导致购房难度加大，中低收入群体面临住房困难，高房价也加剧了社会财富分配的不均。（2）市场泡沫与金融风险。房价持续上涨，给市场带来套利空间，因此，楼市过度投资和投机行为导致市场泡沫积累，金融风险加剧。（3）市场结构的垄断与价格扭曲。土地一级市场的自然垄断导致土地价格扭曲，推升房价持续走高。住宅商品的异质性、信息不对称和区位开发寡头垄断等导致市场竞争不充分，影响房地产市场的健康发展。（4）土地财政与市场资金紧绷。地价高企亦导致房价中楼面地价占比过高，一旦销售不畅，房企资金链就容易断裂，这种开发模式不利于市场健康与可持续发展。（5）住房保障体系不完善。尽管政府近年来加大了住房保障力度，但相对于中低收入阶层的住房需求而言，住房保障体系仍显不足，特别是一些地方的公租房与产权型保障房建设仍存在不少问题，亟待完善。（6）政策调控与市场反应滞后。由于对垄断市场政府管制的认识不到位，缺乏完善的政策法律法规体系，导致房地产市场的调控政策往往滞后于市场变化，政策效果大打折扣。同时，政策执行过程中也存在一定的认识偏差和漏洞，难以完全达到预期的调控目标。

上述问题的核心是房地产市场结构的垄断性造成的。我国土地市场的自然垄断、住宅商品的异质性、商品房区位开发的寡头垄断等决定了住宅商品与一般商品存在天壤之别，它类似于水、电、油、气、煤、公共交通等产品或服务，属于自然垄断市场的产品或服务，应该进行规模经济开发，来降低开发成本，并实行政府价格经济管制。纵观历次的房地产宏观调控政策，无不从市场供求关系视角切入去调控房价。然而，通过供求关系影响商品价格，它只对竞争充分的市场有效，而对垄断性市场则基本没有影响，这也是多年来我国房地产价格调控政策收效甚微的原因。政府对市场经济的管制包括价格管制等是基于垄断性市场结构下政府的反垄断与经济管制行为（经济管制针对的是自然垄断市场），它是市场经济的辅助功能，旨在使市场经济回归正常竞争与价格理性的运行轨道。我国房地产市场发展的好坏对老百姓的安居乐业至关重要，但是住宅市场近几年的发展既不适宜"安居"，又不适宜"乐业"，这与土地市场的自然垄断与地方政府在土地供给上的价值取向以及住宅市场结构垄断缺乏管制等有关。认识上的不统一导致出台的住宅市场管制政策不到位，或者一些可行的市场经济管制措施也远未达到预期的效果，造成政策失效与管制的"失灵"。为此，我们有必要从理论上系统梳理房地产市场结构垄断性的现象与成因，探究住宅市场微观经济政府管制的机理，研究住宅产业经济管制理论与方法，为政府住宅价格经济管制提供坚实的理论基础和可操作性的实践建议，以利于构建我国房地产市场长期稳定健康发展的长效机制。

目　　录

第1章 房地产市场长效机制概述

1.1 影响楼市平稳健康发展的主因分析

1998～2003 年，我国房地产市场经历五年的适应发展期，老百姓从以前的房屋实物分配年代开始慢慢步入自己购买商品房的市场化新时代。人口众多的中国市场，巨大的住房刚性、改善与投资需求被释放出来。2003年起，房价脱离了消费者的收入水平，逐步上扬，从最开始的一线城市到后来的二三线城市，商品房价格呈现"飞涨"的态势。大量资金涌入楼市，市场出现投资增幅过快过热、供给结构不合理、房价涨幅过大、空置面积陡增、房企资金链紧绷等涉及房地产市场不稳定、不健康问题。然而，与其他行业一样，楼市也进入"一管就死、一放就乱"的怪圈，地方经济对房地产的依赖度与日俱增。每次房地产调控政策过后不到一年，调控政策执行力就已经弱化，房价在不断的调控政策下逐步走高。

2016 年底中央经济工作会议与 2017 年党的十九大报告均提出"房子是用来住的，不是用来炒的"，为回归住房居住的消费属性进行了正确定位。房地产调控明确地方的主体责任，限购、限贷与限价齐上阵，许多城市还积极响应党的号召，开始推行共有产权房和租售同权房等。在市场供求关系已经发生明显改变情况下，国务院 2023 年 8 月 25 日出台的《关于规划建设保障性住房的指导意见》甚至提出推动建立房地产业转型发展新模式的目标，针对工薪阶层按照"保本微利"原则定价，用改革创新的办法推进建设，配售给工薪阶层住房建设地位空前提升，与市场的定位关系明确，被称为"新房改方案"。在房地产调控政策高压下，房价增幅尽管有所回落，但长期积累的博弈预期，加上我国老百姓投资渠道狭窄，股市不振，对楼市的上涨预期一时难以改变。目前，投资性购房有可能会死灰复燃，加上保障性住房缺位，市场供给结构性矛盾仍然突出，刚需购房者还是面临买房难的问题。可见，我国房地产价格的这种涨幅很难用经济增长率、居民收入水平和市场供求失衡来解释。

当前，楼市的不平稳与不健康主要表现为房地产市场体系与保障体系不完善、租售市场严重失衡、房地产业税负不合理、房价涨幅过大严重偏离均衡点、金融风险高、地价上涨导致开发成本过高、开发企业资金链紧绷、投资者持有多套住房等。纵观历次房地产调控政策，无不从市场供求关系视角切入去调控房价。通过供求关系是能够影响商品价格，但这种力量的量级低于市场垄断力量直接定价的量级，供求关系仅仅是影响房价的力量，这种影响力量对竞争充分的市场才有效，而对产品供给方具有直接定价力量的垄断市场则无效。

我国房地产市场结构是寡头垄断市场，对房地产价格的垄断定价才是导致楼市不平稳、不健康发展的主要原因。从国内外及其他垄断性市场来看，政府只有对垄断性市场采取价格经济管制，才能有效控制住垄断定价行为。对垄断市场采取价格管制等的经济管制行为，是基于垄断性市场结构下政府的反垄断与经济管制政策（经济管制针对的是自然垄断市场），它是市场经济的辅助功能，旨在使市场经济回到理性价格运行的轨道上来。因此，有必要从理论上分析房地产市场结构的垄断特征、本质和成因，探索微观经济政府调控住房市场的机理，为政府住宅市场房价经济管制提供坚实的理论基础和具有可操作性的政策建议，以利于构建我国楼市长期健康稳定发展的长效机制。

1.2　长效机制述评、内涵与总体目标

房地产市场结构的垄断特性与市场非竞争性是导致目前我国房地产价

格高企、市场不稳定健康的主要原因。我国土地的社会主义公有制决定了我国城市土地供给市场是完全垄断市场①，土地市场等同于自然垄断市场，必须进行土地价格经济管制。另外，房地产商品强烈的区域性、产品差异化与短期局部区位供给的有限性等竞争不完全充分特点使得我国住宅商品市场呈现出区位寡头垄断市场特征。因此，房地产市场的政府宏观调控与微观管制是不可或缺的。

我国对于房地产市场的调控贯穿于整个楼市发展的历史，各级各部门为维持市场稳定出台了大量的政策文件，政策内容与执行效果也各不相同。我们必须构建一种能长期确保楼市相对稳定、正常运行并发挥预期功能的健全的调控机制，即房地产市场稳定健康发展的长效机制。早在《国家新型城镇化规划（2014～2020 年）》中就提出"调整完善住房、土地、财税、金融等方面政策，共同构建房地产市场调控长效机制"。首次提出长效机制并赋予政府的市场调控功能。2015 年中央政治局会议上提出"建立房地产健康发展的长效机制"，2016 年 5 月出台的《关于加快培育和发展住房租赁市场的若干意见》以及 2017 年 10 月党的十九大报告指出"加快建立多主体供给、多渠道保障、租购并举的住房制度"，寓意将发展租赁市场作为长效机制建设的重要组成部分，完善房地产市场体系。2016 年底中央经济工作会议指出"房子是用来住的、不是用来炒的"，为房地产发展长效机制的内涵界定赋予了清晰的定位。2017 年 2 月首次提出"研究房地产长效机制和基础性制度安排"。党的十九大报告和 2017 年中央经济工作会议再次重申这一原则。2018 年 7 月召开的中央政治局会议上，明确提出了坚决解决房地产市场问题的战略部署，并强调了加速构建旨在促进房地产市场平稳与健康发展的长效机制之紧迫性。这一决策标志着，政府主导下的房地产市场长效机制的建立已成为近年来我国房地产市场宏观调控体系中的关键性战略举措。此举旨在通过系统性的政策安排与制度创新，从根本上解决房地产市场存在的周期性波动、供需失衡及投机炒作等问题，确保房地产行业的可持续发展与经济社会大局的稳定和谐。通过长

---

① 彭爽、刘丹：《宏观调控、微观管制与房地产市场稳定》，载《经济学家》2017 年第 6 期。

效机制的构建，实现更加精准有效的市场调控，引导资源合理配置，保护消费者权益，以及维护社会公平正义。长效机制涉及土地、价格、信贷、财政及租售等多方面内容。

房地产市场是垄断性市场，对垄断性市场进行政府管制的研究浩如烟海，针对垄断造成的市场失灵，高鸿业（2007）在《西方经济学》（微观部分）指出，政府通常是对垄断价格与垄断产量进行管制的[①]。分行业来看，我国自然垄断行业电力价格经济管制方面，范斌和夏大慰（2002）认为在构建电力市场时，必须建立合理的电价机制，这是市场化改革的基础[②]；汪秋明（2006）则以我国垄断行业电信管制定价模型设计为例，分析我国电信行业价格机制设计因素，提出基于收益率管制并加入动态激励因素的管制定价模型[③]；胡晓微（2011）在对我国烟草垄断行业管制下的绩效研究中认为，高度统一的管制模式和管理体制下，逐步形成了较强的地方保护主义，最终导致各地烟草企业的绩效出现了较大的差异[④]；林健民（2012）重点关注我国石油行业的自然垄断管制情况，认为我国石油行业管制在法治建设、管理模式以及价格调控机制等方面依旧存在诸多方面的问题[⑤]。

关于楼市调控政策及其效果评价的研究方面，Stephen and Susan（2002）研究住房调控政策对房价的影响，认为不合适的管制措施可能会导致供需不畅，最终会引发价格上涨[⑥]。Aoki 等（2004）建立了房价、居民消费、政府政策之间的信贷模型，认为住宅在金融市场上的抵押物属性导致其受金融政策的影响巨大[⑦]。黄新生等（2008）以一般均衡（CGE）模型为基

---

① 高鸿业：《西方经济学》（微观部分）第四版，中国人民大学出版社 2007 年版。

② 夏大慰、范斌：《电力定价：理论、经验与改革模式》，载《产业经济评论：山东大学》2002 年第 1 期。

③ 汪秋明：《规制定价机制的激励强度权衡与模型设计——以我国电信产业的规制定价总体模型设计为例》，载《中国工业经济》2006 年第 3 期。

④ 胡晓微：《管制下的中国烟草行业绩效研究》，南京大学博士学位论文，2011 年。

⑤ 林健民：《中国石油产业的市场开放与政府管制研究》，武汉大学博士学位论文，2012 年。

⑥ Malpezzi S., Wachter S. M. The Role of Speculation in Real Estate Cycles, *Journal of Real Estate Literature*, 2002, 13（2）：143 – 164.

⑦ Aoki K., Proudman J., Vlieghe G. House prices, consumption, and monetary policy: A financial accelerator approach, *Journal of Financial Intermediation*, 2004, 13（4）：414 – 435.

础，实证计算相关税率变化对房价的实际影响，得出税收政策变动能够有效调控住宅交易量的结论[①]。张瑜、王岳龙（2011）在对我国土地拍卖的月度数据比对分析后，发现现行土地拍卖制度实行以来，房地产均价已然上浮超过 10%[②]。彭捷剑、王振营（2013）研究房价和货币的供给量关系，发现两者存在正相关，货币供应量增加则房价会增长，货币供应量下降则房价降低，因此建议采用合适的货币政策以避免国家宏观经济受到过大的刺激[③]。

关于房地产市场平稳健康发展长效机制构建的研究文献主要集中在近几年，黄奇帆（2017）认为应从五个方面出发建立房地产长效发展机制，首先要严格控制土地供应、拍卖价格及用地结构；其次是要确保开发商以自有资金拿地，管好开发商贷款及住房按揭贷款；再次是要适时征收房地产税及土地增值税；从次是要大力培育住房租赁市场；最后是要推行"地票"制度[④]。彭文生（2017）的观点是通过采取包括增加人口流入城市的住宅土地供给、租购同权、共有产权和发展租赁市场等多角度出发来构建房地产长效调控机制[⑤]。李佩珈（2017）认为高库存和高房价并存、结构性过剩和局部性短缺并存是当前我国房地产调控面临的主要矛盾，因此建立房地产长效机制的核心是"去房地产化"，并把为实体经济发展创造良好环境放在首位[⑥]。易宪容（2017）认为房地产市场长效机制确立的核心，就是要通过公共决策、经济杠杆及相关制度安排为手段，去除房地产消费市场 70% 的投机炒作赚钱功能[⑦]。何芳（2017）认为应进行分层级政策设

---

① 黄新生、王大珂、左吉吉：《基于 CGE 模型的房地产税收政策效应分析》，载《华商》2008 年第 10 期。

② 王岳龙、张瑜：《基于中国省级面板数据的房价与地价关系研究》，载《山西财经大学学报》2010 年第 1 期。

③ 彭捷剑、王振营：《基于文献研究的 M2 与房价关系分析》，载《新建设：现代物业上旬刊》2013 年第 6 期。

④ 黄奇帆：《建立房地产调控五大长效机制》，载《第一财经日报》2017 年 5 月 31 日 A11 版。

⑤ 彭文生：《构建房地产市场长效调控机制》，载《中国金融》2017 年第 20 期。

⑥ 李佩珈：《"去房地产化"是建立房地产长效机制关键》，载《清华金融评论》2017 年第 2 期。

⑦ 易宪容：《"房地产化"经济的转型与房地产长效机制的确立》，载《探索与争鸣》2017 年第 8 期。

计，在制度层面构建房地产长效机制，在实践层面合理配置运营体系，在调控层面推进逆周期靶向性政策，方能精准施策，促进房地产长期健康平稳发展和房地产价格有效控制①。巴曙松（2017）认为楼市长效发展机制建立，应把握房地产发展方向和政策基调；建立多元化的土地供应机制，提高供给弹性；盘活存量房屋，加快房屋流通，缓解供求缺口；建立与需求挂钩的差别化税收和信贷调节制度；规范租赁市场秩序，发展专业的租赁机构；管理好房地产金融领域各个环节的金融风险等②。刘中显和荣晨（2017）总结国内外楼市调控政策经验教训，并对2012年3月到2017年9月的全国楼市发展情况进行详细分析，认为要综合运用金融、土地、财税、投资、立法等手段，统筹考虑市场主要矛盾、潜在金融风险和土地制度依赖，严格执行限贷，分类实施限购，考虑实施限价，适时取消限售，严格管控房贷利率，分类培育和发展住房租赁市场，完善和落实人地挂钩机制，深入研究和审慎推进房地产税制改革等③。王阿忠（2007；2017）认为房地产市场不稳定、不健康的主要原因是地价与房价过高，其源于房地产市场结构的垄断性所致，因此，可以借鉴水电油气等垄断行业价格经济管制的经验与方法，构建住宅市场政府微观经济管制的体制机制，探究住宅产业经济管制模式，以此构建我国房地产市场的长效机制④。

关于房地产市场长效机制的内涵，不同学者提出了不同的看法。陈淮认为，房地产平稳健康发展长效机制是指能促进中国城镇化建设，维持住房长短期供求均衡的机制⑤；樊纲认为是能使社会安定，能遵循市场发展规律的发展机制⑥；宋春和的观点是指市场能抑制投机购房需求，防止产

① 何芳：《何谓真正的房地产发展长效机制——从租售新政谈开去》，载《探索与争鸣》2017年第11期。
② 巴曙松：《中国房地产市场的主要问题及解决对策》，载《新金融》2017年第11期。
③ 刘中显、荣晨：《房地产市场调控长效机制的建立与完善》，载《宏观经济研究》2017第12期。
④ 王阿忠：《中国住宅市场的价格博弈与政府规制研究》，中国社会科学出版社2007年版。
⑤ 余凯：《论我国房地产宏观调控的长效机制的构建，载《城市发展研究》2008年第15期。
⑥ 徐春华：《我国房地产调控的政策困境及其长效机制初探——基于动态一致性理论的检视与设想》，载《兰州学刊》2012年第8期。

生房地产泡沫，维护市场稳定的机制①；裴亚洲则认为要从制度的源头抓起，从制度层面对市场进行调控②。

从查阅的相关文献看出，不同的专家学者对其内涵的阐述不同，目前并没有明确系统的说法。针对我国房地产市场发展的特点，平稳健康发展长效机制内涵主要指三个层面的意思：

第一层面是平稳，一是维持价格平稳，包括土地价格的平稳和房价的平稳；二是供求平稳，合理调控房地产市场，促进长、短期住房销售与租赁市场供求平衡稳定；三是预期平稳，即房价上涨预期波动小，维持在平稳的水平，防止需求过热过冷；四是投资平稳，要严厉打击非法炒作房价或短期投机性投资的行为。

第二层面是健康，即楼市调控政策上坚持"房住不炒"的定位，回归住宅产品用于居住消费的属性，而不是作为投机炒作的资产。在交易环节确保信息公开、透明，确保市场健康的交易秩序。

第三层面是长效机制，"机制"泛指一个系统中，各元素之间相互作用的过程或功能，如定价机制、市场机制等。长效机制就是要维持长期的房地产供求平衡和稳定发展而不是短期均衡，加强对长期健康稳定的制度建设，保证房价长期的平稳而不是短期波动。

构建楼市平稳健康发展长效机制总体目标，需要从政治、经济、法律等方面着手。

政治制度层面，需要加强发挥服务型政府的作用，从土地源头控制地价的上涨，从而稳定房价，缓和房价居高不下的状况。这是建立房地产市场长效机制目标的基本保障。在稳定地价的同时，实现限价房的供给和分类调控，就是对少部分高收入者通过市场住房渠道购房，坚持"房住不炒"。提供给中等收入家庭足量的限价房，对中低收入家庭提供保障性住房，实现"居者有其屋"的目标。

---

① 宋春和、吴福象：《相机抉择、房价预期与地方政府房地产市场干预》，载《经济问题探索》2017 年第 1 期。

② 裴亚洲：《建立中国房地产宏观调控长效机制的法律路径》，载《河北学刊》2014 年第 1 期。

经济制度层面，深化经济体制改革，构建完善的、公平有序、信息透明的房地产销售与租赁交易平台，这是建立房地产市场长效机制目标的基础。在错误的发展思路引导下，许多城市房地产市场发展建设仍存在诸多体制性诟病，交易过程没有形成规范的体系，交易市场有失公平的现象时有发生，交易价格与数量信息不明，投资投机盛行，市场结构性供求关系无法实现长期平衡，刚性需求无法得到满足。为此，应保持改革与创新，扫清市场稳定运行的障碍，尽快建立公平有序的市场交易秩序，保障房地产市场的有效运营。

法律制度层面，建立健全房地产市场法律法规体系，严厉打击二手房交易"偷逃税"行为，杜绝"阴阳"合同，并将房产税改革纳入立法程序。完善房地产市场各项立法，特别是对房产税（最终与土地财政并轨）立法，这是建立房地产市场长效机制目标的制度保障。合理利用房产税能有效地将投机性购房的行为挤出市场，实现房价的稳定，减少其波动，同时解决地方财政不足问题，逐步替换土地财政，改变"寅吃卯粮"的不合理状况。另外，房地产市场交易过程中，还存在很多黑色地带交易，需要依托完善的法律体系阻止这些行为的出现。

1.3 建立长效机制的原则

建立房地产市场平稳健康发展长效机制目标需遵循制度引领、资源有效配置、科学调控的原则。

（1）制度引领。即从国家顶层设计与产业微观经济管制制度构建着手，对房地产业发展进行战略设计和方向把控。制度引领要考虑房地产市场发展的现状及明确未来的发展目标，顶层需要建立具体可行的制度体系，确保政策的先进性、连续性与可操作性，同时需要明确解决问题的大体方向。这一过程要求深入探索并实践一套综合性的政策框架，既充分发挥市场机制在资源配置中的决定性作用，通过价格信号、供求关系等自然法则引导市场行为，又适时适度地运用非市场化手段，如政策干预、法规约束及社会保障措施等，以弥补市场失灵，保障社会公平与公共利益。

（2）资源有效配置。在房地产市场上，资源是由市场配置的。我们应该发挥市场在资源配置中的决定性作用。但是，市场也会失灵，会出现资源错配。当前房地产配置中，房地产热导致大量热钱涌入市场，造成其他行业资金匮乏，资金资源出现错误配置，对实体经济发展不利。政府要从宏观层面合理配置资金资源，进行行政监管，有针对性地管理房价与地价，维护房价的稳定和结构性供求平衡。

（3）科学调控。即利用逆周期靶向性政策调控的原理对房地产进行监管，维持房地产市场价格稳定。所谓逆周期靶向性政策是指明确房地产市场发展不健康不平稳的核心问题，逆周期精准施策。当顶层制度设计和执行配置体系出现脱节时，需要通过反馈机制进行合理调控。在房地产市场发展中，调控的目的是将周期波动振幅控制在最小的幅度之内，将发展周期拉长，促进房地产价格平稳健康运行。这种模式的调控能将政策与执行矛盾进行合理调节，时效性高，针对性强。

1.4 实现长效机制目标的总体框架

（1）对房地产价格实行经济管制，确保"房住不炒"。经济管制针对的是垄断性市场，是指政府对垄断企业在价格、产量、进入和退出等方面的决策进行限制。土地供给的完全垄断与房地产市场的区位寡头垄断特性说明房地产市场结构是垄断的，对垄断市场的限价、限购（限制进入）或者限售等都属于正常的市场经济行为。我国许多城市房地产市场价格一直处于较高水平，首先源于土地市场供给完全垄断形成的地价不断上涨，地价与房价联袂上涨的高预期收益吸引社会投机性资金大量流入，价格上涨套利空间极易形成房地产投资投机的惯性思维模式，将住宅当作投资品，而不是消费品，投资投机者拥有多套住宅，而真正的住房刚性需求者却买不起房子，这对房地产长效机制目标的建立存在巨大阻碍。另外，高地价高房价也提高了土地生产成本和城市居民的生活成本，长期来看会导致年轻人才、技术与投资资金的外流，对城市经济发展不利。与水电等垄断性市场价格被经济管制一样，房地产市场的垄断特性决定其价格一样需要被经济管制，政府应该对住房价格进行指导与限价，出台价格指导法规，形成价格经济管制制度，从价格上管制其获利上涨空间，消除住宅市场的投资投机行为。

（2）逐步推进房地产税制改革，适时开展房产税试点城市"扩围"工作。如果说房地产价格经济管制是治标，那么房地产税制改革就是治本，要实现标本兼治。近期两会期间提出房产税改革设计要遵循市场发展的规律，制定符合我国经济发展现状的房产税制度，减少交易环节征税。目前我国房地产税"重开发交易，轻持有环节"，应逐步推进房地产税制改革，第一阶段，应首先进行房产税征收立法，或者在已经开始房产税试点的上海与重庆两城市基础上，"扩围"试点城市，增加房产税开征试点城市。扩围试点房产税城市须相应减少开发交易环节征税，以减少购房者负担。另外，按照人均居住面积设置"免税红线"，超过红线部分实行差别化税率，对多套住宅持有者采取重税，旨在强化"房子是用来住的，不是用来炒的"这一定位，着力提升对投资投机性住宅持有的经济成本。第二阶段，应逐步实行土地出让金与房产税"并轨"征收，将70年"一收"的土地出让金，改革为并入房产税中逐年征收，一是改变土地财政"寅吃卯粮"的状况；二是房产税是新增税源，可以增加地方财政收入；三是居民只要保持每年缴税，则70年产权可以改革为无限年（除非土地另征它用），这样可确保房屋居住产权的长效稳定持有。

就目前重庆与上海市实行的房产税试点而言，重庆市对房屋单价超过17 000元、建筑面积超过100平方米的住房，以及在此期间无户籍、无企业、无工作的"三无"人员新购第二套（含）以上普通住房征收房产税的做法值得效仿和借鉴。其他地市应在自身房地产市场发展特点的基础上，研究考虑设置合理的起征点，即免税红线，征收房产税，打击投资投机性购房，强化"房住不炒"的定位，实现房地产市场长效机制目标。

（3）管控房地产金融风险。房地产金融是房地产行业发展的重要推动力，但是，房地产价格的持续上涨、房地产融资杠杆加大、信贷规模扩张与融资成本提高、房地产融资渠道狭窄与开发商资金链紧张等容易引发房地产金融风险。一旦楼市崩盘，泡沫破灭，房地产金融风险会迅速蔓延至整个金融体系，从而危及宏观经济的稳定运行，因此房地产金融风险的管控十分重要。防范房地产金融风险要积极做好宏观经济政策的调控。第一，建立健全货币政策和宏观审慎政策双支柱调控框架，将房地产金融稳定纳入宏观经济考量范围，避免单一的扩张性货币政策使得房地产泡沫不断膨胀；第二，不断完善社会征信体系，加强对房地产企业的资格审核，降低信用风险；第三，推动实现房地产融资渠道多元化，减少对商业银行的过度依赖，避免风险集中化；第四，完善房地产监督体制，严禁资金违规流向楼市，避免引发资本集聚和房地产金融过热的风险；第五，加强房地产预售资金的严格监管，构建完善的第三方资金监管体系。

（4）提高保障性住房供给，确保居者有其屋。在保障性住房的建设方面，需遵循"按需定建"的原则，提高保障性住房的覆盖率，增加保障性住房的供给套数。例如，2008 年至今，福建省一直把保障性安居工程列入建设重点和为民办实事的项目，保障性住房建设规模达到了一定水平，但仍有很大发展空间。目前，保障性住房需要大量的资金支持，福建省应积极争取国家资金的有效投入，落实地方配套资金。同时要深化与诸如国家开发银行等政策性金融机构的合作，拓宽融资渠道，构建一个多元化、高效能的融资体系，以满足保障房项目建设和运营过程中的资金需求。

（5）大力发展租赁市场，实现租售平衡。租售平衡和租售并举是中央对房地产市场改革的新定位，租赁市场发展是长效机制的重要组成部分。目前租赁市场缺乏有效的租赁房源供给和监管，对租赁市场的需求远高于其供给，供需之间存在巨大悬殊。要研究租赁市场长期稳定的发展模式，特别是长租公寓，研究租售并举与租售同权的落地措施，提高市场租赁住房的有效供给，满足不同层次人群的租赁住房需求，保护租赁者的合法权益，向租售平衡的目标迈进。

（6）规范房地产市场管理秩序，构建与完善楼市网络销售平台。政府应制定政策措施规范管理房地产交易市场，特别需要加强对二手房市场的监管和控制，构建、创新与完善房地产网络交易平台，促进交易信息公开透明，防止房价炒作特别是学区房炒作与偷逃税行为，制定中介机构经营规范标准，对各房地产中介机构要依法有序管理，对违法行为做出合理的惩处直至取缔等，从制度管理上保障房地产市场长效机制的建设。

第 2 章　国内外楼市与相关垄断市场稳定发展的比较与借鉴

2.1　国内外楼市稳定发展的比较与借鉴

由于经济发展水平、产业结构与居民收入的不同，世界上许多国家、地区及城市政府在面对住宅市场时，均基于各自独特的经济环境、社会条件及政策目标，采取了多样化的经济管制政策与措施，包括房地产税制、住宅分类供应制度、房地产价格申报交易制、价格管制措施等，以达到稳定楼市，提供各种类型住宅产品来满足不同收入群体的住房需求。通过研究国内外楼市的发展经验与教训，能帮助我们构建符合我国不同地区经济水平的楼市稳定健康发展模式。

2.1.1　国内楼市

国内城市房地产市场稳定健康发展方面的经验借鉴以重庆、北京、上海、福州和海口五个城市为例，重庆市政府十分重视实体经济与住房市场稳定健康发展的平衡问题。政府通过"市场"和"保障"的双重手段对住房市场进行调节，70％的居民住房需求是通过房地产开发商开发建设的商品房得到满足，而且商品房的房价被有效指导与控制，而30％的居民居住在政府提供的保障房里，解决了不同人群的住房问题。按照公租房政策的规定，公租房申请不受户籍限制，只要是在重庆打工生活均可以申请公租房，提供给他们公租房租金控制在市场租金价格的 60% 以内，最长租赁期为 5 年。

重庆市政府始终坚持住房建设的主导地位，领衔国有投资集团进行建设，组建公租屋管理局，对相关事务进行管理。对于公租房的产权问题，重庆市政府深入贯彻产权公有的思想，公租房不能转租和上市交易。重庆市公租房建设采取科学合理的规划，进行"组团"式开发建设，每个组团都均等配置学校、医院等生活基础设施，并实行教师轮岗制，确保教育均等化。同时，重庆市政府贯彻落实一系列方针政策和保证公租房建筑质量，通过颁布《公共租赁住房管理暂行办法》和《公共租赁住房管理实施细则》，不断完善相关法规政策，使管理有法可依。为了确保公平公正，市政府不断优化升级公租房电子摇号系统，实时电视转播，接受代表和监察人员等监督，致力于实现"居者有其屋"计划。

北京市在房地产市场稳定健康发展方面确实采取了多项有力举措，包括以下举措：第一，政策优化与调整。（1）完善住房供应体系，北京市加快建立符合首都特点的房地产发展新模式，完善"市场 + 保障"住房供应体系，促进房地产市场平稳健康发展。（2）加大保障性住房建设和供给，满足工薪群体刚性住房需求，同时支持城乡居民多样化改善性住房需求。从经济适用住房到限价商品住房，再到自住型商品房、共有产权住房，北京市从不同时期的现实条件、百姓需求出发，推出了多种产权型保障房。2017 年《北京市共有产权住房管理暂行办法》颁布后，北京陆续发布《关于加强限房价项目销售管理的通知》和《关于落实本市住房限购政策有关问题的通知》对相关问题进行细化。2021 年，北京在共有产权住房方面推出了新的土地出让方式：限地价、竞政府共有产权份额、竞高品质方案、放宽了准入条件、产权增值部分全部归个人、政府不参与溢价分成等。根据北京市住房和城乡建设委员会的数据资料，自 2014 年 7 月开始到 2021 年，北京市共提供了 126 497 套共有产权住房，其中 2018 ~ 2020 年是北京市提供共有产权住房房源最多的时间段，共有产权住房的全年可申购数量分别为 31 854 套、19 522 套、28 474 套。（3）优化房地产政策，推动商品房预售向现售平稳过渡，以更好地保障购房者的权益。出台"认房不认贷"、调整普宅标准、优化五环外限购等政策，均取得良好效果。2024年9月30日，进一步实施了降低存量房贷利率、下调贷款首付比例、调减非京籍家庭购房条件等8项政策措施，更好满足居民刚性住房需求和多样化改善性住房需求。（4）加强住房租赁市场监管，2022年发布实施《北京市住房租赁条例》，加强住房租赁市场日常监管，推动短租政策落地，规范互联网平台经营，促进住房租赁市场规范健康发展。第二，信贷与金融支持。（1）降低存量房贷利率，北京市引导商业银行稳妥有序将存量房贷利率降至新发放贷款利率附近，切实减轻购房人房贷利息负担。（2）下调房贷首付款比例，将商业性个人住房贷款首套房贷最低首付款比例由不低于一定比例下调至更低水平，以减轻购房者首付压力。（3）加大住房公积金贷款支持力度，对符合条件的家庭，提高公积金贷款额度，特别是二孩及以上本市户籍居民家庭购买商品住房时，上浮公积金可贷款额度。第三，限购与购房条件调整。（1）优化调整商品住房限购政策，缩短非京籍家庭购房所需缴纳社保或个税年限，降低购房门槛。（2）调整通州区住房限购政策，使其与全市统一政策执行。对京籍成年单身人士与未成年子女共同生活的家庭，按京籍居民家庭执行住房限购政策。（3）取消普通住房和非普通住房标准，按照国家工作部署，北京市及时取消普通住房和非普通住房标准，进一步简化购房流程。第四，市场监管与规范。（1）加强房地产市场监管，北京市持续加强房地产市场监管力度，严厉打击违法违规行为，维护市场秩序。（2）完善房地产市场信息披露制度，建立健全房地产市场信息披露制度，及时发布市场动态和政策信息，提高市场透明度。第五，其他措施。（1）推进城市更新与老旧小区改造，北京市深入实施城市更新行动，改善人居环境，提升居民获得感、幸福感、安全感。（2）积极推进老旧小区综合整治项目，包括老楼加梯、危旧楼房改建等，提升居民居住品质。（3）加强房地产风险防范与化解，北京市有效防范化解房地产市场风险，加强预售商品住宅项目风险防范处置，确保房地产市场平稳健康发展。

上海市在促进房地产市场稳定健康发展方面，确实采取了多项重要举措。首先，调整优化住房限购政策。（1）优化非沪籍居民购房条件，缩短非上海市户籍居民家庭以及单身人士购房缴纳社会保险或个人所得税的年限，从"连续缴纳满 5 年及以上"调整为"连续缴纳满 3 年及以上"。针对新城以及南北转型等重点区域的非沪籍人才，购房条件从"连续缴纳满 3 年及以上"调整为"连续缴纳满 2 年及以上"。自贸区临港新片区的非沪籍人才购房继续执行"连续缴纳满 1 年及以上"的规定。（2）扩大购房区域，将新城以及南北转型等重点区域的非沪籍人才购房区域扩大至所在区全域。非沪籍单身人士购房区域扩大至外环内二手住房。（3）调整相关政策口径，取消离异购房限制，对夫妻离异后购房的，不再按离异前家庭计算拥有住房套数。调整住房赠与规定，已赠与住房不再计入赠与人拥有住房套数。其次，支持多子女家庭合理住房需求。（1）增购 1 套住房，对二孩及以上的多子女家庭（包括上海市户籍和非上海市户籍居民家庭），在执行现有住房限购政策基础上，可再购买 1 套住房。（2）优化首套住房套数认定，优化多子女家庭在个人住房贷款中首套住房认定标准，减少购房利息负担。第三，优化住房信贷政策。（1）商业性个人住房贷款，首套住房商业性个人住房贷款利率下限调整为不低于相应期限贷款市场报价利率（LPR）减 45 个基点（调整后，5 年期以上房贷利率下限为 3.5%），最低首付款比例调整为不低于 20%。二套住房商业性个人住房贷款利率下限调整为不低于相应期限贷款市场报价利率（LPR）减 5 个基点（调整后，5 年期以上房贷利率下限为 3.9%），最低首付款比例调整为不低于 35%。自贸区临港新片区以及嘉定、青浦、松江、奉贤、宝山、金山 6 个行政区全域继续实行差异化政策，二套住房商业性个人住房贷款利率下限调整为不低于相应期限贷款市场报价利率（LPR）减 25 个基点（调整后，5 年期以上房贷利率下限为 3.7%），最低首付款比例调整为不低于 30%。（2）住房公积金个人贷款，对购买首套住房的职工，个人公积金（含补充公积金）最高贷款额度调整为 80 万元，家庭公积金（含补充公积金）最高贷款额度调整为 160 万元。多子女家庭贷款购买首套住房，最高贷款额度在此基础上上浮 20%，即最高可达 192 万元。对购买第二套改善型住房的职工，个人公积金（含补充公积金）最高贷款额度调整为 65 万元，家庭公积金（含补充公积金）最高贷款额度调整为 130 万元。申请公积金贷款购买首套住房的，最低首付款比例调整为20%；申请公积金贷款购买第二套改善型住房的，最低首付款比例调整为35%。所购住房在自贸区临港新片区以及嘉定、青浦、松江、奉贤、宝山、金山6个行政区的，最低首付款比例调整为30%。第四，支持居住困难家庭改善居住条件。阶段性采取给予过渡租房、装修搬家等适度补贴措施，支持居住困难家庭住房"以旧换新"，促进改善居住条件。补贴对象为在《关于优化本市房地产市场平稳健康发展政策措施的通知》施行之日起一年内出售外环内2000年前竣工、建筑面积在70平方米及以下的唯一住房，并购买外环外一手住房的居民家庭。补贴标准按出售住房建筑面积实行分档定额补贴，建筑面积30平方米以下的，每套补贴标准2万元；住房建筑面积30～50平方米的，每套补贴标准2.5万元；住房建筑面积50～70平方米的，每套补贴标准3万元。第五，优化土地和住房供应。（1）提升土地资源配置效率，充分发挥城市总规的统领作用，合理把握区域规划时序和开发节奏、结构，着力提升土地资源配置效率。（2）完善房地联动机制，差异化调整优化中小套型住房面积标准和比例要求，支持区域统筹、总体平衡，更好促进区域人口、土地、住房协调发展。第六，其他措施。（1）建立健全住房保障体系，探索通过国有平台公司等主体收购、趸租适配房源，优化住房保障供给。经过十多年探索实践，上海逐步形成了以市政府规章制度《上海市共有产权保障住房管理办法》为核心的完整的共有产权住房政策体系，涵盖了从房源建设、申请审核、供应配售到供后交易等全过程。根据上海市房屋管理局资料，截至2020年底，已累计开展上海户籍8个批次和非沪籍2个批次的申请供应工作，全市共有产权住房历年累计签约购房约12.75万户。上海共有产权住房受益规模居全国首位，且率先实现共有产权住房制度的全流程管理。（2）加快推进城市更新，集中推进零星旧改，有力推进旧住房成套改造，提速扩容城中村改造，持续实施城镇老旧小区改造，有序推进既有多层住宅加装电梯，多渠道改善广大人民群众的居住条件和环境质量。（3）支持建设优质住房，多措并举支持建设绿色、低碳、智能、安全的好房子。（4）加强监测监管，强化住宅建设质量管理，优化完善质量预看房制度，加强出让、建设、销售、交付等环节的联动监管，维护房地产市场秩序。

福州市在房地产市场稳定健康发展方面采取了多项举措，第一，政策调整与优化。（1）住房信贷政策调整，福州市积极响应国家号召，调整住房信贷政策，降低购房者的首付比例和贷款利率。例如，首套住房商业性个人住房贷款首付比例调整为不低于15%，第二套住房商业性个人住房贷款首付比例调整为不低于25%。后续政策进一步统一调整为本市住房商业性个人住房贷款首付比例不低于15%，不再区分首套房和二套房，有效减轻了购房者的经济压力。落实国家关于降低存量房贷利率政策，引导商业银行稳妥有序将存量房贷利率降至新发放商业性个人住房贷款利率附近，进一步减轻购房人房贷利息支出。（2）支持商品房营销推广，举办住房展销会等，福州市住建局等六部门联合出台政策，允许商品房项目在红线范围内设置临时户外广告、悬挂楼体宣传条幅等，以营造销售氛围，促进商品房销售。举办住房展销会，集中推介优质楼盘和二手房源，满足市民不同购房需求，提升市场活跃度。第二，土地供应与保障。（1）合理控制土地供应节奏，福州市根据市场需求和经济发展情况，合理控制土地供应节奏，确保土地市场的平稳运行。（2）优化土地供应结构，注重优化土地供应结构，增加住宅用地供应，特别是保障性住房用地供应，以满足不同层次、不同需求的购房者的住房需求。（3）鼓励国企收储房企已建成未售商品房，福州市提出鼓励地方国企收储房企已建成未售商品房，以加速政策落地落实，促进房地产市场的稳定发展。第三，市场监管与规范。（1）加强房地产市场监管，福州市加强对房地产市场的监管力度，严厉打击违法违规行为，维护市场秩序。（2）完善房地产市场信息披露制度，福州市建立健全房地产市场信息披露制度，及时发布市场动态和政策信息，提高市场透明度，引导购房者理性购房。第四，其他措施。（1）优化安置房政策，福州市出台政策，鼓励被征收人上调安置105平方米及以上户型，并给予折扣优惠，以满足被征收人多样化的安置需求。（2）支持刚性和改善性住房需求，福州市及时取消普通住宅和非普通住宅标准，更好满足居民刚性和多样化改善性住房需求。

海南省海口市促进房地产市场稳定健康发展的举措主要包括以下几个

方面：首先，政策支持与引导。（1）人才住房政策，海口市政府支持引进人才的刚性住房需求，落户的引进人才可享受本地居民同等购房待遇。对于未落户但符合条件的人才，也提供购房机会。这一政策有助于吸引和留住人才，为房地产市场注入新的活力。（2）购房信贷政策，海口市政府满足合理购房信贷需求，支持购买改善性住房。对于申请商业贷款或公积金贷款购买住房的，根据购房情况和贷款记录，提供相应的首付比例和贷款政策。（3）商品住房供应政策，市政府通过优化住宅用地出让条件、加快住房项目上市等方式，改善商品住房市场供应。同时，对商品住房的转让政策进行调整，以适应市场需求。其次，市场监管与优化。（1）完善价格备案政策，海口市政府在有效管控房价过快上涨的前提下，结合项目区位、品质等因素，科学合理确定销售价格备案，形成差别化的价格管控体制，促进市场健康平稳发展。（2）优化预售资金监管，设立商品房预售资金监管账户，合理确定监管额度，并优化支付节点，提高资金使用效率。对信用良好的企业，适度降低监管重点资金的比例，支持企业生产经营。（3）规范市场行为，海口市政府加强对房地产市场行为的监管，包括销售、广告、宣传等方面，确保市场行为合法合规，维护消费者权益。第三，推动房地产转型升级。（1）发展多元化住房，市政府推动市场化商品住宅和保障性住房的持续供给，满足群众的刚性和多样化改善性住房需求。同时，鼓励房地产开发企业创新住房产品，提高住房品质和居住舒适度。（2）促进产业融合，海口市政府加快构建房地产发展新模式，推动房地产业与其他产业的融合发展。例如，与旅游、文化、体育等产业相结合，打造具有特色的房地产项目。第四，加强宣传与引导。（1）加大宣传力度，加强对城市建设、城市发展和房地产发展前景的宣传，引导广大群众树立正确的住房消费观念。同时，加大对海口良好生态环境、独特自然资源的宣传力度，提高海口房地产市场的知名度和吸引力。（2）举办促销活动，如"信心之选·2024 海口房地产促销大展"等活动，为市民和参展单位之间搭建良性沟通、供求双方协同互动的平台，促进房地产市场平稳健康发展。

2.1.2 亚洲国家

1. 新加坡

新加坡政府把解决住宅问题作为增强人民爱国，提高凝聚力的重要手段。"居者有其屋"是该国住房政策实施的核心，新加坡住房供给分类制度提供的住房主要包括市场价格的私人住房和政府控制价格的公共住房（组屋）两大部分。而随着经济的发展和居住条件要求的提高，住房供给分类体系也相应发生变化，政府适时推出满足不同消费阶层的房屋。如1974年，由新加坡房屋与城市发展公司负责兴建五室一套、120平方米的青年公寓，价格比传统的组屋贵（public housing），但比市场价格便宜，供应给家庭月收入 4 000 元以下的中等收入家庭；1979 年推出面积在 145 平方米左右的高档公寓式组屋和 1995 年由国家发展部精心设计推出的"共管公寓"，是政府专门建造给受过高等教育的专业人士居住的房屋，它拥有停车场和优良的物业管理，可与私人公寓相媲美，价钱更便宜①，还有建造提供老人居住的老年人公寓等。目前新加坡组屋成为居民居住的主体部分，86%的人口住在组屋中，其中显著特征是高达93%的组屋居民拥有产权，体现了政府积极推动普及住房所有权；剩余7%的居民则选择租赁组屋，满足了不同经济能力和生活阶段的住房需求。这种居住模式不仅保障了广泛的住房稳定性，还促进了社会阶层的融合。与此同时，针对人口中约占14%的高收入家庭，他们更倾向于选择市场定价的私人高档商品房作为居住场所，这体现了住房市场多元化与分层的特性。这一群体对高端住宅的需求与选择，进一步丰富了城市住房供应体系，满足了不同消费层次的住房偏好。更为重要的是，这一住房结构布局有效地消除了贫民窟（slums）和移民聚居地（ethnic enclaves）现象，显著提升了城市居住环境的质量与公平性。通过合理的住房规划与政策引导，政府成功地为不同经

---

① 宋培军、张秋霞：《试论新加坡住房市场的体制特点及其成因》，载《当代亚太》2004 年第 8 期。

济背景的居民提供了适宜的居住条件，促进了社会的和谐与稳定。

新加坡的组屋是由国有的、该国最大的法定开发建房机构建房发展局开发建设的，政府每年向隶属于国家发展部的建房局提供津贴和住房发展贷款，住房发展贷款分为住房建设贷款和购房抵押贷款，到 1996 年，政府提供给建房局的这两项资助共达 590.7 亿新元①。住房建设贷款是在出售和租赁房产的收入之后偿还给政府的。按揭贷款是借给中低收入人群购买房产，在考察新加坡住房融资政策时，可以发现贷款利率相较于公积金存款利率呈现出轻微的上浮，具体高出 0.1 个百分点，这一设计旨在激励公积金的有效利用与资金流动。然而，该利率水平仍显著低于商业银行所提供的按揭贷款利率，从而为组屋按揭购买者提供了一种更为经济、成本效益更高的融资途径。一般组屋按揭购买者依赖其每月缴存的公积金作为主要的还款来源，通过这一机制实现贷款的分期偿还。这一过程不仅减轻了购房者的经济压力，还促进了公积金制度的良性循环。建房局（或相应住房管理机构）负责收集这些来自购房者的分期付款，随后将这些资金返还给政府，形成政府住房政策与金融体系之间的有效联动。这一模式不仅确保住房资金的有效管理与运作，还进一步强化政府在住房市场中的调控能力，促进了住房市场的稳定与可持续发展。可以说，新加坡建房发展局在居者有其屋计划中发挥着非常重要的作用。

新加坡政府在 1966 年施行新的土地获取法，实施土地强征法规，用于公共住宅建设。这样政府就能控制组屋的建造成本，进而管制组屋售价，需明确指出，组屋价格范畴并未将征地费用纳入其中，这反映了定价机制对于成本要素的特定选择与考量。对于政府实施价格管制的"组屋"而言，其分配机制采用了配售制度，这一制度旨在通过政府直接干预，确保住房资源的合理分配与社会公平。值得注意的是，尽管这些组屋受到价格经济管制，但它们仍然具备上市交易流通的灵活性，为购房者提供了未来资产增值或变现的可能。尤为关键的是，直接从政府渠道购买的组屋，其价格相较于市场自由定价的同类住房，呈现出显著的优惠幅度，大致位于

---

① 胡昊：《新世纪新加坡住房发展的挑战与对策》，载《中国房地产》2001 年第 11 期。

市场价格的 50% ~ 70%。这一价格差异不仅体现了政府对中低收入群体住房需求的支持与保障，也彰显了住房政策在促进社会福祉与经济包容性方面的积极作用。组屋购买者须住满一定时间后才可在二级市场上出售，政府对中下收入阶层鼓励、支持购买组屋，对部分低收入群体采取先租后买，以折扣价出让组屋，而对高中收入群体则让他们自行购置其他市场提供的私宅。新政府为了激发住宅产业的活力与增长潜力，也曾采取一项策略性举措，即暂时放宽政策限制，允许私人房地产的所有者参与购买并转售政府配售的组屋。然而，这一政策调整伴随着明确的居住限制条件，即规定此类购房者必须放弃其原有的私人房产居住权，而必须居住在组屋内。

新加坡组屋政策的成功，不仅来源于领导人对住房重要性的清晰认识，还在于对住房市场的严格把控。并且针对住房市场各阶段的不同特点，提出了不同的方针和制度安排，如中央公积金和政府津贴制度、《土地征收法》等，这一系列政策的实施，促进了公共资源的分配，保证了中低收入人群的住房权利。

2. 日本

20 世纪二战后的日本，住房短缺成为日本政府恢复重建的首要问题，政府意识到住房问题的解决是民心稳定和经济重建的关键。住宅作为一种社会经济实体，其属性复杂且多元，显著地体现为准公共产品的特性。这一界定意味着住宅不仅承载着满足居民基本居住需求的私人物品属性，还蕴含了社会公平、公共福祉等公共产品所特有的元素，因此，它不能完全等同于一般商品进行市场化运作。为此，日本政府先后颁布了《公营住宅法》（1951 年）和《城市住房计划法》（1966 年），帮助中低收入阶层解决住房问题。为有效调控居民住房供求关系，确保住房市场的稳健运行与社会的和谐稳定，构建坚实的法律框架以提供必要的法律支持是至关重要的。在这一背景下，日本政府展现出了前瞻性的政策视野与制度构建能力，颁布并实施了多达 15 项与住房市场发展政策紧密相关的法律法规，这些法律不仅覆盖了住房市场的各个层面，还细化了市场调控的具体措施，为政府实施精准有效的住房政策奠定了坚实的法律基础。尤为值得一提的是，日本在住房供应体系上实施了分类供应制度，这一制度充分体现了政府对于不同收入群体住房需求的精准识别与差异化满足。具体而言，对于中等收入及以上家庭，日本政府鼓励并引导其通过自身经济能力，以市场价格购买商品房作为主要的住房解决方式；而中低收入家庭的住房由日本中央政府补贴；低收入、单亲、特殊困难家庭和单身人士的住房由地方政府补贴。

此外，鉴于日本老年人数量众多，日本鼓励各方支持建设或重建高质量的老年人住宅租赁，并推动住宅建筑的无障碍建设。日本政府专门建立了公团公社、公营住房和金融公库三大体系，以解决中低收入群体的住房问题。公团和公社提供的各种住宅可以满足大多数中等收入或中产阶级"蓝领"人群的购买和租赁需求。住房供应公司隶属于供应机构，负责大都市地区住宅的综合开发建设、销售和租赁。例如，1961 年，该机构率先在大阪建设了一座新城市，后来成为日本大都市中产阶级家庭的理想居住地；该公社属于都道府县当地城市的住房供应机构。地方政府负责公营住房的投资、建设和管理，这是一套面向低收入家庭的廉租集体住房。受益家庭每年需要提供收入或税务证明，政府根据受益家庭的收入划分应支付的租金水平，超过收入限额的，依法取消受益资格。日本财政部委托金融机构向低收入购房者和租房者提供长期低息住宅贷款。凡在国家规定的面积和价格范围内购买或租赁的房屋，均有资格向公库提出低息贷款申请，此贷款项目由政府财政提供利息补贴，旨在减轻购房者的经济负担。具体而言，该贷款产品的利率设定显著低于市场平均水平，体现了政府在促进住房可及性与社会稳定方面的政策导向与财政支持。日本政府解决全国住房问题的公共资金占整个住房市场的一半以上，这使得日本住房市场更具有政府干预的特点。日本财政提供的住宅资助资金主要构成：（1）约占总资助资金一半以上的邮政储蓄归集资金；（2）约占 14% 的各类退休金和保险费；（3）约占 6% 的政府债券，2000 年债券金额达到 504 兆日元[①]；

---

① 童悦仲等：《中外住宅产业对比》，中国建筑工业出版社 2004 年版，第 31 页。

（4）其他方面的资金资助。经过政府多年的努力，日本于20世纪60年代末解决了住房短缺问题，随后至1998年，全国住宅总数是家庭总数的1.13倍①，还出现了住房富裕的局面。为此，日本逐步在住房政策上实现转型，由初期侧重于住宅数量的快速增长，过渡到重视住宅质量的全面提升。为达成这一目标，日本政府相继颁布了一系列政策法规，包括《住宅性能标准》《确保住宅品质促进法》《提供优质出租住宅促进法》以及《住宅楼合理改建法》等，这些法律法规共同构建一个全面而细致的框架，旨在提升住宅的设计、建造、维护及租赁等各个环节的质量标准。作为一个土地资源有限且人口密集的岛国，日本能够在住房问题上取得显著成效，很大程度上得益于政府强有力的政策引导与支持以及市场机制的有效介入。

日本也曾实行土地交易许可制、申报劝告制和交易监视区制等措施来管制国内一度盛行的土地投机。当政府识别到某一地区的地价变动对土地的合理有效利用构成潜在影响，或观察到地价上涨速度显著超出合理范围时，就会采取一系列监管措施。这些措施包括要求相关方提交详细报告以供审查（即申报）、通过正式渠道向涉事主体提出合理调整或控制的建议（即劝告），并在必要时，依据法定程序终止或调整相关土地使用权契约，以确保土地资源的优化配置与市场的平稳健康发展。即便如此，由于政策措施不当和地价管制不严等多方原因，1991年的房地产泡沫破灭。

相类似的，在面临申报地价显著高于市场合理价格水平的情况时，韩国的行政管理部门有权依据相关法律法规，对涉及交易的各方采取劝告措施，旨在引导其重新评估并调整申报价格，以符合市场实际情况。若劝告未能有效促使价格回归合理区间，管理部门还可能采取进一步行动，包括暂时中止或阻止交易的进行，以确保土地市场的公平性、透明度及价格的稳定性与良好预期。此类干预措施体现了当局在维护市场秩序、促进土地资源合理配置方面的积极角色与责任。

---

① 《平成十四年度大阪府统计年鉴》，2003年版。

2.1.3　欧美国家

在欧洲的绝大多数国家，住宅供应体系呈现出一种二元结构，即私人住宅与公共住宅并存。从住宅分类供应的宏观视角审视，英国的住宅市场展现出了高度的成熟与多样性，其中，租赁市场与销售市场均极为发达。这一特征表明，英国住宅市场不仅为居民提供了多样化的居住选择，还通过租赁与销售两种主要渠道的有效运作，满足了不同社会经济背景人群对于住房的多元化需求。在英国市场，住宅供应体系主要由三大核心组成部分构成，分别是：自有住房（owner-occupied housing）、私有租赁住房（private rented sector，PRS），以及公共租赁住房（publicly rented housing 或 social rented housing）。英国是老牌的资本主义经济国家，政府较早就介入住宅供应，早年的《住宅法》（1919 年）就明确了公营住宅住房政策即公共住宅由政府投资建造并以低租金出租①，在 1971 年，公营性质的公共出租住房供应量占市场住宅总数的 31%②，而最高时公房占到住房总数的 50% 以上③。德国政府高度重视居民住房，视其为维系社会稳定的关键因素之一。鉴于住房问题的复杂性及其对社会结构可能产生的深远影响，政府采取了积极主动的干预策略，以优化住宅建设与供应体系。这些措施旨在确保住房市场的健康运行，以满足不同收入阶层人群的居住需求，确保每户家庭都有一个较均等的居住机会，而不是放任市场。德国政府为了解决中低收入者的住房问题，鼓励居民自建住房，通过住房储蓄和政府补贴等给予低息或无息贷款的优惠。相比高房价带来的财政收益，德国政府更看重低收入家庭的住房问题是否得到妥善解决，给予中低收入家庭不同程度的优惠。另外，德国政府通过对私营开发企业进行大量补贴，盖了不少福利住房，并将其以低于市场租金 30% ~50% 的比例出租给低收入者及困

---

① 一般低于市场租金的 40%。

② 田海东:《住房政策：国际经验借鉴和中国现实选择》，清华大学出版社 1998 年版，第 37 页。

③ 童悦仲等:《中外住宅产业对比》，中国建筑工业出版社 2004 年版，第 70 页。

难家庭。法国是人口低增长的国家，20 世纪 70 年代在政府的参与下，住宅供求就基本饱和。因此，目前政府住房政策一方面用各种方式帮助、扶持低收入家庭租房，一方面是鼓励中高收入家庭购买市场价商品房，以改善住房条件。对于高工资、高消费和高福利的国家瑞典而言，早先也面临住房紧张问题。20 世纪 50~60 年代，房屋管制的放松导致房租上涨，加上大批劳力迁居城市，使得瑞典出现了整体上的住房短缺现象。为此，国会通过庞大的公共建房计划，计划用 20 年时间建造 100 万套现代化住房以解决房荒，而且在 70 年代基本得以解决。瑞典政府在 1967 年的法案中提出：以合理的价格向全民提供有益于健康的、宽敞的、设计合理和设备齐全的住房①，表明了瑞典政府采取面向全民的普惠住房政策，这点使它与其他国家仅向中低收入阶层提供优惠住房有明显的区别。1990 年瑞典人均居住面积已达 47 平方米，住房质量较高，市场主要供应的住房有三种：（1）基本为别墅的私人住宅（约占 46%）；（2）公寓租赁房（约占 40%）；（3）约占 14% 的可自由买卖的公寓楼。

住房分类供应在美国也得到广泛支持。美国的中产阶层占大头，多年来，美国的高、中、低收入居民户的比例大体上是 20：62：18②，住房分类供应特点是"抓大头、保小头、放高头"。"抓大头"即对占比大的中产阶层供给建设标准和售价受到一定政府管制的"社会住宅"，为鼓励中产家庭买房，政府采取将中产家庭买房支出来抵扣个人所得税政策，而且对这部分家庭提供贷款担保、贴息和税收减免等，家庭只支付首付款和承担小额利息，而政府则承担还贷风险和大部分利息；"保小头"即对低收入者租住住房标准较低的公共住房，房租超过家庭户收入 25%③以上部分由政府补贴。"放高头"即政府基本对高收入者住房放任不管，其住房是通过市场价商品房解决，除了因投机等行为导致房价大涨大跌要进行管制外，一般政府不干预私宅市场。政府对住房供给进行干预以解决中低收入者住房问题始于 1948 年当选的杜鲁门总统，1949 年颁布的《住宅法案》

---

① 姚玲珍：《中国公共住房政策模式研究》，上海财经大学出版社 2003 年版，第 233 页。
② 包宗华：《美国住房制度的稳中有变简析》，载《建筑经济》1999 年第 3 期。
③ 随着美国限租法规的取消，目前，房租已占低收入家庭收入的 30%。

（*Housing Act of 1949*）正式确立了退伍军人管理局（Veterans Administra-tion）、联邦住宅管理局（Federal Housing Administration，FHA）以及联邦全国抵押协会（Federal National Mortgage Association，FNMA，即现今的房利美）作为推动公共住房发展项目非营利性机构的法律地位。此法案的通过，标志着这些机构在促进住宅建设、增强住房可及性与可负担性方面被赋予了明确的法律授权与责任，旨在通过非营利性质的运营机制，有效缓解当时的住房短缺问题，促进社会稳定与经济增长。20 世纪 80 年代以来，美国每年拨出的房租补贴和住房维修建设费用合计都在 100 亿美元以上[①]。早先，美国政府对公共住房的扶持主要采用直接建房和对开发商提供贴息优惠支持建房两种方式。后来，政府的住房补贴政策经历了重大转向，由原先主要聚焦于住房建设者的激励机制，转变为直接面向住房需求端的低收入家庭。具体而言，政府开始实施直接补贴政策，将财政支持直接发放给符合条件的低收入家庭，由地方政府按议定的低于当地合理的市场租金给住户提供补贴，以减轻其住房负担，增强住房消费能力。但这种方式容易导致低收入阶层聚居区的产生。再后来，为了避免形成低收入社区和贫民窟，政府采取房租"补助券"计划，无论收入多少，家庭按照收入的30% 交房租，并自主选择理想社区，与市场租金的差额由政府发券补齐，而随着低收入家庭子女长大、收入的提高，再拿 30% 交房租就显得不划算了，受惠家庭自然会考虑买房，因此，这种方式具有一定的激励效果。

　　有了上述住房分类供应体系，若缺乏相应的立法框架与完善的配套制度支持体系，中低收入家庭的住房问题将难以得到根本性解决。立法作为政策实施的基础与保障，能够明确住房保障的目标、原则、措施及责任主体，为住房政策的制定与执行提供法律依据。为此，欧洲许多国家首先在立法上来推动面向中低收入阶层住房政策的实施。其次，为有效扶持中低收入阶层实现居有其屋，并获取与其经济能力相匹配的住宅条件，政府综合施策，灵活运用所掌握的土地、财政、税收、金融及保险担保等多维度政策工具。例如，在面向广大中低收入阶层或大众的住宅建设销售租赁的

---

① 姚玲珍：《中国公共住房政策模式研究》，上海财经大学出版社 2003 年版，第 62 页。

政策法规或文件方面，英国有《劳动阶级租住公寓法》（1851 年）、《住房法》（1890～1988 年）、《格林伍德法》①（1930 年）、《住房金融法》（1946年、1972 年）、《住房补贴法》（1956 年、1967 年）、《租赁改革、住房和城市发展法》（1993 年）②；瑞典有《低成本和低租金计划》文件（1945年）；德国有《住宅建设法案》（1950 年、1956 年）、《联邦建设法》（1960 年）和《住宅改善法》等。瑞典在应对住房市场投机行为的策略中，创新性地引入了低成本与低租金计划，该计划核心举措之一即为地方政府、住房合作协会及个体住户提供专项贷款支持，旨在通过经济手段有效遏制住房市场的投机性交易，维护市场稳定与公平。在探讨全球范围内解决中低收入群体住房供应难题中，土地政策与财政政策的协同作用被公认为至关重要的驱动力。具体而言，住房财政政策体系涵盖了两个主要维度：一是政府直接参与住房建设领域的投资，通过兴建公共住房项目来扩大住房供给；二是实施住房补贴政策，以财政补贴的形式减轻中低收入家庭购房或租房的经济负担，从而增强其住房可负担性。这里的住房补贴包括房租补贴和建房补贴。在住房消费方面，英国、德国还采取房租管制，以平抑过高的房租，瑞典则对公共住房租金进行管制，英国直至 1996 年才放松房租管制。瑞典则通过住房贷款利息补贴、税收优惠和房租补贴三种形式支持合作社和私人建房。在住房金融政策方面主要给中低收入者提供无息或低息贷款用于购建住房。德国还成立专门的建筑储蓄银行以提供购建房贷款，英国在实施住房政策时，针对租户群体推出了一项具有显著激励效应的购房优惠政策，即向符合条件的租户提供其当前租住住房售价32%～60% 不等的价格折扣。此举措旨在通过经济激励手段促进租户向房屋所有者的身份转变，进而增强住房市场的稳定性与活力。若租户因经济状况暂时无法承担全额购房款项，政策还灵活设置了"半产权分享"方案，允许租户先期获得住房的部分产权，作为逐步过渡到完全产权的过渡阶段。这一分享政策不仅缓解了租户的经济压力，也为他们提供了未来逐

① 该法提出对贫民窟进行改造的补贴方案，后来成为主要的住房补贴方式。
② 田海东：《住房政策：国际经验借鉴和中国现实选择》，清华大学出版社 1998 年版，第41 页。

步增持产权、最终实现完全拥有住房的路径，体现了政策制定者在促进住房自有率与保障租户权益之间的平衡考量。欧洲各国通常采用所得税收减免优惠来鼓励居民买房消费，以实现"居者买其屋"，特别是法国这方面做得比较突出。另外，政府为促进中低收入群体的合理住房消费需求，专门设立了住房贷款担保资金机制。该机制目的是为符合特定条件的中低收入者提供抵押贷款担保服务，以此作为他们实现住房购买或改善住房条件的重要金融支持。通过此方式，政府不仅降低了中低收入家庭在住房贷款过程中的融资难度与成本，还增强了其信贷可获得性，从而有效促进了住房市场的健康消费。

美国政府针对中低收入家庭所实施的住房财政政策，可划分为住房供应政策与住房消费政策两大核心领域。在住房供应政策方面，财政政策聚焦核心是财政投资与直接补贴于住房建设之上，如美国联邦住房与城市发展部每年安排 150 亿美元的住房发展计划，用于提供中低收入阶层的住房建设与补贴；住房消费财政政策主要是对受惠家庭购、租房时进行现金补贴和减免税收。而金融政策主要给私营开发商提供低息贷款和税收信贷鼓励他们建设中低收入阶层住得起的住宅；在消费方面则主要包括多种形式的住房抵押贷款、政府与私营机构混合抵押保险担保机制以及住房抵押贷款证券化。如政府为购房支出占家庭收入比低于 41%[①]的中低收入家庭个人住房抵押贷款提供全额保险，一是为这部分合理消费家庭还不起"月供"时，由政府代为偿还剩余债务，受惠家庭不至于被"扫地出门"，这有利于社会的稳定；二是不会出现因无法偿还住房抵押贷款债务而危及金融机构安全的风险。

欧洲国家也十分重视住房问题。以德国为例，德国政府十分注重保障每位公民的住房权利，拒绝放任市场。德国政府采取了一系列措施来帮助中低收入者实现住房的愿望。德国政府对私营房地产开发企业实行补贴制度，鼓励他们建设保障性住房，并将这些房子按市场租金的 50% ~70% 出租给中低收入家庭。

---

① 姚玲珍：《中国公共住房政策模式研究》，上海财经大学出版社 2003 年版，第 79 页。

2.1.4　国内外楼市稳定发展的经验借鉴与分析

　　从国内外稳定房地产市场的经验我们不难看出，中低收入家庭住房难题的解决是每个国家都必须面对的问题，事关国家的长治久安。从各国、地区来看，特别是在市场经济比较完善的国家和地区，对土地投机带来的地价扭曲都进行严格的管制。如美国、日本、德国、韩国等，美国和日本是深受地产泡沫之害最重的国家，所以对地价管制的制度建设也较为周全。另外，即便在土地公私混合型所有制国家，特别是在土地私有制占主导的国家中，如美国和日本都出现过大的房地产泡沫，美国 20 世纪 20 年代的佛罗里达州房地产价格狂跌并引爆华尔街股市崩盘，最终导致 20 世纪 30~40 年代的经济危机。日本 1991 年地价泡沫破灭至今已使住宅价格跌去近半，商业地产跌去 60%①，造成日本经济始终没有走出萧条的阴影。尽管地产泡沫有一定的经济生成背景，但是与两国政府当时的地价管制不到位不无关系。当然，在公私混合型土地所有制国家中，也有对土地使用管理较好、地价平稳管制的国家，如新加坡、德国等。

　　通过对全球住房市场历史演进进程与成功实践的深入剖析，可以看出，住房作为一种商品，其属性显著区别于一般商品，展现出独特的准公共产品特征。众多国家的历史经验表明，住房市场并未被置于自由放任的境地，相反，政府在其中扮演了至关重要的角色，通过积极的政策干预与市场调控，以有效应对并缓解中低收入群体面临的住房困境。实际上，各国住房问题的核心是中低收入阶层买不起房，这方面处理较好的国家，均通过住房分类供应体系来加以有效解决，其做法可以为我们提供启示和借鉴。针对中低收入者住房问题，只有采取适当的土地、金融、信贷、税收等政策，提供给其相适应的住房，才能有效解决国家占比重较大的中低收入者住房问题。剩下的因投机引发的高房价泡沫解决起来就不那么复杂了。

---

　　①　与泡沫破灭前价格相比。

1998 年 7 月的《关于深化住房制度改革加快住宅建设的通知》，决定在全国范围内对不同收入家庭实行不同的住房供应政策，目的是合理解决我国中低收入阶层的住房问题。该供应政策为最低收入人群提供廉租房，为中低收入者提供政府限价的经济适用房，向高收入人群提供市场价格的商品房。然而，从目前的实施情况来看，远未达到预期效果，尤其是中低收入者住房供给严重不足。相反，商品房供应却越来越多、价格越来越高，供应结构失衡越来越严重。各省市应该高度重视，必须在立法和制度建设上加以规范和完善。

目前，对于缺乏资金以市场价格购买商品房，也不具备购买限价房条件的中等收入人群，政府应扩大限价商品房等保障性住房的建设与优惠范围，实现"应享尽享、应惠尽惠"。我国住房市场的住房供应将来主要有几类：（1）租赁类住房，如公租房（廉租房并轨）；（2）产权型保障房，如经济适用房、人才限价房、拆迁安置房、共有产权房和新配售型保障房（见第 6 章）等；（3）市场商品房，包括销售与租赁的。国外的产权性保障房模式已经较为成熟，在其发展中也遇到了许多问题，优化了许多制度性的难题。笔者从中总结出了一些可以借鉴的经验。（1）发展多层次、多种形式的保障住房产品，致力于满足中低收入家庭的多样化的住房需求。（2）成立专业化和市场化的住房管理机构，代持政府产权以及进行运营和管理。（3）灵活设置产权比例，住户初始产权可在 25% ~75% 间选择任何比例的产权。（4）多渠道拓展住房来源，包括公共补贴集中新建或翻修、公开市场获取等。（5）实行住房双轨制，商品房市场与保障房市场分隔开，做到《房住不炒》。（6）使用金融工具，鼓励社会资本参与保障性住房建设，大力发展共享权益模式。

实际上，限价房和公租房将是我国实行住房分类供应制度的核心，其范围必须扩大，提高占比，根据我国目前中低收入者占比数据，这些住房的供给占比至少应超过 30%，限价房和公租房的成功与否直接关系中国住房分类供应体系的成败。事实上，住房分类供应制度关键问题还是房价，与其他国家一样，中国实行住房分类供应制度的基础是在住房开发建设、销售和出租方面给予中低收入者适当的优惠，允许高、中、低收入者尽其所能地实现其住房梦想。它是一种从顶层设计上，基于普通老百姓不同的经济承受能力，居民个人、企业、金融机构和政府共同参与，一起发力来解决住房难题。当然，在该住房分类体系设计中，必须控制限价住房和公租房的面积，并对价格和进入退出进行经济管制，这样才能起到住房分门别类供应的作用，提供适合中低收入群体的住房。作为关系国计民生的住房，政府管制的存在是一种必然，甚至是常态。总之，中国限价房与公租房有其长期存在的必要，而且要扩大其受惠范围，控制并稳定住其价格，这对于构建房地产市场稳定健康发展的长效机制有积极的现实意义。

2.2 相关垄断市场价格稳定的经验与借鉴

2.2.1 水价经济管制

自来水作为关系国计民生的公用事业，和我们的生活密切相关，与满足人们"住"的需求的住宅一样，共同影响着国民经济与人民利益。自来水企业投资成本巨大，设备资产专用性强，使得相关投资者进入该行业有了一定的进入壁垒，水管铺设具有唯一性，难以进行重复铺设与多方竞争，而且投资需要大量的消费者才能摊低成本，即所谓的规模经济，多方参与竞争会分散消费者反而无法摊低成本，导致成本提高，无法实现规模经济。一般做法是通过特许经营许可招投标方式选择一家优秀企业来生产经营，这样所有消费者都归它，在成本摊薄的同时也产生了垄断经营，即自来水市场是自然垄断市场。因此，政府必须对受到供给垄断的自来水价格进行经济管制，才能确保在消费者不受垄断定价损害的同时促进水资源的优化配置。

我国自来水市场的价格经济管制主体是政府。在当前的《城市供水价格管理办法》框架下，城市供水价格的构建遵循着严谨的经济与财务原则，其核心构成要素包括供水成本、运营费用、应缴税金以及合理利润四大部分。具体而言，供水成本涵盖了水源获取、水处理、输配过程中产生的直接材料、能源消耗及人力成本等直接费用；运营费用则涉及企业为维持正常运营而支出的管理费用、销售费用以及财务费用等间接成本；应缴税金是根据国家税收法规，对供水企业所得收益依法征收的各类税金；而合理利润则是在确保公共服务性质的基础上，为激励供水企业提升服务质量和运营效率，依据相关法律法规及政策导向，允许并限定在合理范围内的经济回报。这一价格形成机制目的在于保障城市供水的可持续性，同时兼顾公平与效率原则。水的定价由四个步骤构成：首先，由政府主导的供水企业提出书面申请；其次，价格主管部门对企业进行资质审核；再次，召开听证会，听取各个部门的意见和建议；最后，实行政策，它是一个系统的流程。

在水价的定价制度上，主要实行阶梯式水价制度，我国各省份根据水资源禀赋的不同，分别对阶梯水价作出了详细的规定。以福州市为例，表 2-1 为福州市水费收费标准，福州市对已实现一户一表的居民用户以阶梯式计价来计收水费，级差为 1∶1.5∶3。除了阶梯式定价，我国自来水行业还实行丰枯定价和按水质定价，不断提高自来水行业的政府管制水平。

表 2-1　　　　　　　　　　福州市水费收费标准

类别			自来水价格	污水价格	合计	计价单位
居民生活用水	一户一表用户	第一阶梯（0~18 吨）	2.4	/	2.4	元/吨
		第二阶梯（19~29 吨）	3.6	/	3.6	元/吨
		第三阶梯（30 吨及以上）	7.2	/	7.2	元/吨
	合表用户	基础水价	2.31	0.95	3.26	元/吨
	公共用水	市政、环卫、绿化、消防用水	2.1	0.95	3.05	元/吨
特种行业用水	桑拿、洗车、足浴、纯净水	基础水价	5	1.8	6.8	元/吨
		用水量超额 10% 以内	5.75	1.8	7.55	元/吨
		用水量超额 10%~20%	6.75	1.8	8.55	元/吨
		用水量超额 20%~30%	9	1.8	10.8	元/吨
		用水量超额 30% 以上	12.5	1.8	14.3	元/吨

续表

类别			自来水价格	污水价格	合计	计价单位
其他行业用水	除居民生活用水、公共用水及特种行业用水外的所有用水	基础水价	2.3	1.4	3.7	元/吨
		用水量超额 10% 以内	2.645	1.4	4.045	元/吨
		用水量超额 10%~20%	3.105	1.4	4.505	元/吨
		用水量超额 20%~30%	4.14	1.4	5.54	元/吨
		用水量超额 30% 以上	5.75	1.4	7.15	元/吨
垃圾处理代征	生活类	有物业管理小区代征标准每月每户 6 元垃圾处理费，无物业管理小区代征标准每月每户 9 元垃圾处理费				
	非生活类	非生活类垃圾处理费征收标准由福州市环境卫生管理处负责核定				

注：数据来自福州自来水公司，自 2024 年 1 月 1 日起实行。

根据福建省城镇居民可支配收入数据来看，水费支出在家庭消费中仅占很小的一部分。以家庭月用水量 15 吨计算，年水费仅为 549 元，水费占福州城镇中低收入家庭可支配收入比例极低，正是因为对垄断供给产品水价采取经济管制，才有现在消费者享有的福利。

2.2.2 电价经济管制

支付水电费已经成为我们生活中不可缺少的一部分，和自来水市场类似，电力市场也是自然垄断市场，电价也必须进行价格经济管制。得益于此，电价从未像房价般大起大落，大部分家庭也负担得起每月的电费。根据现行规定，在电力市场的定价体系中，电力价格主要由三大核心要素构成，即上网电价、输配电价以及销售电价。为了推动电力行业健康有序发展，国家在发电与售电环节推行市场定价机制，经济管制主要作用于输、配电环节。

1. 上网电价

上网电价即发电价格，我国每年由政府部门年度计划发电和市场发电是按照 90:10 的比例分别提供，这就导致了政府定价和市场定价两种局面。

此外, 价格调节机制也作用于发电价格, 比较成熟的有煤电联动机制。统计显示, 火力发电机组是占据了发电机总量一半以上, 高达 64% 左右, 而电煤销售量略少于煤炭销售总量的一半, 为 45% 左右, 产业之间互为支撑。

2. 输配电价

输配电价是电网公司提供输电服务的结算价格。在电力行业的网络架构规划中, 为了输配电环节的高效运作与协同管理, 必须确立一个中心化的企业实体, 负责居中调度与运营。此企业需承担关键角色, 即作为电力网络的中枢神经系统, 统筹协调电能的传输与分配过程, 确保电力供应的稳定性、安全性及经济性。同时, 它也为政府经济管制电价提供了条件。我国目前输配电价由政府审批, 定价基础是输配电的成本加上企业确定的正常利润。配电价格可以在一系列官方规定的定价方法中, 组合选取方法来计价, 比较常见的有招标定价法和最高限价法。以此来妥善应对输配电网络纵横交错的复杂情形, 科学地指导地方定价。

3. 销售电价

销售电价是电网公司向用电用户销售电力的最终价格。2005 年我国出台的《销售电价管理暂行办法》第六条规定: "销售电价由购电成本、输配电损耗、输配电价及政府性基金四部分组成。"在当前电力市场的定价机制中, 销售电价体系被精细地划分为三大主要类别, 即居民生活用电、农业生产用电以及工商业及其他用电。这一分类体系目的在于反映不同用电群体的特性与需求差异, 并试点峰谷分时电价、丰枯定价等定价手段, 以实现电力资源的公平分配与高效利用。

2.2.3　油价经济管制

石油资源是工业的命脉, 成品油的价格波动会对石油产业产生连带作用，影响行业稳定。我国油品市场结构是典型寡头垄断市场，市场中的产品同质化程度高、厂商成本相差不大，市场信息能够快速交换。

政府对油价主要实行价格上限管制。在成品油价格机制上，政府还不断探索适合国情的定价机制，推进市场化改革。首先，我国成品油最低价格为每桶40美元，即使国际市场原油价格低于此价格，也将不再往下调。其次，实行风险准备金制度，设立专项账户存储，专款专用，主要用于稳定油价市场。再次，在液化石油气出厂价格问题上，通过协调厂商和消费者来确定价格。最后，精简成品油调价操作方式，提高工作效率，定期发布信息稿，暂停印发成品油价格调整有关文件。

我国油价定价机制的完善是一个循序渐进的过程，并逐步确立了《石油价格管理办法》。针对不同发展阶段出现的管理漏洞，政府不断进行调整，推动以价格上限管制为主体的价格管制体制，并根据市场要求，在调价方式和挂靠油种等方面做出改变，稳定油价，目前该体制相对成熟。

2.2.4　电信价格经济管制

电信网络是国家的神经系统，能够方便人们之间的交流。电信行业在国家安全和经济发展中的重要地位及其技术和经济特征都要求政府对电信市场进行管制。

随着电信业监管体制的变革，国家不断完善政府定价和市场调节搭配的定价制度。根据《中华人民共和国电信条例》，基本电信服务费实行政府定价、政府指导价或市场调节价；增值电信服务的资费由市场调节或政府指导。对于市场竞争充分的电信服务，资费由市场调节。政府定价的重要电信业务的资费标准由国务院负责，国务院信息产业部门首先发布计划，然后将其提交给价格部门，以完善价格体系。经过不断完善，最终报国务院审批后发布实施。电信企业在自主确定电信服务相关费用时，应当遵循合法、公平、诚信的原则，根据不同的用户需求，为城乡低收入群体提供更加优惠的资费方案。

2.2.5　天然气价格经济管制

天然气是优质、高效的清洁能源，国家对天然气行业实行生产、运输和销售一体化经营。国家对天然气价格"管住中间、放开两头"。一方面，深入推进天然气开采和销售等环节的市场化程度；另一方面，深化输配气等自然垄断环节政府价格经济管制，制定了较为完善的贯穿整个输配气网络的价格管制制度。

在实行分环节定价的同时，政府还试点进行天然气定价机制改革，以"市场净回值"定价法取代传统"成本利润加成法"（见表 2-2），建立天然气与其他可替代能源价格联动机制，实行最高上限价格管制。

表 2-2　　　　　市场净回值定价方法与成本加成定价法比较

定价法	优势	缺陷
市场净回值定价	市场价格、联动机制	定价不够公平、政策不够完善
成本加成定价	限制垄断利润、维持合理价格	成本难衡量、用气浪费、企业效率低

为建立下游配气价格监管框架，建立天然气输配全过程价格监管体系，2017 年发布了《关于加强配气价格监管的指导意见》，明确了配气价格的制定方法和定价指标参数，如对折旧年限的限制性规定，加强了天然气输配价格管理。具体措施包括建立成本约束机制，促进企业信息披露，结合激励机制，促进企业提高输电和配电效率。促进企业之间成本对标，防范成本虚构，强化社会对行业的监督作用。

我国对自然垄断行业既有严格的价格管制，又加强市场化建设，这值得房地产市场学习与借鉴。相比这些垄断性市场，在房地产市场中，由于土地供给方是唯一的，不存在土地产品的供给竞争，开发企业获得土地只能向地方政府购买，不存在卖方竞争，因此，土地供给方的唯一性决定了土地市场也属于自然垄断市场。另外，住宅市场属于区位寡头垄断市场，对于具有垄断特性的房地产市场价格没有得到真正的价格经济管制，特别是土地市场，放任所谓的市场化，任由市场利益集团炒作价格，结果表现是房屋供给不断创新高下，地价、房价也不断创新高。"房住不炒"的提出，为房地产市场指明了方向。在接下来的部分中，本章将结合理论分析，探究适合我国房地产市场的限价商品房供给模式。政府对垄断性市场的房价进行经济管制，才能构建房地产市场稳定健康发展的长效机制。

第3章　经济管制与长效机制的理论基础

3.1　市场结构理论

如果我们生活在一个按照完全竞争方式运行的世界里，那就基本不需要反垄断政策和其他的经济管制行为了[①]。通常，我们理解的市场就是完全竞争市场，它不需要政府管制与干预。这样的竞争性市场必须充满大量的买者与卖者，买卖中的任何一方都是价格的接受者，而不是价格的决定者，买者也掌握关于产品的完全信息，这样的市场必须满足六个前提假设条件。每一本微观经济学教科书都给出完全竞争市场的如下六个前提假设条件：（1）所提供的商品是完全同质的，买者拥有商品的完全信息；（2）存在大量的买者与卖者，所有市场当事人均被视为价格的接受者（price-takers），而非价格的决定者（price-makers），且外部性（externalities）已被有效排除或最小化；（3）生产者的生产方程排除了规模报酬递增和技术进步的因素；（4）所有资源（包括信息）具有完全的流动性，新企业进入市场没有任何壁垒；（5）买者在预算约束下追求效用最大化，卖者在生产函数约束下追求利润最大化；（6）市场则通过竞争机制达到均衡状态，此时存在一系列使全部市场出清的价格，这些价格反映了市场供求关系的平衡与资源的有效配置。然而，现实市场经济世界中几乎都无法满足这六个条

---

① W. 基普·维斯库斯等：《反垄断与管制经济学》第四版，陈甫军等译，中国人民大学出版社 2010 年版，第 2 页。

件，也就是说，现实市场基本上都不是完全竞争市场，都存在一定的垄断，这就使政府管制市场经济成为常态。

房地产市场与许多其他市场一样都不满足这种理想化的市场条件，特别是房地产商品。第一，由于地段、位置、楼层、朝向与装修等不同，任何一套住宅都是不相同的，即商品房不同质。不满足竞争第一条，即竞争商品必须是同质的，只有同质的商品才能进行竞争。第二，土地市场卖者是唯一的，属于供给方完全垄断，类似于自然垄断市场。另外，房地产开发项目在某地块上也具有区位寡头特征，开发商拿地后会控制开发节奏，与其他项目错开推盘，规避竞争。而且同一区位某时间段内本身开发的楼盘就不多，某区位短期内难有大量项目供给竞争。因此，房屋销售市场属于区位寡头垄断市场。第三，由于地价不断上涨，开发成本不断提高，加上住宅商品建设的固有特性，因此，开发生产住宅商品不涉及规模报酬递增与技术进步因素。第四，住宅商品不同质，价格差异大，显然使用市场均价无法反映市场价格的涨跌，这非常类似于水果市场，苹果、梨、桃子、荔枝、香蕉等都称为水果，不同质商品，将它们的价格按照成交量为权重加权平均得到均价，是不能作为水果价格涨跌指标的，因为水果有季节性，夏天桃子与荔枝上市，新上市水果价格高于均价，会把均价抬高，这不等于在售的苹果、梨与香蕉价格上涨了。反之，若新上市水果价格低于均价，会把均价拉低，也不等于在售水果价格下跌了。房地产市场也存在类似现象，新楼盘上市其价格可能会抬高或者拉低均价，不等于在售楼盘价格上涨或者下跌了。因此，不同质商品只能使用价格指数进行分析，而价格指数建立需要抽取不同质商品共有的特征，即使用特征价格法去建立，这就存在技术与价格数据收集的准确问题，导致至今我国尚没有建立完善、统一的房地产价格指数，也就是说目前各地房地产市场分析都是使用均价数据，存在房价数据信息流不完全问题，甚至出现人为误导、误读房价数据。因此，房地产市场不满足竞争市场价格信息公开透明的条件。第五，随着地价不断上涨，没有一定资金实力的企业无法拿地进入市场，因此，它也不满足竞争性市场"新企业进入市场没有任何壁垒"这一条件。第六，在房地产市场中，开发商是房价的制定者，不满足竞争性市场

"任何参与方都不是价格制定者，而是价格接受者"这一条件。

实际上，市场经济的核心是竞争，只有在竞争下才能做到优胜劣汰，市场才有效率，并最终实现资源的优化配置。所以，竞争是市场经济的原动力，我们要实现资源优化配置这个终极目标就是竞争的结果。

但是，竞争的反面是垄断，为了攫取垄断利润，市场商品供给方企业总是想尽办法垄断市场和控制价格。有时候为了垄断市场，市场中的主导企业可能采取掠夺性定价即低于成本的价格，让与其竞争的企业不赚钱，使其亏损而退出市场，然后再提高价格。这种所谓的恶性竞争，其目的最终是垄断市场，所以为了垄断而进行的恶性竞争是不正常的竞争，我们必须禁止企业的掠夺性定价行为。

当然，垄断并非指完全垄断，通常意义上的垄断即指竞争的不完全或竞争的有限性。事实上，西方市场经济百年，也是与这种反市场的垄断力量斗争百年的历史。美国政府管制反市场、反竞争的力量主要采取法律手段，其经济学家们通常把反垄断与政府经济管制视为用以推进竞争，进而提高经济效率的一整套法律体系，其中1890年的《谢尔曼反托拉斯法》、1914年的《克莱顿法》与《联邦贸易委员会法》共同构成了美国反垄断法律体系的重要基石，对于维护市场竞争秩序、促进经济健康发展具有深远的影响。另外，编入美国《联邦管制法规汇编》中对各行各业政府经济管制的法律法规就多如牛毛了。这些法律法规文件标志着美国政府在促进市场竞争、维护消费者权益方面构建了一个更为全面和系统的法律体系。

我国市场经济历史不长，许多人对市场经济的认识还有误区，他们认为："'管'是计划经济，不'管'才是市场经济"。这种认识下缺乏对市场中反竞争的垄断力量的有效管制。由于市场经济效率没有体现出来，现在我们的市场出现诸如产品质量低下以及食品药品质量安全和外部性带来的环境污染等问题。

欧美国家政府在纠正这种对完全竞争市场偏离时采取的是反垄断与经济管制方法。它们通过立法方式来反市场垄断，而对自然垄断行业，为了要压制垄断者的定价强势行为，则采取经济管制方式直接控制企业包括定价在内等的决策行为，如限价、限量、限制进入退出等，特别是对公用事业项目水、电、油、气价格的经济管制。在反垄断政策中，政策目标主要是防止市场集中行为的发展，从而威胁到市场竞争功能。相反，经济管制通常认为，市场集中等自然垄断不仅是不可避免的，而且在许多情况下，也是特定市场的高级结构形式。在铁路运输、水、电、气等的自然垄断市场，竞争反而带来生产的高成本与低效率，这些自然垄断行业应由一家企业通过招投标获得许可经营权进行规模化经营，在规模经济下才能降低成本，在这样的垄断市场，对于唯一一家垄断经营企业，政府必须通过经济管制来压制垄断企业的定价强势。因此，针对自然垄断市场的经济管制目的是对这一市场中垄断企业的定价强势行为加以限制，以便减少其定价过高等的经济决策行为导致的社会福利损失。

经济学原理指出，竞争并不是市场的常态，各种因素的综合作用使市场结构不同。根据市场商品供应商之间的竞争程度，市场大致可分为四种结构形式，即完全竞争市场、垄断竞争市场、寡头垄断市场和完全垄断市场。

与水电油气等垄断市场一样，房地产市场就其表现来看，也具有垄断的特性，包括地方政府是土地市场唯一的供给方、住房产品本身的异质性（不同质）、市场交易信息不对称等，都导致房地产市场不具有竞争性。总而言之，房地产市场表现为土地市场完全垄断与商品房区位寡头垄断的市场结构特征，针对这一特征，需要政府对地价与房价进行经济管制，使房子回归到真正的"房住不炒"的居住功能属性上。

3.2　竞争与垄断经济效率论

3.2.1　市场竞争与垄断的效率比较

完全竞争市场无须政府干预，所有厂商自由竞争，通过市场供求关系调节商品价格，达到帕累托最优，这种市场是最有效率的，社会福利最高。

　　垄断市场由于垄断厂商拥有定价权，厂商为了获取更多的利润，人为地限制产出，减少供给，借此拉高价格，而不是通过市场价格高低与供求关系自动地去调节。过高的房价使购买者承担更大的生活压力，会降低消费者社会福利。同时，通过垄断市场来提高价格，这样的市场其经济效率是最低的，甚至可以说是垄断导致的无效率。

　　经济效率被精确地定义为帕累托效率（Pareto efficiency）或帕累托最优状态（Pareto optimality）。帕累托最优状态是一种理想的经济状态，它指的是在给定资源和技术条件下，社会资源的配置已经达到了这样一种境地：任何对于资源配置的进一步改变，都不可能在不使至少一人境况变坏的前提下，使至少另一人的境况变得更好。简言之，帕累托最优代表了资源分配的一种状态，其中任何试图改善某一方福利的变动，都必然会导致至少另一方的福利受损。它可用于定义最佳资源分配，即对于给定的资源分配状态，所有帕累托改进都不存在，任何更改都不可能在不损害某些人利益的情况下增加其他人的利益。此时，达到均衡状态，此资源分配状态称为帕累托最优状态。很容易理解，帕累托最优状态是一种"不可能更好"的状态，因为在帕累托最优状态下，它再也不能通过"改进"而变得更好。由于完全自由竞争市场满足帕累托最优条件，所以完全自由竞争市场不需要政府的干预或经济管制。

　　我们现在来分析上述完全自由竞争市场均衡经济效率的形成过程。为了便于理解，如图 3-1 所示，假定以计算机市场为例来说明，图中显示计算机市场的供给曲线和需求曲线。首先，回顾一下微观经济学的知识，由于竞争市场中各企业被视为价格接受者，它们根据市场价格调整其产量至边际成本等于市场价格的水平，以实现利润最大化。因此，竞争市场的供给曲线不仅是市场上商品或服务供给量的总和表示，同时也体现了行业市场的边际成本曲线。可以说，图 3-1 中的供给曲线也是行业市场的边际成本曲线。由于边际成本和产出的乘积等于总成本，边际成本曲线下的面积就是相应产出的成本总量，它不包括任何的固定成本。

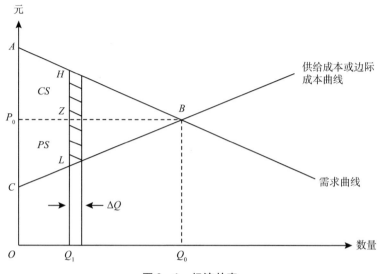

图 3 - 1　经济效率

在特定的假设下，需求曲线可以被看作购买计算机消费者的边际支付意愿总和[1]。例如，在竞争均衡点 $B(P_0，Q_0)$ 处，边际支付意愿 P_0 刚好等于 Q_0 处的边际成本。又由于边际支付意愿下的区域是总的支付意愿，即消费者愿意为 Q_0 支付总量 OQ_0BA 区域，将该总支付意愿减去总成本 OQ_0BC 就得到总剩余 ABC 区域。当然，总剩余可以分为消费者剩余 ABP_0 区域和生产者剩余 P_0BC 区域。

消费者剩余（CS）是指总的支付意愿减去消费者实际需要支付的数量。在此，消费者实际支付是由价格 P_0 和产量 Q_0 所决定的长方形 OQ_0BP_0 区域，所以，图 3 - 1 中的 ABP_0 就是消费者剩余。而生产者剩余（PS）是指该产业中企业的利润，它等于价格 P_0 乘以产量 Q_0，再减去企业总成本 OQ_0BC，所以，生产者剩余为 P_0BC。

值得注意的是，总剩余的最大化等于消费者剩余和生产者剩余之和的最大化。我们将证明，总盈余的最大化是选择价格等于边际成本的产出水

① Robert D. Willig. Consumer's Surplus without Apology, *American Economic Review*, 66（September1976）：P589 - 607.

平 Q_0。在图 3 – 1 中，随机选择一个产量水平 Q_1，该产量会在价格 Q_1H 处被出售。当然，在产量水平 Q_1 上，边际支付意愿 Q_1H 超过了边际成本 Q_1L，因此，在产量 Q_1 处微量增加一个产量 ΔQ 就会使总剩余增加图中一条细长的阴影区域 HL，其宽度为 ΔQ（见图 3 – 1）。由于随着产量增加，总剩余会继续增加，因此，该产量增加过程可延续直至 Q_0 处。超过 Q_0 后，产出的增加将导致边际成本大于边际支付意愿。此时，产量的增加将导致总盈余的减少。因此，产量从 Q_1 增加到 Q_0，总盈余增加的最大值为 HBL 面积。推而广之，当产量从 0 增加到 Q_0 处，价格等于边际成本时，总剩余最大化为 ABC 区域。

关注 HBL 区域是有益的，它意味着总剩余有潜在增长的可能。但是，如果由于垄断力量即垄断者决定将产量限为 Q_1，并索取高价格 Q_1H，这就会造成一个 HBL 区域的"无谓损失"[①]，这是反竞争的垄断力量造成的社会成本，它经常被称为垄断导致的"无谓损失"。如果没有垄断力量，竞争将使价格等于边际成本，产生的总盈余将是 ABC 区域，这大于垄断下的 $AHLC$ 区域。由于垄断，消费者剩余在三角 HBZ 区域具有"无谓损失"，而生产者剩余在三角 ZBL 区域具有"无谓损失"，因此，市场没有达到经济效率或者帕累托最优状态。

为了支持上述观点，可以使用一个例子来比较垄断与竞争的效率。图 3 – 2 显示了一个典型的垄断与竞争的均衡点，假设反需求函数为 $P = 145 - Q$，为简单起见，假定平均成本 AC 不变，因此等于边际成本 MC，设 $MC = AC = 25$。由此，收入 $R = PQ = 145Q - Q^2$，则边际收益 $MR = 145 - 2Q$，如图 3 – 2 所示。

垄断者会选择 $MR = MC$ 利润最大化点 B 进行生产，则 $145 - 2Q_L = 25$，可求出产量 $Q_L = 60$，代入反需求函数可得 $P_L = 145 - Q_L = 85$。因此，在垄断情况下，消费者剩余 ADP_L 区域为 $0.5 \times (145 - 85) \times 60 = 1\,800$，生产者剩余或者利润 P_LDBP_J 区域为 $(85 - 25) \times 60 = 3\,600$。则在垄断之下，两者合计的总剩余为 5 400。

---

① W. 基普·维斯库斯等：《反垄断与管制经济学》第四版，陈甫军等译，中国人民大学出版社 2010 年版，第 72 页。

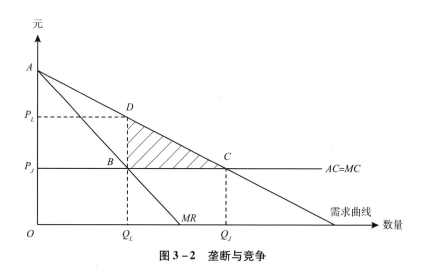

图 3 - 2 垄断与竞争

现在政府实施了一项打破原有市场垄断结构、引入竞争机制的管制政策措施。假设成本结构保持不变①，且所有企业均遵循最优生产原则，因此行业的总供给曲线将表现为一条与边际成本水平相一致的直线，竞争均衡就在价格 P_J 和产量 Q_J 处，即 C 点，由需求函数得 $Q_J = 145 - P_J = 145 - 25 = 120$。此时，消费者剩余扩大到 ACP_J 区域，等于 $0.5 \times (145 - 25) \times 120 = 7\ 200$，生产者剩余则为零。在完全竞争之下，总剩余为 7 200，高于在垄断下的总剩余 5 400，说明垄断造成阴影面积 DBC（7 200 - 5 400 = 1 800）的无谓损失。显然，竞争的全社会效率大于垄断下的效率。

该例中促进竞争的政府管制导致总剩余从 54 00 增加到 7 200，因此，该政府管制垄断政策对社会是有利的，应该被实施。但也应该看到，生产者剩余从 3 600 降至零，政府管制政策使垄断者受损，而消费者剩余则从 1 800 增至 7 200，增加 5 400，也就是说消费者可以补偿垄断者 3 600 的损失，仍然还有 5 400 - 3 600 = 1 800 的净收益，即消费者对垄断者补偿后景况仍然比以前更好，得到帕累托改进。显然，相对垄断而言，竞争使经济效率提高了。当然，补偿原理表明补偿不需要实际进行，我们只要证明这

---

① 垄断存在的理由也许是依靠技术进步而取得较低的生产成本，所以该假设在现实中不一定能得到满足。

种结果的合理性即可，在现实中，政府可以通过税收方式来补偿垄断企业的"损失"。

3.2.2　垄断导致的无效率

垄断导致的第一种无效率就是前述的"无谓损失"，也是最重要的无效率。垄断导致的第二种无效率被称为X—无效率，这是学者哈维·莱奔斯坦在1966年关于该主题的著名论文而得名的[①]。虽然在实体经济中，我们会认为垄断者和完全竞争对手能够有效率地利用其生产要素，并在每个生产水平上实现了最低成本。然而，令人信服的是，竞争的压力将迫使完美的竞争对手将其成本降至最低，而缺乏竞争将使垄断者有可能达到X效率，也就是说，垄断者可以在高于其理论成本曲线的点上运行。此外，由于大公司所有权与经营权分离，所有者与管理者之间有目标冲突，导致委托代理成本永远不可能为零，在这种情况下，X—无效率也会出现。

垄断导致的第三种无效率是指企业为了竞争垄断权而耗费的现实资源。这种资源是一种社会成本，也是福利的损失。例如，为了竞争某项特许经营权，各企业会投入资源进行寻租，包括游说立法或政府管制机构官员的费用，以及说客和律师的劳动支付等，它是形成社会腐败的根源。我国早期的土地市场以及现在部分城市土地使用权的获取都或多或少存在寻租现象。对企业而言，寻租支出不应超过特许经营的垄断利润，即图3-2中 P_LDBP_J 区域的面积。

垄断会破坏竞争，毁坏市场经济效率，它是一种反市场竞争的力量，所以需要政府反垄断。而对于自然垄断行业，为了减少由自然垄断者所引发的无效率损失，并有效遏制其可能采取的强势行为，也需要政府对垄断者进行经济管制，包括限制自然垄断企业定价强势等的经济决策行为，这就是政府管制市场经济的缘由。

[①]　Harvey Leibenstein. Allocative Efficiency vs. X – Inefficiency，*American Economic Review*，1966，56（6）：P392 – 415.

3.3   垄断与寡头市场定价论

3.3.1   垄断、寡头市场定价

依据 2007 年颁布的《中华人民共和国反垄断法》，垄断行为被明确定义为任何旨在排除、限制竞争，或具有排除、限制竞争之潜在可能性的市场行为。比较常见的垄断形式有特许经营垄断和自然垄断，商标权便是法律所特许经营的垄断；水、电、油、气等行业具有显著的自然垄断特征，通过政府指定供应商来进行规模化经营会使行业成本摊薄到最低，自然垄断行业不适合竞争，竞争反而会提高生产成本，只有一家或两三家企业大规模化垄断生产、拥有绝大多数消费者才能摊薄其投入成本，形成所谓的自然垄断行业。由于缺乏竞争，自然垄断企业具有强大的定价能力，因此，必须对拥有定价强势的自然垄断企业实行价格经济管制。而技术性垄断指生产者掌握独家生产技术或诀窍，任何人都无法复制，如王老吉饮料的配方，便形成技术性垄断；策略性垄断是通过利用自身优势，施行各种策略，来巩固其垄断地位；另外，厂家通过其他手段来阻止其他竞争者进入该行业都会形成垄断。

寡头是指只有少数卖者的产业。在一个城市，某个地段、某个区位、某个时间段内，房地产新开发项目就是少数不多的两三个楼盘，这些相邻新楼盘的房企之间会考虑竞争对手的推盘量、推盘时间与定价行为，因此，它属于区位寡头垄断市场。下面，我们将通过经典的寡头市场古诺模型（双寡头模型）来分析寡头企业定价行为。

为了对比完全垄断定价，在图 3 – 2 中的完全垄断均衡，价格为 $P_L =$ 85 元，产量是 60，垄断利润 $P_L DBP_J$ 面积为 3 600 元，其中需求曲线为 $Q = 145 - P$。现在引入两家寡头企业，分别用企业 1 和企业 2 表示。为使分析简化，假定两企业拥有不变的边际成本 25 元，并生产同质产品，寡头

企业进行的是产量选择博弈，通过产量博弈来定价。若企业 1 和企业 2 的产量选择分别为 Q_1 和 Q_2，市场供给量 $Q = Q_1 + Q_2$。由市场需求曲线可知，$P = 145 - Q = 145 - Q_1 - Q_2$，企业 1 和企业 2 利润分别为：

$$L_1 = (145 - Q_1 - Q_2)Q_1 - 25Q_1$$
$$L_2 = (145 - Q_1 - Q_2)Q_2 - 25Q_2$$

上述利润公式明显反映出寡头企业所特有的相互依存关系，企业 1 的利润不仅依赖于其自身的产量，而且依赖于企业 2 的产量；反之，企业 2 也一样。你的竞争对手生产越多（Q_2 越大），市场价格越低，意味着你的利润越少（L_1 越小）[①]。通过对利润公式偏导数并令其为 0，就可以分别求出两企业利润最大化的纳什均衡解，即：

$\dfrac{\partial L_1}{\partial Q_1} = 145 - 2Q_1 - Q_2 - 25 = 0$，得 $2Q_1 + Q_2 = 120$。

$\dfrac{\partial L_2}{\partial Q_2} = 145 - 2Q_2 - Q_1 - 25 = 0$，得 $2Q_2 + Q_1 = 120$。

联立这两个方程，可求出古诺产量博弈的纳什均衡解，分别求出 $Q_1 = Q_2 = 40$，代入需求函数得出寡头企业定价 $Pg = 65$ 元，两家寡头企业利润分别是 $L_1 = L_2 = 1\,600$。这样，行业利润合计为 3\,200 元。相对完全垄断而言，由于寡头市场供给产量过多，两寡头企业合计产量（Qg）为 80，大于完全垄断企业（Q_L）60 的产量，导致寡头市场定价低于完全垄断的定价（65 < 85），行业利润也低（3\,200 < 3\,600），这就为寡头企业串谋留下了利润空间（见图 3 - 3）。

3.3.2　寡头企业串谋定价

图 3 - 3 显示完全竞争企业在 C 点进行生产，企业取得合理的经济利润，随着集中度的提高，行业走向垄断，完全垄断企业在 $MR = MC$ 处即 D 点生产。前面我们通过计算比较完全垄断与寡头市场的定价，发现由于寡头企业生产太多，每家都生产 40，市场总供给量 Qg 为 80，而完全

[①]　这有点类似目前三、四线城市房地产高库存、低价格的状况。

垄断企业仅生产产量 Q_L 为 60，导致寡头市场价格低于完全垄断价格，即 $Pg(=65) < P_L(=85)$，其行业利润 3 200 也低于完全垄断情况下的行业利润 3 600，这就形成图 3 - 3 阴影部分的串谋利润空间。

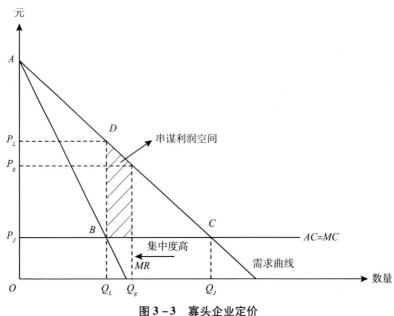

图 3 - 3　寡头企业定价

现实中，企业的开发项目会存在较长一段时间，而且一个项目可以分多期开发，在每个开发期，企业都可以根据上期的开发量与价格来调整其下期的开发量，甚至采取捂盘惜售措施。因此，现实中开发企业可以进行多次的产量选择决策博弈，这就为寡头企业串谋提供了条件。

现在考虑企业之间为了提高价格而进行串谋，这样会使行业联合利润最大化，它们不再按照 40 单位产量推盘，而是捂盘惜售，每家只按照 30 单位产量推出。则两家企业共生产 60 单位的完全垄断产量，市场价格也会从 65 升到 85，这样会使它们得到行业联合利润最大化，两企业的利润会从寡头下的 1 600 上升为 1 800，得到行业利润最大化 3 600。

在房地产商品差异化下，企业间的串谋定价就更为容易，也更为隐蔽，不会被政府管制机构与消费者察觉企业间存在哄抬价格行为，而更多认为是产品差异导致的价格变化。所以，房地产商经常会利用学区、地铁、山景、水景、公园、体育场和周边医院购物配套，甚至旅游景点等差异化元素作为抬价的借口。

　　串谋分为明示串谋与默示串谋，在明示串谋中，企业一般利用会议、论坛、行业协会组织等面对面交流，或者利用电话等电子媒介方式进行沟通。默示串谋是指没有明显的证据表明企业确实聚集在一起制定了串谋定价的公开协议，但是企业又存在可觉察的一致行动表现出相同的定价方向和相同的行为方式。

　　串谋是"反垄断中最大的恶魔"[1]。美国法院对于竞争者之间串谋价格或瓜分市场公开串谋的立场是严厉处置的，将其应用于"本身违法性原则"，而不是"论辩原则"。所谓"本身违法性原则"，是指当一项行为没有有利影响，只有有害影响时，该行为的"内在本质"就是违法的。串谋价格的本质是阻碍竞争，这意味着只要证明串谋行为存在即可，美国法院不会给被告任何辩护的机会即判其有罪，处罚包括罚款、赔偿和坐牢。

　　我国于 2007 年 8 月 30 日通过的《中华人民共和国反垄断法》第十七条规定，禁止具有竞争关系的经营者签订垄断协议，包括限制商品的生产或销售数量；但是，第二十二条规定，禁止具有市场支配地位的经营者滥用其市场支配地位，包括以不公平的高价销售商品；第二十四条规定三个经营者在相关市场的总市场份额达到 3/4 的，可以推定该经营者具有市场支配地位。

3.4　房地产市场结构与房价形成理论

3.4.1　房地产市场结构分析

1. 土地市场供给的完全垄断

　　要分析中国房地产市场，是离不开土地市场的。为此，我们有必要首

---

① Verizon Communications, Inc. v. Law Offices of Curtis V. Trinko LLP, 02 – 682, (2004).

先了解中国的土地市场。随着中国共产党十一届三中全会社会主义市场经济的深入发展，土地作为市场经济中重要的资源要素，不容许再无偿、无期限地使用下去，否则，将无助于资源的合理配置，对市场经济发展不利。基于此，1987~1988年中国大陆城市开始将土地所有权与使用权相分离，中国宪法修正案赋予土地使用权独立、明晰的产权，可进行流通交易，城市土地实行使用权批租出让与转让制度。也就是说，各城市地方政府可以代表国家作为土地所有权人将一定年限内的城市土地使用权出让（租）给土地使用者，并且收取相应的土地出让金或地租。因此，中国城市建立了土地使用权出让市场，即土地市场。

在中国的一级土地使用权转让市场中，土地供应高度集中，唯一的供应方是城市地方政府。目前，在土地"招拍挂"制度下，房地产开发商要获得城市经营性住宅用地必须通过拍卖方式从地方政府那里拍得，也就是说，我国土地一级市场是一个供给方唯一的完全垄断市场（见图3-4）。

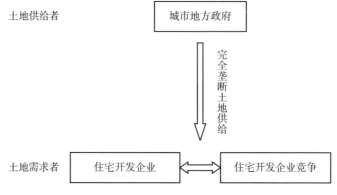

图3-4 住宅用地出让市场的供给完全垄断

为了调节市场冷热程度，各城市地方政府可以通过拆迁征用、开发储备、收回更换、回购供应土地等方式，来达到控制土地供应的速度与规模，这就是通常所说的土地收购储备制度。因此，地方政府作为土地市场的唯一供给者，说明土地市场不是一个严格意义上的市场，而是一个完全垄断的市场。在这种情况下，土地价格当然无法通过完全竞争的供求关系均衡点达成。在土地完全垄断市场结构下，如果地方政府不考虑城市经济的长期发展，而仅仅顾及眼前的短期卖地收入，那么城市的地价、房价将会畸高，购房者的社会福利将受到严重损害，最终结果是城市中实体经济的人才、技术与资金将会外流。

中国人民银行发布的《2004年中国房地产金融报告》深入分析指出，地方政府在土地经营管理层面存在显著的约束机制不足问题，这一制度性缺陷直接促成了土地价格与房地产价格之间的联动上涨趋势。目前，我国地方政府在住宅用地市场中扮演着双重角色。他们既是土地市场的监管者，也是土地的唯一供应者。作为前者，他们应该代表公共利益，寻求中低收入家庭住房问题的良好解决方案，不希望地价过高。作为后者，他们希望高价出售，以增加财政收入，从而缓解地方在教育、医疗和社会保障方面庞大的公共支出。

显然，地方政府与房地产企业角色定位不同，企业目标是利润最大化，而地方政府不是。在行使城市土地所有者权益和代表国家管理城市土地时，地方政府应该要有长远的经济发展思路。作为中国土地市场唯一的供给者，地方政府垄断土地供给。我们知道市场经济的竞争与垄断是对立的，也就是土地、水、电都不是竞争性市场，不能用市场经济方式处理，对垄断市场就必须要进行价格经济管制。地方政府唯有扮演好城市社会公共利益维护者角色，才能构建房地产市场长期稳定健康发展的长效机制。

2. 房地产区位市场的寡头垄断

依据产业组织理论，决定市场结构的因素包括市场集中度、产品差异化、市场进入和退出壁垒、市场需求增长率、市场需求价格弹性、短期固定成本和可变成本比率等。然而，由于住房产品开发和生产的特殊性，决定住房市场垄断还是竞争的市场结构取决于市场集中度、产品差异化、市场进入和退出壁垒、单个住房项目开发和销售的不连续性以及住房需求价格弹性等因子。

（1）住宅产业市场集中度。

住宅产业的市场集中度用来表示开发企业在住宅产业或市场中具有何种相对规模结构。市场集中度指标包括企业集中度指数、赫芬达尔指数、熵指数和基尼系数。一般情况下，以市场排名前 4 位或前 8 位的企业在整个市场中的生产、销售或总资产的比例作为企业集中度指数，用 $CrN(N=4、8)$ 表示，即 $CrN = \sum_{i=1}^{N} Y_i / \sum_{i}^{n} Y_i$，$Y$ 为企业的生产、销售额或资产总额指标。

根据贝恩的市场结构分类法，竞争型市场的 $CR8 < 40\%$，非竞争型市场的 $CR8 > 40\%$。比较成熟的房地产市场，其市场结构是寡占型的，有数据显示，自 20 世纪 90 年代中期以来，香港房地产市场 $CR10$ 就一直稳定在 80% 以上[①]。

一般情况下，分析市场集中度高低、判断市场垄断程度强弱以及制定相关的价格管制政策等，都必须基于市场的地域边界[②]。否则理论就会与实际相脱节。对房地产市场而言，其地域边界是本地城市：如北京、上海、广州、西安、福州等，这源于土地位置的固定性，使得西安的住房项目不会与广州的竞争。即使西安的房价比广州的房价更便宜，也不可能促使广州老百姓到西安买房消费，从而达到降低广州的购房需求，来平抑其房价，使两地房价趋同。因此，不同城市住房市场是有其地域性的，各城市房价首先是受当地城市市场制约而表现出明显的差异。

在城市地域范围的住房市场中，位于城区中心与城市东西南北区域等板块的房地产开发项目中，其房价也存在差异。上海曾因黄浦江导致江的东西两岸房价悬殊，这是因为江的西侧基础设施完善，生活便利，所以房价自然会高，而当年江东就相对不太方便。

2018 年 1 月，在闽江两岸，紧邻福州市中心的北江滨住宅板块平均价格比远离市中心的南江滨闽侯板块高了 27 740 元/平方米（见表 3-1）。因此，在住宅市场中，处于城市不同街道地段与不同城区区位，形成了住

① 苗天青：《房地产产业组织优化：中国香港经验及其对内地的启示》，载《经济体制改革》2005 年第 4 期。
② 苗天青、朱传耿：《中国房地产市场的地域特征分析》，载《经济地理》2005 年第 3 期。

宅商品竞争的细分市场，即城市住宅区位市场，本书将区位市场定义为城市市区中具有同一区位供求范围内、有一定替代竞争关系的相类似住宅项目群①。不同区位板块开发项目之间缺少相互竞争，体现在商品房的供需数量、价格及其弹性等存在明显差异（苗天青、朱传耿，2005）。

表 3 - 1　　　　2018 年福州部分区位板块房地产均价　　　单位：元/平方米

时间	仓山	市中心	江滨	五四北	金山	东区	闽侯
2018 年 1 月	23 488	33 660	42 400	24 207	27 828	19 610	14 660
2018 年 2 月	25 728	34 429	47 481	26 027	27 236	21 746	13 537
2018 年 3 月	23 969	25 552	—	23 229	28 822	19 892	15 297

因为大多数房企建设的楼盘是与同一板块相邻区域的楼盘进行竞争，即所谓的"环形竞争"，环形竞争只是几个相邻楼盘之间的寡头垄断博弈。以福州为例，测试商品房市场中卖家的集中度，由表 3 - 2 数据可见，城市市区住宅板块市场占有率 CR8 高于 40%。而目前伴随着城市土地越卖越少，相邻可竞争的开发楼盘也相应变少，现在 CR8 高于 50% 已经没有问题，寡头垄断市场特征就越发地明显。

表 3 - 2　　　2000～2005 年福州住宅市场各区域板块销售额前 8 名市场占有率

单位：%

年份	福州市住宅区域板块市场的集中度 CR8					
	台江板块	仓山板块	晋安板块	马尾板块	东区板块	西区板块
2000	42.11	69.03	58.30	58.06	51.19	43.96
2001	42.11	74.16	46.32	43.56	48.81	52.52
2002	48.32	79.72	54.55	66.38	48.13	46.01
2003	55.80	73.46	42.74	73.00	48.56	49.92

---

① 同一板块中有高档房与低档房、别墅与普通住宅之分，尽管它们在同一区位供求范围内，但是它们是不相同住宅群，不具有相互竞争性，因此，在同一板块中要将其区分开。

续表

年份	福州市住宅区域板块市场的集中度 CR8					
	台江板块	仓山板块	晋安板块	马尾板块	东区板块	西区板块
2004	50.12	70.65	77.13	50.28	54.73	59.62
2005	62.86	55.46	40.03	71.31	50.63	58.93

资料来源：笔者根据福州房产交易中心住宅交易原始数据整理。

（2）房地产产品差异性。

房地产产品差异性是指不同开发企业所开发建设的住宅商品具有不同特点和差异。住宅商品差异性越明显，其相互替代性就越不容易，如区位地段差异形成的学区房与非学区房。即使卖方定高价，买方也不会转向购买其他竞争的住宅商品，即差异性越大，房企就越容易成为有效的垄断者，收取垄断高价。因此，寡头理论的探讨往往离不开产品差异性①。房地产是一种差异化极为显著的商品，主要原因如下：第一是住宅位置的固定特点致使任何两个开发项目均存在位置差异。第二是单体设计的唯一性导致巨大的产品差异。住宅项目设计通常与环境景观相结合，如中国文化认为"水"可运财，依水而筑、择水而居则成为中国居住环境固有的特色，为此，伴水建筑设计的有海景、江景和河景等楼盘；而利用山地良好的自然景观创造具有绿色、生态和田园等"天人合一"的生态意境也是住宅建筑的一大风格，这就有依山而建的山庄、庄园等建筑。当然，也有将小区设计为花园式楼盘的，或设计成教育、运动、文化、大自然森林和 CBD 或 CLD 等概念楼盘。至于室内设计与装修的不同那更使住宅产品千差万别。第三是住宅开发项目生产过程的个别性，导致了住宅产品的独一无二性。表现在不同开发项目的市场调查、投资决策、融资、建设、营销等各种经营行为与经验很难复制或移植。第四是住宅产品个别物理上差异，表现在家装与周边配套环境的不同之上。

正如前文所言，住宅产品存在很大的不同。这种差异化特点导致商

---

① W. 吉帕·维斯库斯等：《反垄断与管制经济学》，陈甫军等译，北京机械工业出版社 2004 年版，第 63 页。

品房的非价格竞争，商品供给方有定价强势，价格竞争明显趋弱，商品房价格变化大成为常态。这种差异化也导致商品之间的替代竞争减弱，提高了市场集中度和项目间竞争的进入壁垒，市场结构呈现出寡头垄断的特征。

（3）住宅市场进入壁垒。

经济学家贝恩认为进入壁垒是和潜在的进入者相比，市场中现有在位企业所享有的优势，该优势表现在在位企业可以持久地维持高于竞争水平的价格而没有导致新企业的进入[①]。构成房地产市场进入壁垒最主要的因素则是高额的土地（使用权）价格。

房地产业属于资金密集型行业，现在一个住宅项目的投资需要几十亿元的投资，大项目仅土地费用就达到大几十亿元，多的达到百亿元以上。房地产行业的资本进入壁垒高，没有一定经济实力的开发企业将被"挡在"市场之外。这种高的资本进入壁垒导致只有少数几家大企业才有能力进入并瓜分市场。高的资本进入壁垒使在位企业间的竞争完全弱化，而且，针对在位企业的来自市场之外新企业进入的竞争压力也明显减弱。这些都强化了在位企业寡头市场格局的形成。

（4）住宅项目开发销售的间断性和缺乏住宅需求价格弹性。

任何两个住宅项目开发销售的间断性和商品房缺乏住宅需求价格弹性是导致房地产市场垄断的独特决定因素。一方面，由于房地产开发建设是按整个开发项目一次性"生产"出来，与一般商品从生产流水线一件件连续地生产出来不同，一般商品生产经营生命周期也很长。而任何两个开发项目建设是间断的、非连续的，一个商品房开发项目结束以后，要根据市场需求情况再决定是否开发建设下一个住宅项目，两个项目之间会间隔很长时间。开发建设的间断性使得商品房的供给总是慢于其市场需求。另一方面，本在城市内同一区位板块的楼盘可以进行相互竞争，但由于"间断开发"特点，给房企提供错开开发销售、控制推盘节奏的便利条件，他们通过"串谋"可以避免直接的价格竞争。

---

① 参见 http://news.qq.com/a/20160817/028155.htm；http://www.jiemian.com/article/939322.html.

住房市场需求价格弹性是指房价变化百分比与需求购买量变化百分比的比值。如果房价上涨 1 个百分点，正常情况是"价增量缩"，但若需求购买量下降幅度小于 1 个百分点，甚至反过来还跟着上涨，则说明房地产需求随价格变化是缺乏弹性的。因住宅是生活必需品，且国人"愿买不愿租"，住宅的刚需难以压制，致使商品房缺乏价格需求弹性。更值得关注的是，在投机氛围刺激下，随着房价不断上涨，购房者因担心买不到好房子，反而会争先恐后抢房，包括投机、投资、刚需在内的各种需求汇聚在一起，在某个时间点爆发出来，不断冲击着房价。

上述四个方面决定了商品房市场并非进行完全自由竞争，它突出表现出的是寡头垄断市场特征格局。国内学术界已广泛运用理论剖析与实证检验的多元化方法，深入探索中国房地产市场的结构特性，如况伟大（2004）[1] 和李宏瑾（2005）[2] 通过严谨的实证分析路径，成功测度并指出近年来我国房地产市场的集中度指数持续保持在 0.4 以上的高位水平，这一发现有力佐证了我国房地产市场内存在显著的垄断力量，揭示了市场结构的不完全竞争特性。另一方面，沈悦、刘洪玉（2004）[3] 的研究则从住宅价格与经济基本面之间关系的独特视角切入，采用实证研究方法，得出中国住宅市场并未能有效遵循有效市场假说的结论，这一发现对于理解市场效率与价格形成机制具有重要启示。此外，平新乔和陈敏彦（2004）的研究更是进一步聚焦房价与垄断程度之间的内在联系，通过系统性分析，他们明确指出当前房价水平与房地产市场的垄断程度之间存在着显著的正相关关系[4]。苗天青则直接将市场当作区域性寡头垄断市场来看待[5]，以此分析企业定价行为，并通过分析中国香港房地产业高度集中的市场结构，认为香港房地产市场开发商较强的盈利能力是以高房价和消费者的低居住

---

[1] 况伟大：《空间竞争、房价收入比与房价》，载《财贸经济》2004 年第 7 期。
[2] 李宏瑾：《我国房地产市场垄断程度研究——勒纳指数的测算》，载《财经问题研究》2005 年第 3 期。
[3] 沈悦、刘洪玉：《住宅价格与经济基本面：1995 – 2002 年中国 14 城市的实证研究》，载《经济研究》2004 年第 6 期。
[4] 平新乔、陈敏彦：《融资、地价与楼盘价格趋势》，载《世界经济》2004 年第 7 期。
[5] 苗天青：《我国房地产开发企业的价格行为分析》，载《华东经济管理》2004 年第 6 期。

水平为代价的，该现象值得内地房地产业的反思①。

3.4.2　垄断市场结构的房价形成理论

1. 房地产价格类型

在研究垄断市场结构的房价形成理论之前，首先需要了解房地产价格类型。城市住宅用地价格是住宅价格体系中最重要的组成部分，占房价的比重很大，为此，有必要首先考察城市土地价格的形成理论。在考察国外地价形成理论时，必须要知道它与我国目前土地价格的本质区别，由于土地制度的差别，国外地价是土地所有权价格，而我国是土地使用权价格。

（1）古典地价理论。早期的地价理论，其核心思想是从地租视角出发，对地价的本质进行深入剖析。这一理论框架虽源自较早时期，但其对于当今我们全面而深刻地理解土地价格的实质内涵，仍然具有不可忽视的参考价值与启示意义。在农业社会，土地的收益以地租形式来体现。威廉·配第（William Petty，1662）在其经典论述中，将土地价格概念化为一定年数地租的资本化表达，他提出了一个具有标志性的观点，即土地价格大致相当于年地租的 21 倍②。这一观点不仅开创了从地租视角审视土地价格的先河，也为后续地租与地价关系的研究奠定了重要基础。在西方，地租理论的研究已经历了超过 350 年的漫长岁月，其间研究成果蔚为大观，理论观点更是百花齐放、层出不穷。在不同的历史阶段，由于立场与看法的迥异，经济学家们给地租下的定义也各不相同。西方古典经济学主要是针对农业部门来研究地租的，威廉·配第在《赋税论》（1662）中指出地租是劳动产品扣除生产投入和维持劳动者生活必需后的余额。③ 魁奈（1979）认为地租是由自然界的帮助而生产的剩余产品，并称之为"纯产

---

① 苗天青：《房地产产业组织优化：中国香港经验及其对内地的启示》，载《经济体制改革》2005 第 4 期。

② 配第认为 21 为当时英国三代人可以同时生存的年数。

③ 威廉·配第：《赋税论》，商务印书馆 1972 年版，第 43~49 页。

品"①。杜尔阁（1978）则进一步指出了"纯产品"是土地对于农业劳动者劳动的赐予，明确提出地租是劳动者的剩余劳动②。亚当·斯密在《国富论》（1776）也阐明了地租是劳动者所创造的生产物价值的一部分，他给地租的定义是为使用土地而支付的价格③。对古典经济学地租理论作出重大贡献的则是与亚当·斯密同时期的安德森，他在《谷物法本质的研究》（1777）中明确提出地租不是来源于土地，而是来源于土地产品的价格，其实质是由劳动创造的，级差地租与土地的相对肥沃有关而与土地绝对生产率无关。李嘉图（1817）则在此基础上发展了级差地租理论，基于劳动价值论基础上，他定义"（级差）地租总是由于使用两份等量资本和劳动而获得的产品之间的差额"④。马歇尔、克拉克和帕累托等新古典经济学家则另辟蹊径，他们用边际方法研究地租而不再使用古典经济学地租"剩余说"来分析，指出地租取决于土地的边际生产力。集众理论之大成者马歇尔则创立了价格供求均衡理论，指出地租（地价）大小受制于土地需求，所有地租均具有稀缺（垄断）地租和级差地租的形态。

　　马克思主义经济学认为地租的本质来源于劳动，指出无论土地优劣，土地所有者都可凭借土地所有权垄断获得绝对地租，否则就意味着土地权利的废除。由此推断绝对地租是土地价格的基石，只要存在土地所有权的垄断，地租就不会消散，就会资本化为地价⑤。从此视角看，地价根基源于其产权。级差地租则与土地的优良等级相关，是土地所有者因拥有较优土地而占有的超额利润，表现为区域之间、城乡之间、城市中心与市郊之间地价的差别，而且这种差别随着城市基础设施的不断投入而呈现扩大之势，级差地租是地价高低存在的主因。垄断地租的形成机制根植于特定土地所具备的独特自然条件，这些条件赋予该土地生产上的差异化优势，进而导致其产出物在市场上呈现出区别于其他同类产品的特性。这种自然禀

---

① 魁奈：《魁奈经济著作选集》，商务印书馆 1979 年版，第 300～310 页。
② 杜尔阁：《关于财富的形成和分配的考察》，商务印书馆 1978 年版，第 52～57 页。
③ 亚当·斯密：《国民财富的性质和原因的研究》（上卷），商务印书馆 1972 年版，第 140～160 页。
④ 李嘉图：《李嘉图著作和通信集》（中译本）（第 1 卷），商务印书馆 1962 年版，第 59 页。
⑤ 《马克思恩格斯全集》（第 25 卷），人民出版社 1974 年版，第 861～863 页。

赋的独占性，直接反映为相关产品能够在市场上实现一种非竞争性的定价策略，即所谓的"垄断价格"。当某一区域或地块的土壤、气候、地形等自然条件异常优越，能够生产出品质卓越、特色鲜明或产量显著的产品时，消费者对该类产品的偏好及需求将显著增强，从而在供需关系的动态调整中推高其市场价格，形成超出一般市场竞争水平的垄断地租。

现代社会的土地用途已经多样化，土地可用于商业、旅游、文体、住宅、工业、农牧林等，因此，买卖租赁土地不再仅局限于"躬耕农亩"式地支付地租，尽管它仍然是自然资源，但是它更多地以生产要素、投资品、资本品和现代资产的面目出现。地租的用词也逐渐地被土地收益所替代。伴随土地"产品"的多样性，其土地收益潜力也因其固有特性及外部环境的差异而各不相同，这一差异性直接影响市场参与者对土地的估值与出价策略，进而导致不同用途土地之间价格水平的显著落差。

（2）现代城市土地价格理论。现代西方经济学更注重城市地价的空间分布和定量分析，采用市场供求理论、生产成本论、边际效用论、边际生产力论、均衡分析和定量分析等经济学理论和方法的最新成果，对城市地价进行深入探索与研究，从而奠定了现代城市地价理论的基础框架。该理论体系的创立，可溯源于英国著名经济学家阿尔弗雷德·马歇尔（Alfred Marshall）的开创性工作。20世纪70年代边际革命后，他将成本理论与效用理论联系起来，构建了市场均衡价格的理论体系。他认为均衡价格是市场供求力量相互作用的直接结果，供给受到生产成本的制约，即生产者愿意且能够提供的商品数量受限于其生产成本的高低；而需求则遵循效用最大化原则，即消费者根据商品带来的满足程度（即效用）与支付意愿之间的权衡，来决定其需求量。这一供需互动的框架，为理解市场价格形成提供了坚实的理论基础。在这一理论背景下，城市地价理论作为经济学的一个分支领域，也遵循着同样的逻辑而展开。

一是城市土地竞价曲线理论。该理论最初由美国区域经济学家埃德加·M. 胡佛（Edgar M. Hoover）提出，他通过构建土地竞价模型，分析了不同用途土地在城市空间中的竞争与分配机制。随后，威廉·阿郎索（William Alonso）等学者进一步发展了这一理论，引入城市地价曲线的概念，深化了对城市土地市场运作规律的理解。竞价曲线理论的本质是将城市以 CBD 为中心、以各不同用途土地为轴线来划分地价区段，越远离城市中心的地价越低。

二是土地价格的区位理论。区位是指特定宗地所处的空间位置及其与相邻宗地间的关系，区位理论是研究人类活动空间分布经济规律的理论。"土地第一重要是地段，第二是地段，第三还是地段"，这里的地段就是指区位之意，由此可见土地区位对土地价格的重要性。伴随着工商业和城市化的发展，商业区位论和住宅区位论研究在 20 世纪 20～40 年代应运而生。1925 年巴吉斯根据居民家庭收入和居住质量关系提出"同心圆带状"住宅区位论，认为市中心住宅区位质量的恶化将导致高级住宅的郊区化，市中心最后将成为中央商务区。1939 年霍伊特通过对房租的实证研究提出了扇形住宅区位论，认为住宅区将沿着空间和时间摩擦最小的路径由内向外延伸，而摩擦最小的路径往往是交通路线，与巴吉斯不同的是，他还得出高档房有往高级商务中心和社会名流居住地移动倾向的结论。1945 年乌尔曼和哈里斯提出城市多核心总体结构下的区位论，认为住宅区既非圆带状，也非扇形状，而是由多个商务中心组成的块状结构。由于交通成本的原因，低级住宅区还是围绕商务区和工业产业区而分布。1947 年狄更逊将城市分为中央、中间和边缘三个地带，提出三地带区位论。而爱里克森则于1954 年将几家理论进行折中，认为城市以商务中心为核心向外呈放射延展，放射状带为住宅分布区，城市外围则为大工业区[①]。总之，区位理论决定地价的思想并未脱离城市土地竞价曲线理论的窠臼。

三是城市土地价格的供求理论——基于用途改变的供给弹性分析。

该理论深刻阐述城市土地价格形成的核心机制是源于其供求关系。由于地球地表面积的固定性，土地的自然供给呈现出显著的无弹性特征，意味着在既定技术水平下，土地的总供给量无法随市场需求的变化而迅速调整，这一特性构成了土地市场独特性的基础。土地的需求被界定为一种引致需求，它并非直接源于对土地本身的消费欲望，而是作为其他经济活动（如居住、商业、工业等）的间接需求而存在。这些经济活动对土地的需

---

① 曹振良：《房地产经济学通论》，北京大学出版社 2003 年版，第 105～108 页。

求强度，受到诸如经济发展水平、人口增长、城市规划政策等多种因素的影响。在土地供给无弹性的约束下，土地市场价格主要是由土地需求的变化所主导（萨缪尔森，1986）[①]。当经济活动对土地的需求增加时，由于供给无法相应增加，土地价格便会上升，以反映市场中的稀缺性和竞争态势。反之，若需求减弱，土地价格亦会随之调整。但是，对于城市产业用地而言，随着城市化进程的持续推进，城市土地面积呈现出显著的增长趋势。特别地，当城市内部对住宅产业用地的需求激增时，它往往成为驱动土地利用结构变化的关键因素。由于土地资源的稀缺性和有限性，城市管理者与市场力量会共同作用于土地配置过程，促使那些当前需求相对不那么紧迫、利用效率可能较低的其他产业用地，通过规划调整、市场流转或政策引导等方式，逐步转化为住宅产业用地，以满足日益增长的住宅用地需求。如福州市工业路两边原来都是工厂，随着房地产的升温，住宅用地的紧张，加上 20 世纪末许多小企业破产倒闭，导致现在工业路两边基本都被开发成住宅小区，工业路已经名存实亡。因此，从此角度看，对具体某个产业而言，通过改变土地用途，其城市土地供给又是有弹性的。我们可以用图 3 - 5 表示城市住宅产业土地的均衡价格。

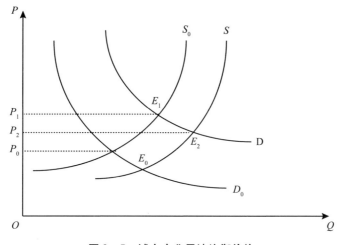

图 3 - 5　城市产业用地均衡价格

---

① 萨缪尔森：《经济学》（中），商务印书馆 1986 年版，第 254 页。

一般情况下，住宅产业用地的供给和需求都是有弹性的，图 3-5 中产业用地的原始供给曲线为 S_0，需求曲线为 D_0，两曲线相交点为 E_0，实现了市场均衡，此时均衡价格为 P_0。假定在住宅产业土地供给不变情况下（指在任何同一个价格水平，不会增加该产业的土地供给），政府的产业政策激活了产业需求，使住宅产业土地需求增加，曲线右移为 D，市场均衡点变为 E_1，土地均衡价格上升为 P_1。若此时地方政府同时加大城市化步伐或增加市场中的土地供给，供给曲线移到 S，新的均衡点为 E_2，均衡价格就下降为 P_2。该理论说明市场供求对土地价格的影响方向。

2. 国内房地产价格类型

由于中国住宅市场结构呈现出显著的垄断性特征，这一特性深刻影响了住宅价格的形成机制。因此，在分析和预测中国住宅价格走势时，必须充分考虑市场垄断因素的作用，以及其对市场供求关系调节机制的潜在干扰，这样才能更加全面、准确地把握住宅市场的运行规律。

（1）地价与房价关系论。

在国内学术界，针对地价与房价之间关系的探讨已相当深入，并逐渐形成了三种主流观点，这些观点在学术讨论中占据重要地位。①地价是推动房价上涨的关键因素或在其中扮演主导角色。戚名琛（1992）认为房屋本身不具有增值属性，房屋供不应求价格上涨必定主要是地价上涨引起[1]，徐燕（2002）[2]、杨慎（2003）[3]、包宗华（2004）[4] 和覃晓梅（2005）等认为土地成本的上升或地价的显著上涨，是构成房价提升压力的重要因素。况伟大（2005）通过房价与地价的 Granger 因果关系检验表明，短期内两者相互影响，长期内地价则为房价的 Granger 原因，因此长期来看，政策主要应抑制地价的过快上涨[5]。②房价的上涨是推动地价上升的主要因素，即房价在这

① 戚名琛：《地价房价关系探讨》，载《两岸土地利用之探讨》，台北永然文化出版股份有限公司 1992 年版，第 60 页。

② 徐艳：《北京市房价过高的原因和房价控制》，载《城市问题》2002 年第 1 期。

③ 杨慎：《客观看待房价上涨问题》，载《中国房地信息》2003 年第 2 期。

④ 包宗华：《怎样看待我国的住房价格》，载《中国房地产》2004 年第 1 期。

⑤ 况伟大：《房价与地价关系研究：模型及中国数据检验》，载《财贸经济》2005 年第 11 期。

一关系中占据主导地位。周京奎（2006）的实证研究为这一观点提供了有力支持，其研究结果显示，房价对地价具有显著的正面影响，而相比之下，地价对房价的影响则显得较为有限。这一发现挑战了传统上认为地价是房价主要驱动力的观点，转而强调房价变动在土地市场中的关键性作用。由此他建议抑制房价不能只控制土地价格，应从金融支持、投资环境等多个维度入手，形成多管齐下、协同作用的房价调控体系，以更有效地应对房价上涨带来的挑战[①]。此外，郑光辉等（2004）的研究也支持了房价上涨导致地价上升的观点。他们认为，随着房价的持续攀升，市场对土地的需求会相应增加，从而拉动地价的上涨。这种需求拉动效应体现了房地产市场中房价与地价之间的动态关联和相互影响[②]。③地价与房价的互动关系。地价与房价之间的互动关系是一个复杂而多维的问题，学术界对于这一关系的理解不断深化，从最初的正相关关系到相互制约的观点（高晓慧，2001；鲁礼新，2002[③]），再到基于经济学和数学分析的全面探讨（刘琳和刘洪玉，2003[④]），都为我们提供了宝贵的见解。在未来的研究中，我们需要继续关注这一关系的动态变化，以更好地指导房地产市场的调控和管理。在研究房价与地价关系的分析方法上，主要采用一般均衡分析框架体系（如Smith，1976[⑤]；O'Sullivan，2000[⑥] 等）、空间竞价模型（Alonso，1964[⑦]；Muth，1969[⑧] 等）和计量经济模型（如 Davies，1977[⑨]；Raymond，1998；

---

① 周京奎：《城市土地价格波动对房地产业的影响—1999～2005 年中国 20 城市的实证分析》，载《当代经济学》2006 年第 7 期。

② 郑光辉：《房价与地价因果关系实例分析》，载《中国土地》2004 年第 11 期。

③ 鲁礼新：《成都市中心城区地价与房价关系分析》，载《四川师范大学学报》（自然科学版）2002 年第 25 期。

④ 刘琳、刘洪玉：《地价与房价关系的经济学分析》，载《数量经济技术经济研究》2003 年第 7 期。

⑤ Smith Barton A. The Supply of Urban Housing, *The Quarterly Journal of Economics*, Vol. 9, No. 3, 1976, pp. 389 – 405.

⑥ O'Sullivan. Urban Economics, The McGraw – Hill Companies, Inc, 2000.

⑦ Alonso, William. *Location and Land Use*, Cambridge, MA：Harvard University Press, 1964.

⑧ Muth, RichardF. *Cities and Housing*, Chicago：University of Chicago Press, 1969.

⑨ Davies Gordon W. A Model of the Urban Residential Land and Housing Markets, *The Canadian Journal of Economics*, Vol. 10, No. 3, 1977, pp. 393 – 410.

Glaeser，2002[①]）等。

　　一般意义上，房价受到如下因素的影响：①宏观经济景气情况；②政府有关的房地产政策，包括住房、土地供应、金融和税收等；③地方政府行为；④地方居民经济收入水平；⑤含土地等开发建造住宅成本；⑥住宅市场参与主体的投资消费偏好、投机炒作与价格上涨预期；等等。

　　地价同样也受到宏观经济景气背景以及政府有关房地产政策的影响。值得一提的是，由于地方政府对土地一级市场供给的垄断，在中国经济转型期，地价受到地方政府严重的政治经济利益最大化的影响。除此以外，地价还受到土地市场的供求关系影响，包括：①城市土地储备供给的数量与成本；②市场经济主体对房价的预期；等等。

　　由于房地不可分，作为房屋生产要素的土地资源对房价的作用自然不可小觑。当需求旺盛时，过热投资需求引致房价上涨，同时也拉动了地价的上升。反过来，地价作为成本进入房价，其对房价也会起推动作用。地价与房价呈互动关系，在此过程中，价格炒作上涨预期起重要的作用。土地资源的有限性，加上地方政府的土地财政与经济增长的投资冲动，通过土地市场激烈竞价的拍卖方式，推动了地价的快速上涨，使得对地价上涨的预期在心理上更加"发酵"和膨胀。因此，近年来，中国城市地价涨幅大于房价涨幅，目前，地价占房价的比例已从30%～40%上升到50%～60%，而土地价格的上涨也会以开发成本上升方式累加进入房价中，以成本加成推动房价提升，最终形成地价与房价相互推动与拉升而上涨（见图3-6）。

　　住宅毕竟是消费品，若是将其当作投资品而过度炒作，必然会在市场参与各方的价格操纵下，使房地产失去其原有属性。由于土地市场本身就不是严格意义上的竞争市场，价格容易被操控。土地与水、电等公用产品一样都属于供给方垄断，因此，我们必须像管制水、电价格一样，管制住土地使用权价格。也就是说，要建立房地产市场健康稳定发展的长效机制，政府首先必须管制住土地价格，坚决遏制住宅的投资性需求，才能有效稳定住房价格。

---

　　① Glaeser Edward, Gyourko Joseph, Christian Hilber. Housing Affordability and Land Prices: Is There a Crisis in American Cities, NBER Working Paper No. 8835, 2002.

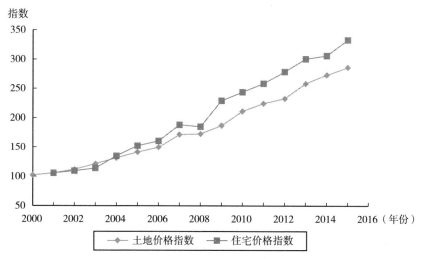

图 3-6　2000~2016 年土地价格指数与住宅价格指数比较

资料来源：中国国家统计局和中国城市地价动态监测网。

（2）房地产成本价格。

从住宅商品开发成本角度出发确定的成本价格是房屋开发生产过程中成本累加所形成的价格，通常被界定为供给价格，这一概念深刻反映了生产过程中的成本结构对市场价格形成的影响。马克思的生产价格理论核心在于揭示资本家所生产的每一件商品的价值构成是由不变资本（c）、可变资本（v）以及剩余价值（m）这三部分共同组成的，即 $c+v+m$。其中，c 代表预付在生产资料上的资本耗费，如原材料、机器设备等；v 代表预付在劳动力上的资本，即工人工资；而 m 则是工人创造的超出其劳动力价值部分的剩余价值，这部分价值在资本主义生产关系下被资本家所占有，并转化为利润。

基于上述理论，供给方所设定的供给价格，实质上是对生产成本（$c+v$）进行加成，以包含预期的利润（m）而形成的价格。这一过程体现了成本加成定价法的应用，即企业在确定产品售价时，首先计算其生产成本，然后在此基础上加上一定的利润加成。因此，供给价格的公式可以表述为：供给价格 = 生产成本（$c+v$）+ 利润（m），这一公式直观地展示了供给价格作为成本加成利润价格的经济学内涵。依照此逻辑，我们可以得到住宅商品成本价格公式如下：

住宅商品成本价格＝总开发成本＋销售税费＋开发商利润　　（3.1）

总开发成本主要包括：①土地取得成本；②开发成本（勘探设计费、前期工程费、基础设施建设费、建筑安装工程费、公共配套设施建设费和开发过程中的税费等）；③管理费用；④财务费用。

虽然由于各地经济发展水平差异导致的物价迥异以及不同城市房价的差别，导致各地房地产开发的成本费用数据会有明显差别，但房价中的成本和税费项目是大同小异的，它主要由房地产开发建设四大阶段的成本和税收项目组成，分别是征地阶段、前期勘探设计阶段、开发建设阶段和销售阶段。它们形成 40 个分项目，如图 3-7 所示，该图体现了我国 20 世纪 90 年代中期以来清理调整不合理的房地产税费和后来新增的土地税费情况。式（3.1）中总开发成本等于图 3-7 中 1~40 项（除 34、35、36、37 属销售税费项外）之和。

住宅开发中的土地征用有两种类型，即从农业用地到非农业用地的转换和城市旧区的转换（包括城市工业用地到住宅用地的转换）。图 3-7 描述了从农业用地到非农业用地的转变。城市地方政府以"招标、拍卖、挂牌"方式拆除旧区房屋并"出售"土地的，房价中的土地成本包括开发商竞买的土地价格和购买时应缴纳的税费，它主要是交易费和土地契税，而土地价格包括土地批租价格、房屋拆迁补偿安置费、城市土地开发利润等。

在此，有必要讨论一下中国房地产税费及政府行政事业性收费占住宅开发成本中的比重，它主要指房地产销售过程的税费和开发过程中的政府行政事业性收费或称开发过程中的政府规费等。哪些项目为税费、哪些项目为政府行政事业性收费依据地价的不同界定而有所不同，进而会影响到税费占总开发成本中的比重。若地价是由图 3-7 中征地阶段成本税费 1~10 项之和组成，则政府行政事业性收费主要是指图 3-7 中开发前期阶段中成本税费这一部分，但须扣除其中属于企业行为性质的服务性收费，包括三通一平费用、勘探和钻探费用、可行性研究费用、规划费用及设计费用等，即政府规费＝开发前期阶段成本税费总和－（11＋22＋23＋24）。

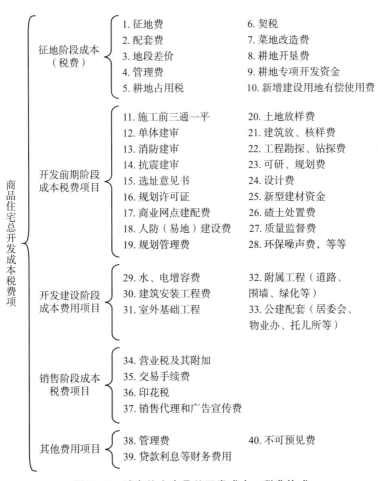

图3-7　城市住宅商品总开发成本、税费构成

如果土地价格仅由地块差价、征地费和配套费之和组成，则图3-7中征地阶段成本（税费）除前三项外均计入税费，因此房价中的税费高于征地阶段成本，这将增加税费在总开发成本中的比例。然而，无论土地价格如何界定，房地产的总开发成本保持不变。

另外，自20世纪90年代中期以来，为了清理住宅市场不合理收费现象，达到降低房价目的，政府明令变更降低、转入消费环节和取消的税费接近30项，其具体调整项目如图3-8所示（包括1997年以来新增土地税费有3项）。

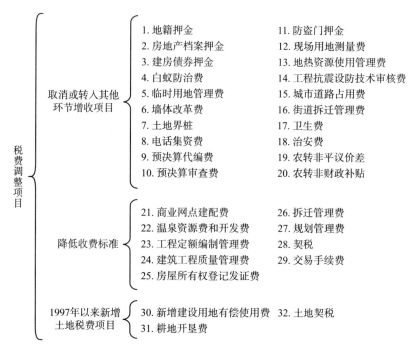

图 3 - 8　1995 年以来住宅价格税费调整

尽管税费和政府行政事业性收费自 1995 年以来有增有减，但减少明显大于增加。据测算在全面清理房地产税费以后，税费占商品住宅总开发成本的比例分别下降了 8% 以上[①]，而从绝对数来说，下降了一半不止，从而一定程度上降低了当时的商品住宅价格。

若将图 3 - 7 中的总成本和销售税费再加上开发商利润就形成房地产成本加成价格，即为（1 + 成本利润率）× 总开发成本 + 销售税费。

一般工业项目投资生产中，投资包括流动资金和固定资产投资，由此，相应的生产成本包括了可变成本和固定成本。但是，住宅开发项目的投资与成本构成则有别于此，由于住宅生产过程是以开发项目为单位，项目建设往往通过招投标方式，由建筑公司承建，因此，开发企业不需要投

[①]　王吓忠：《我国城市住宅商品房价格及市场走向》，载《价格理论与实践》2002 年第10 期。

资大量资金在建筑生产机械上，开发企业投入项目中的开发建设资金，一次性全部转移到住宅商品上，通过出售住宅就可回收所投入的资金。也就是说住宅商品开发建设所形成的固定资产基本没有，开发企业所投入的建设资金均为流动资金性质①，住宅生产成本均为随住宅建筑面积变化而变化的可变成本，基本没有固定成本。这样，住宅商品价格管制就无须对固定成本进行补偿，从而可以按照边际成本或平均成本加产业合理客观利润来确定经济管制价格（后面章节进一步分析）。

（3）房地产有效需求价格。

住宅商品的有效需求价格是从城市住房需求者的有效支付能力视角确定的需求价格。购房者会根据自己的收入情况进行消费，他们总是按照家庭收入以及所购房屋的位置、大小和价格来作出买房决定。当然，若消费者要买房子，基本上会采取按揭形式，不会等到存足钱后才买。由此，购房者所能承受的商品房有效需求价格为：

$$P = \frac{\beta Y\left[\,(1+i)^{N}-1\,\right]}{12\alpha Mi(1+i)^{N}} \tag{3.2}$$

其中：P——有效需求价格；

　　　Y——居民家庭年可支配收入额；

　　　β——月收入中可用于偿还个人住房抵押贷款的最高比例；

　　　i——个人住房抵押贷款月利率；

　　　N——个人住房抵押贷款期限内月份数；

　　　α——抵押贷款价值比率（贷款成数）；

　　　M——按居民有效需求决定的户型面积。

这里有效需求价格受到多种因素影响，包括居民家庭年可支配收入额、月收入中可用于偿还个人住房抵押贷款的最高比例和贷款首付款等，如果消费者户均变现能力强的资产为 H，H 中可用于支付购房首付款的最大比率为 γ，则房价还受到如下公式的约束：

$$P \leqslant \frac{\gamma H}{M(1-\alpha)} \tag{3.3}$$

---

① 刘洪玉：《房地产开发经营与管理》，中国建筑工业出版社 2005 年版，第 150～151 页。

因此，我国城市居民最高所能承受的商品住宅有效需求价格模型为：

$$P = 最小值 \left\{ \frac{\beta Y \left[(1+i)^N - 1 \right]}{12 \alpha M i (1+i)^N}; \frac{\gamma H}{M(1-\alpha)} \right\} \tag{3.4}$$

假设城镇居民具备支付购房首付款项的能力，则可通过构建模型来估算其对于住房市场的有效需求价格。有效需求价格作为居民购房能力与市场供应条件相互作用的结果，反映了在给定收入水平下居民对于住房单价与购买面积之间最优配置的决策过程。当居民收入水平既定时，其住房选择行为呈现出一种动态平衡：即在单价与面积之间寻求最佳组合，以最大化居住效用同时确保总支付额不超过其有效支付能力。

在此分析框架下，若住房单价相对较低，居民倾向于选择更大面积的住房，以满足更高的居住舒适度和生活品质需求；反之，若面对高单价、高品质（规格）的住房，居民则可能减少购买面积，以确保总购房支出维持在其财务承受能力的有效边界之内。这一过程体现了居民在住房市场中的理性决策行为，即通过调整单价与面积的组合，将住房消费的总价控制在符合其有效需求价格的范围内。"国六条"政策中关于90平方米面积线也是针对中国广大消费者的目前收入水平而定的。

（4）房价市场价格论。

显然，无论从哪一个角度看房价，都不可离开居民的有效需求价格，崔新明（2005）通过建立计量回归模型发现居民人均可支配收入、市区非农人口数和住宅销售面积三个变量对住宅价格解释程度达74.6%[1]。显然，有效需求价格在住宅市场动态中占据着至关重要的地位，当市场价格攀升至超越城市居民消费者的有效需求价格阈值时，这些消费者便丧失了直接购买该市场价位住房的支付能力[2]，从而可能导致市场需求的萎缩或转移至更为符合其支付能力的价格区间。从理论上我们可看出要使住宅商品交易成功，在住宅市场上，三个价格的相互关系是：

---

① 崔新明：《城市住宅价格的动力因素及其实证研究》，经济科学出版社2005年版，第111页。

② 这里排除投资（机）行为，因为投资（机）者只要支付30%的首付款，在极短时间内，利用供给紧张加价出售，赚取不菲差价，其收支不符合此处讨论的有效需求价格。

成本价格（开发商角度）≤市场价格≤有效需求价格（消费者角度）

但是，随着房价不断上涨，价格已经将城市消费者的收入水平远远抛在后面，许多地方的房价收入比超过 30 倍，联合国给出的标准是 6 倍，说明我们的有效需求价格已经明显低于市场价格，甚至还低于成本价格，所以房价高企往往成为制约普通民众购房意愿与能力的重要因素，众多群体普遍感受到购房门槛过高，难以企及。由于本章研究焦点明确聚焦于大众消费者群体，即排除了少数能够轻松负担高昂房价的高收入阶层。因此，在此处所探讨的"有效需求价格"特指普通工薪阶层这一庞大消费群体。实际上，住房问题是一个世界性问题，其核心是居民收入与住房价格的关系问题（Erich Bauer，2003[①]）。在探讨政府职责与公民权益的框架内，任何国家的政府均承担着不可推卸的责任与义务，以确保其居民的基本生存权利得到充分保障，这一权利范畴广泛涵盖了衣、食、住、行等人类生活的基本需求。因此，在讨论住宅价格这一与民众居住权紧密相关的议题时，脱离广大城市居民的收入水平与支付能力进行孤立分析，将不具有研究的实践价值与指导意义。

不可否认，我国住宅消费群体数量众多，住房需求者收入不均。此外，在房地产市场中，投机投资需求群体规模庞大，构成了一个不可忽视的市场力量，这一现象直接导致在特定时间跨度内，住房需求呈现出显著的增长态势，而与之相对应的住房供给则显得相对匮乏，这种供需失衡的态势，进一步加剧了房价的失衡状况。再加上住宅商品作为一类特殊的消费品，其内在差异性显著，产品差异化促使开发企业之间产品竞争弱化，其在市场上的定价权明显增强。在这样一个不完全竞争的市场环境中，企业出于追求利润最大化的经济理性，总是采取策略性地控制开发进度与调节市场供给量的方法。它们往往采取分期开发的模式，通过对项目进度的精细化管理，逐步释放房源至市场，以此维持市场供需关系的紧张状态。同时，在每期房源的推出过程中，企业会依据市场反应与预期收益，适时调整售价，实现逐期提价的目的。开发企业巧妙地运用了定价策略与控制

---

① 姚玲珍：《中国公共住房政策模式研究》，上海财经大学出版社 2003 年版，第 2~5 页。

开发量的双重手段，以实现其提升市场价格、增加利润的目标。一方面，企业通过持续上调商品房价格，激发市场中的投机性（或投资性）需求，利用价格预期上升的心理效应，吸引寻求资本增值的投资者进入市场，提升市场的需求。另一方面，它们通过控制项目的开发量，减少市场供给，进一步加剧了供需失衡，为房价的进一步提升创造了条件。尽管高价住宅的空置率持续攀升，凸显出市场供应过剩的态势，由于住宅商品固有的低流动性特征，这一过剩状态并未能迅速通过市场机制自我调节以降低价格。在大量房子缺乏交易情况下，"有价无市"的所谓房地产市场价格已经失去意义，甚至根本没有，未来只有谈论房地产实际成交价格才有意义。其过程可用图 3-9 说明，在既定的需求曲线 D_1 上，垄断性开发企业为实现利润最大化目标，选择将产品价格设定在高于完全竞争市场下供求平衡点 E 的 P_c 水平，这一决策依据是边际收益（MR）等于边际成本（MC）的均衡点 N。在此策略下，企业并未遵循完全竞争市场中的价格形成机制，即供求平衡的 E 点，而是利用其市场支配力，改变供求关系，将价格定在高于市场自然调节水平的位置。这一行为反映了垄断企业在不完全竞争市场中追求超额利润的能力及其对市场价格形成机制的显著影响。由于价格高，导致供给大于需求，使住宅空置量为 C_1C_2（注意：开发企业将房子卖出，不等于房子就进入消费环节，作为投资品它仍然停留在流通环节，只不过房子从开发企业手上倒腾到投机（资）者手上，而且它有可能不停地在投机（资）者手上流转，永远没有进入消费环节，这些房子形成为"空住"，如有些城市的"鬼城"现象）。此外，随着经济的持续增长与居民收入水平的不断提升，这一积极变化有效刺激了住宅市场的投资与消费需求，导致需求曲线发生上移，由原先的 D_1 位置移动至更高的 D_2 水平。尽管如此，开发企业会回应市场需求增长而增加了供给量，但值得注意的是，其提供的住宅产品不仅在数量上有所增加，更在档次与价格定位上牢牢掌握着主动权。即开发企业并未因需求的扩大而相应调整价格策略，反而继续将价格维持在较高水平 P_m（对应于 Q_m 点），这一决策背后反映了企业对市场定价权的强势控制。与此同时，随着价格维持在高位，以及市场供给与需求之间可能存在的错配（如产品定位不符合部分消费者需求），住宅市场的空置（包括已售出但未入住的"空住"① 现象）面积也随之增加至 M_1M_2 区间，这进一步揭示了在高价策略下，市场可能面临的资源利用效率不高及潜在的市场风险。

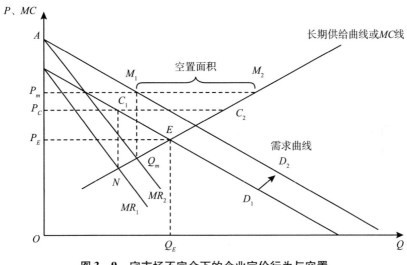

图3-9 宅市场不完全下的企业定价行为与空置

（5）房价影响因素分析。

房地产定价权或市场的控价力量与房价影响因素是两回事，相对而言，前者才是价格的决定力量。影响住宅价格的因素可归纳为政治、经济、行政政策、社会、自身因素和环境因素等②。政治因素包括国际环境、战争动乱、社会治安、政府制度变迁（如香港回归后的政府住宅计划）等因素，一般政局稳定、人民安居乐业则房价趋升。经济因素包括经济增长周期的阶段性特征，它反映了宏观经济活动的扩张与收缩态势；居民的收入水平与资产状况，作为衡量消费者购买力的关键指标，直接关联到住宅市场的有效需求；物价水平及其与住宅租售比之间的动态关系，揭示了市场租金与售价之间的相对价值变化，对投资者的决策具有重要影响；利率

---

① 空置指房子在开发商手上没有卖出去，空住指房子卖出去在个人手上，但空着没有人住。
② 刘洪玉：《房地产开发经营与管理》，中国建筑工业出版社2005年版，第29页。

环境，作为资金成本的直接体现，对购房者的贷款成本及开发商的融资成本具有显著调节作用；土地成本，作为房地产开发的核心成本要素之一，其变动直接影响到住宅项目的定价策略与利润空间；此外，投资环境的稳定性与吸引力、金融行业的成熟度与创新能力，以及信息技术等支撑性产业的发展水平，也均为住宅市场提供了必要的资金流、信息流与技术支持，共同构成一个多维度且复杂的经济因素影响体系。行政政策因素在住宅市场调控中扮演着至关重要的角色，其涵盖一系列由政府部门制定并实施的政策措施。具体而言，这些因素包括：土地供应政策，该政策通过调节土地供应总量、结构及时序，直接影响房地产市场的土地成本与开发节奏；地方政府绩效评估体系，其指标设置与考核机制往往引导着地方政府在住房保障、市场调控等方面的政策导向与执行力度；保障性住房政策，通过提供低价或优惠的住房产品，满足中低收入群体的居住需求，影响市场供需结构；房地产金融政策，通过调整信贷政策、融资渠道与融资成本，影响市场参与者的资金可得性与投资意愿；住房税收政策，利用税收杠杆调节住房消费与投资行为，促进市场健康发展；房地产价格政策，直接通过影响市场预期调控房价水平，维护市场稳定；此外，城市规划与物业管理法规也是行政政策因素的重要组成部分，它们通过规划引导与法规约束，优化城市空间布局，提升居住环境质量，确保房地产市场有序运行。社会因素包括传统的住房租售消费观念、消费偏好和投资（其作为社会心理的体现，直接反映不同社会群体在住房市场中的价值取向与行为模式）、社会住房福利保障水平、人口数量和教育水平（人口数量的增长与分布变化直接影响着住房需求的规模与空间分布，而教育水平的提升则促进了人力资本积累，进而提高居民的住房支付能力与消费层次）以及家庭规模等因素。

中国人住宅自持率高的消费偏好也会导致住宅需求旺盛，根据建设部公布的数据，中国大陆城市居民住房自有率已接近82%，而在国外，城市居民拥有产权房比率最高的是美国，为68%，英国为56%，欧洲等其他国家为30%～50%①。房屋本身的因素通过实体条件、权益状况及区位条件

---

① 秦正长、谢金余：《回归 回归 梯度消费——一步到位渐渐淡去 理性购房崭露头角》，载《浙江日报》2006年8月29日第7版。

的综合作用，共同塑造房地产市场的价格格局，形成住宅价格之间的合理差距。具体来说，位置优势（如靠近城市中心、交通枢纽或商业繁华地带）、用地面积的适宜性、地形的平坦或独特性、地质条件的稳定性，以及周边自然环境的优美程度（如日照充足、景观资源丰富）等，均对房屋价格产生显著影响。环境影响因素作为住宅选择与评估的重要因素，涵盖私人空间、低噪声、空气质量、人文水文以及健康绿化等多个方面。这些因素的优化与提升，将共同推动住宅市场向更加人性化、生态化、健康化的方向发展。总之，住宅价格中会混杂着各种各样的影响因素。

我国土地市场的唯一供给方是地方政府，因此，土地一级市场类似于自然垄断市场，与水、电、油、气等自然垄断行业一样也需要进行政府经济管制，才能压制住自然垄断力量的定价强势。水电等自然垄断行业，经过政府经济管制，价格通常能够维持在合理水平。为了促进房地产市场的健康稳定发展，地价也必须进行政府经济管制。价格是政府进行经济管制的常用手段，正如前文分析，水价的经济管制是通过阶梯定价的。

通过控制价格的办法，可以指定一个参考价格，限制企业定价自主权，规定其范围。如果被管制企业定价超过政府预期，通常采用最高限价。倘若被管制企业所属行业中出现了其他竞争者，管制机构必须对垄断企业进行掠夺性定价调查，调查垄断企业是否有可能通过定价手段，驱逐竞争者，达到垄断市场的目的。若出现此情形，一般应设定出完整价格体系，需要最高价格和最低价格配合以发挥作用，而非只指定一个单一价格。政府通过经济管制达到的终极目标是将垄断企业的利润限制在一个合理水平，维护市场秩序，使价格回归正常水平。

3.4.3 限价商品房

限价商品房是指由政府管制了价格的商品房，是政府价格经济管制理论在商品房市场的实际应用。

限价商品房本质上是一种限制了价格的普通商品住宅，其价格介于市场任意定价的商品房与保障性经济适用房之间。过高的市场商品房价格使中等收入人群买不起房，而经济适用房又存在建设不足、不易购买等问题，限价商品房因此应运而生。目前，为了解决中等收入阶层的住房问题，限价商品房不但有存在的必要，而且需要大量供给。限价商品房可以很好地平衡政府土地财政收入、开发商利润与普通老百姓购房支出之间的利益不均，解决房地产市场利益过度向土地财政与开发商利润倾斜而带来的不公平问题。

3.4.4 计划经济、市场经济与政府管制

在西方经济学看来，计划经济排斥市场这只"看不见的手"的作用，是只依靠人为行政手段操控经济的计划行为。计划经济的实践来自苏联"战时共产主义"，是一种解决短缺经济的手段。"十月革命"后，苏联面临内忧外患，资源与商品奇缺，为了赢得国内战争的胜利，苏联政府采取强制手段，建立起城乡之间直接的商品交换，保证了战争的物资供应。我国在新中国成立初期曾实行计划经济，究其原因，一方面是战后国内百废待兴，物资奇缺，急需依靠国家对经济进行有计划地指导，实现快速发展。另一方面，我国对社会主义认识不充分，单纯把计划经济当作社会主义的本质，将单调的行政手段调节看作经济正常运行的唯一调控手段。我国在20世纪80年代就告别了短缺经济，住房不属于短缺商品，政府管制的是房地产市场垄断定价与过度炒作房价行为。因此，对房地产市场不正常的垄断性定价行为实施政府经济管制，是市场经济体制下政府履行经济职能的重要体现，它遵循市场规律，尊重市场主体的自主经营权，同时通过必要的政策手段来弥补市场机制的不足，促进房地产市场的持续、健康发展。这一过程与"计划经济"的集中决策、统一分配模式有着本质的区别。所以，对垄断市场正常的政府经济管制不是"计划经济"行为。

而市场经济，就是让市场在资源配置中起决定性作用。然而，在市场经济的大背景下，政府管制却被不少学者打上了"计划经济"的烙印，甚至认为政府对房地产的管制是重走老路子，要求"放开手"，对房地产市场依靠供求关系作用来调节价格才是大势所趋。这种观点没有看到被管制

市场主体垄断供给的特殊性，通常受到政府管制的行业都为自然垄断行业，如水、电、油、气行业。房地产市场具备垄断市场特征，土地市场是自然垄断市场，表现在土地供给地方政府完全垄断；而房地产住宅项目具备区位寡头垄断特征。因此，必须对房地产市场进行价格经济管制。可以通过招标竞争让个别生产效率高的房地产企业独家开发经营，或者以政府为主导，以国有开发商为主进行住宅开发建设，这样，通过规模化生产经营，摊低建设成本，再辅以价格经济管制，就能有效控制房价、地价与企业利润，提高消费者福利，实现资源的最合理配置。目前，限价商品房市场就属于政府出手进行房价经济管制，建设满足中等收入群体住房需求的普通商品房。

理论只有与实践相结合，才能得到检验与发展，通过对比国内外楼市发展历程和其他垄断行业的价格经济管制模式，有助于我们构建符合满足我国中等收入群体的限价商品房供给模式，让老百姓居者有其屋，实现安居乐业。

3.5　垄断定价经济管制理论

3.5.1　政府经济管制

西方经济学说历史中，关于政府与市场，竞争、垄断与管制一直是争论的主题。管制或规制，作为英文"Regulation"的中文译词，承载了丰富的内涵。日本学者独具匠心地将其译为"规制"，这一创造性词汇不仅精准捕捉了原词的核心意义，还在一定程度上融入了亚洲文化对于规则与秩序的独特理解。管制简单地说就是由管制者实施的规范与制约（Wilcox，Shepherd，1979）。《新帕尔格雷夫经济学大辞典》解释为：管制指的是政府为控制企业的价格、销售和生产决策而采取的各种行动。植草益定义管（规）制为"依据一定的规则对构成特定社会的个人和经济活动主体的活动进行限制的行为"①。日本理论家的定义包含有私人管（规）制②领域。相对而言，美国的学者则主要是从公共管制视角下定义，是指政府通过法律的威慑来限制个体和组织的自由选择③。而国内学者王俊豪则从政府管制（government regulation）角度，定义为"具有法律地位的、相对独立的政府管制者，依照一定的法规对被管制者所采取的一系列行政管理与监督行为"④。在市场经济体系中，微观经济组织往往面临着一系列内生的、难以仅凭自身力量有效克服的缺陷与挑战，这些缺陷（包括垄断、不正当竞争、外部性和公共产品等）深刻影响着市场的运行效率与公平性。针对上述缺陷，政府及相关监管机构需要采取适当的管制或规制措施，以维护市场秩序、保障公平竞争、促进资源优化配置和实现社会整体福利的最大化。这些措施包括反垄断法的实施、不正当竞争行为的打击、环境管制、公共产品供给政策以及金融风险防范与监管等以弥补市场缺陷，纠正市场失灵，这是政府管制的缘由。从经济学、法学和政治学角度审视政府管制，更能理解其深刻的内涵⑤。由此可知，无论是翻译成管制还是规制，其都有政府依法管理、规范和限制个体与组织行为之意。

从微观经济学视角，政府管制或规制包括反垄断、经济管制和健康、安全与环境方面管制⑥。反垄断针对的是市场高度集中而进行的管制；经济管制针对的是自然垄断行业而进行的管制，许多公用事业项目都属于自然垄断行业，让一家企业垄断经营，通过规模化经营才能把成本降下来，而竞争需要许多企业参与，就无法做到规模化经营，所以对自然垄断行业强调竞争只会提高成本，自然垄断行业不适合竞争。但必须对自然垄断者的强势定价行为进行经济管制，而不是反垄断。对垄断市场的价格经济管

---

① 植草益：《微观规制经济学》，中国发展出版社1992年版，第1页。

② 私人规制是私人之间的行为约束，如父母约束子女的行为。

③ Alan Stone. *Regulation and Its Alternatives*, Washington, D. C.: Congressional Quarterly Press, 1982, pp. 10.

④ 王俊豪：《政府管制经济学导论——基本理论及其在政府管制实践中的应用》，商务印书馆2001年版，第1页。

⑤ 吕少华：《政府规制改革的三种理论视角》，载《理论与改革》2005年第6期。

⑥ W. 吉帕·维斯库斯等：《反垄断与管制经济学》，陈甬军教授等译，机械工业出版社2004年版，第4~6页。

制即属于经济管制的范畴。

　　经济理论界对于竞争不充分市场即垄断性市场进行管制或者规制早已得到全面共识，这方面的研究成果浩如烟海，主要有：Kahn（1970）教授的《管制经济学：原理与制度》可谓管制经济学之经典，随后有斯蒂格勒（Stigler，1971）的《经济管制理论》（提出著名的斯蒂格勒途径）、山姆·佩尔兹曼（Sam Peltzman，1976）的《迈向一个更普遍的管制理论》、植草益（1990）的《微观规制经济学》、托里森（1991）的《管制与利益集团》、史普博的《管制与市场》（余晖等译，1999）、伯吉斯（1995）的《管制和反垄断经济学》（冯金华译，2003），以及从理论和实践上系统阐述市场管制经济学的集大成者，由维斯库斯（Viscusi）、哈林顿（Harrington）和弗农（Vernon）（1992 年、1995 年、2000 年和 2005 年等四版）合著的《反垄断与管制经济学》（陈甫军等译，2004）。在管制实践中，管制者与被管制者之间的信息不对称易于造成政府管制的失灵，为此，Baron和 Myerson（1982）的"*Regulation a Monopolist with Unknow Costs*"开始了激励性管制理论的研究，而 Laffont 和 Tirole（1993）的"*A Theory of Incentives in Procurement and Regulation*"（石磊、王永钦译，2004）将激励理论和博弈论应用于管制理论分析则使管制理论的发展达到一个新的高峰。

　　国外学者对政府管制的著述，主要是从政府管制的缘由、原理、方法和管制效果等方面展开研究，并形成和发展了政府管制的市场失灵论、公众利益理论、利益集团理论和新管制经济学理论[①]。它们又与完全可竞争性理论和有效竞争理论息息相关，而个别理论之间甚至是对立的，如在是否应该要政府管制上，公众利益管制理论与完全可竞争性理论就是相悖的，尽管后来随着理论的发展，完全可竞争性理论也开始认同政府管制的积极意义。正如所有理论都是在发展的，都要经历实践的检验一样，政府管制市场经济理论也不例外，它也经历了一个从外生变量到内生变量、从对称信息假设到不对称信息前提、从规范分析到实证分析再到规范分析的发展过程。但是，值得一提的是：似乎还没有哪个经济理论像政府管制理

---

①　W. 吉帕·维斯库斯：《反垄断与管制经济学》，陈甫军等译，机械工业出版社 2004 年版。

论那样与实践结合得如此紧密，在有证可查的美国最早价格管制诉讼案是1877 年伊利诺伊州政府管制粮仓和批发店的粮食垄断定价行为的诉讼案件，尽管当时还没有经济管制理论可供支持诉讼，但政府价格管制胜诉的重要理由就是政府价格管制有利于公众利益。[①]

国内关于管制经济学研究起步较晚，它始于 20 世纪 90 年代，是相伴中国市场经济体制的建立与完善而生，主要研究集中在中国自然垄断产业的管制理论与政策等方面的研究上。从事这方面相关研究的学者有于立、陈甬军、王俊豪、夏大慰、吕福新、余晖、张昕竹、王廷惠、史东辉、陈富良、肖兴志等。他们的研究成果提供了政府对住宅产业管制分析的一般理论，将对本书有借鉴与参考作用。

3.5.2　政府经济管制理论基础

为什么在市场经济条件下，要对某些产业或市场中的企业实行经济管制或规制，美国如此自由的市场经济国家，政府为何要限制企业包括在价格、产量、进入、退出市场等方面的自主决策行为[②]。政府经济管制理论的基础是随着市场经济的演进与深化而不断丰富和发展的，其理论渊源与形成动因，在长期的政府管制实践过程中，可以大致归纳为以下几种核心理论或假说。

1. 市场失灵论

市场经济的核心是竞争，竞争越充分越完全，则价格越能通过供求关系达到理想的均衡点，资源才能实现优化配置。反之，市场垄断程度越高，市场价格就越容易被垄断者操纵。几乎所有的微观经济学教科书都给出完全竞争市场的六个前提假设：（1）所提供的商品是完全同质的，买者

---

① W. 吉帕·维斯库斯：《反垄断与管制经济学》，陈甬军等译，机械工业出版社 2004 年版，第 174 页。

② 同 W. 吉帕·维斯库斯：《反垄断与管制经济学》，陈甬军等译，第 172 页关于经济管制（或规制）的定义。

拥有商品的完全信息；（2）存在大量的买者与卖者，所有市场当事人均被视为价格的接受者（price-takers），而非价格的决定者（price-makers），且外部性（externalities）已被有效排除或最小化；（3）生产者的生产方程排除了规模报酬递增和技术进步的因素；（4）所有资源（包括信息）具有完全的流动性，新企业进入市场没有任何壁垒；（5）买者在预算约束下追求效用最大化，卖者在生产函数约束下追求利润最大化；（6）市场则通过竞争机制达到均衡状态，此时存在一系列使全部市场出清的价格，这些价格反映了市场供求关系的平衡与资源的有效配置。福利经济学定理中实现帕累托最优的前提条件就是基于上述假设，但是，现实市场的复杂性很难满足上述这些条件，特别是有些完全竞争最基本的条件都无法满足，如存在价格垄断、产品不同质、外部性和信息不完备等，从而使价格偏离其竞争均衡点①，导致市场失灵。此时，市场也偏离了帕累托最优标准。在西方经济学体系中，市场失灵被界定为市场机制在特定情境下无法或难以达成经济资源的最优配置状态。实际上，马克思也曾经指出价格关系是市场交易者之间的利益分配关系②，只有竞争充分的市场，价格才能体现交易双方的利益和意志③，而现实市场不可能达到竞争充分，市场失灵若引发价格机制偏离完全竞争条件下的均衡价格，表现为价格被非效率地推高至均衡水平之上，此现象将直接导致所谓的"无谓损失"（deadweight loss），亦称作社会净福利损失。同样，如果市场中存在交易信息偏在（不对称），信息占优一方（供给方）为了自身效用最大化，通常会通过价格损害另一方的利益，凡此种种，都会造成社会福利的损失。正如诺贝尔经济学奖获得者约瑟夫·E. 斯蒂格利茨（1999）所言：由于现实中所有的市场都是不完备的，市场失效问题普遍存在，政府把注意力集中在较大、较严重的市场失效情况上是比较合理的④。在市场失灵之下，价格经济管制的思想蕴含着一个深刻的逻辑指向，即倡导通过市场以外的力量——政府管制，

---

① 完全竞争市场的均衡点价格应等于产品的边际成本。
② 马克思：《资本论》（第3卷），人民出版社1975年版。
③ 刘学敏：《价格规制：缘由、目标和内容》，载《学习与探索》2001年第5期。
④ 约瑟夫·E. 斯蒂格利茨：《社会主义向何处去》，吉林人民出版社1999年版，第48~49页。

来矫正价格机制的扭曲，使其回归至能够真实反映市场供求关系与经济资源稀缺性的均衡状态，从而恢复市场价格机制的本来面目与有效性。

当然，由于微观企业成本与价格等信息政府不占优势，政府管制也会失灵，关键问题是要提高政府微观经济管制的科学水平与管理技术。

2. 政府管制的公众利益理论

公共利益理论是从传统福利经济学的理论视角出发，政府被赋予了为公共利益服务的核心使命。这一观念虽起源于对市场失灵现象的回应，即认为在市场机制难以确保资源有效配置和社会福利最大化的背景下，政府干预成为必要的补充手段。然而，随着政府经济监管实践的持续深化与拓展，其监管范畴已远远超出了初始对市场失灵的直接纠正，呈现出日益广泛和深化的趋势。后来，公共利益理论确定了先决条件标准，即政府实施价格经济管制的理由是：只要有利于公共利益。此理论的经典诉讼案是1934年美国著名的"牛奶价格案"，纽约州政府采取了针对牛奶零售价格的管制措施，此举随即引发了法律层面的争议，被告方基于传统市场理论，坚称牛奶产业本质上属于竞争性行业，而非自然垄断的公用事业行业。因此，被告方提出质疑，认为州政府实施的价格管制措施缺乏充分的法律依据与合理性。但是，美国最高法院最终排除了对经济管制构成的宪法障碍，判定纽约州政府胜诉，判决的标准是政府有权采取任何被合理地认为有助于公众福利的经济政策[①]。随后，价格经济管制常出现在公众要求对诸如信息不对称下的价格欺诈或行业暴利的纠正方面。因此，该理论暗示：利益关系使市场自我约束的力量变得脆弱，政府价格经济管制是一种正常的纠错反应，以尽可能地恢复竞争机制和减少市场失灵造成的损害。尽管如此，该理论还是面临实践操作上的困惑，即它缺乏公众对价格经济管制启动机制的具体说明。因此，"该什么时候动手?"导致其更倾向于采用规范分析，"追求社会福利最大化"为其终极规范性目标来说明政府管制缘何启动的实证性问题，使得该理论也被称为对实证理论的规范分

---

① W. 吉帕·维斯库斯等:《反垄断与管制经济学》，陈甫军等译，机械工业出版社2004年版，第175页。

析（normative analysis positive theory）。由于现实世界信息不对称和风险等不确定因素的存在，该理论也认同政府管制会失灵，这导致后期出现折中的思路，提出公众利益论的弱化形式。针对市场失灵，只要采取有利于公众利益的最有效管制措施，结果就是好的（Leivine，1981）①。

3. 政府管制的集团利益理论

集团利益论刚开始又被称为俘虏理论（capture theory，CT）。以美国为首的西方国家政府经济管制实践不仅仅涉及外部性和自然垄断，许多不受它们困扰的行业，如出租运输行业、证券业等均出现过政府经济管制。长期经验证据发现，经济管制并非仅仅出现在市场失灵时（波斯纳，1974）②，相反，经验观察发现管制总有益于产业利润的提升，由此产生了管制俘虏理论。该理论认为，政府管制者被行业利益集团所俘虏，经济管制是应行业的需求而进行。管制最初目标也会随集团利益而发生偏离（Marver H. Berstein，1955）③。严格来说，CT 仅是一种假设。它没有说明为什么立法者不受消费者和劳动者等其他利益集团控制，仅是受行业利益集团控制。

随着"管制经济理论"的发展，后来在《经济管制理论》（1971 年）中，乔治·施蒂格勒提出由于少数者利益集团人数少，人均受益多，他们有动力投入资源去影响管制立法④。相反，由于多数利益集团的偏好表现得不够鲜明或存在显著分歧，加之"搭便车"现象的普遍存在，即在集体行动中个体倾向于依赖他人的努力而自身不付出或少付出成本以获取利益，这些因素共同作用将使得该利益集团在立法过程中处于相对不利的地位。施蒂格勒分析的首要前提是将经济管制当作经济系统的一个内生变

① Levine M. E. Revisionism revisited? Airline deregulation and the public interest, *Journal of Law and Contemporary Problems*, 44（1981），pp. 179 - 195.

② Richard A. Posner. Theories of Economic Regulation, in *Bell Journal of Economics and Management Science*, 5（Autumn 1974），pp. 335 - 585.

③ Marver H. Bernstein. Regulating Business by Independent Commission, Princeton, N J: Princeton Univ，1955.

④ 通过选票和金钱等给具体经济管制立法者予政治支持，最终达到立法有利于自己。

量①来看待，管制是一个特殊的资源商品。在他看来，属于理性经济人的利益集团可以通过公共选择，获取政府管制的供给来实现其利益最大化，这一点与公共选择理论如出一辙。由于施蒂格勒将经济管制当作商品，因此，管制就可以用商品的供求规律和成本收益来分析。后来，山姆·佩尔兹曼继续施蒂格勒的研究工作，佩尔兹曼构建的模型至少得出如下有意义的结论②：在相对竞争或相对垄断的产业实行价格经济管制会使利益集团受益最大。原因是模型中的政治支持函数和产业利润曲线相切点的均衡管制价格位于这两种极端情况（管制是偏向政治支持的选民还是偏向企业集团）的中间，两个极端价格距离管制价格都大，从而加大了管制获益空间，高于过度竞争价格的管制会使生产者受益，而低于垄断价格的管制会使消费者（选民）受益。现实情况中的价格经济管制也多有这两方利益平衡之意，如在需求低迷时偏于保护生产者，而在市场过热时，偏于保护消费者③。因此，管制经济理论蕴含着一个核心的基本论断：在面临垄断、信息不对称等市场失灵现象的产业中，通过政府实施的价格经济管制措施，能够有效地促进消费者社会福利的增进。

4. 新管制经济学理论

在上述研究中，假设政府监管机构和被监管企业之间存在对称的信息博弈，即商品成本和价格等信息是透明的。然而，实证研究表明，在监管体系内，监管机构与被监管企业之间普遍存在着信息不对称与目标不一致问题。鉴于这一前提，近期学术研究已将监管议题创新性地纳入委托代理理论的分析框架之中，视之为一种特殊的委托代理关系。为应对此挑战，学者们提出可以通过精心设计的管制合同，旨在构建激励机制，以促使被监管企业披露真实信息，从而优化监管过程，提升管制效率。这一理论视角的引入，不仅为理解监管动态提供新的解决办法，还催生了激励性管制

---

① 有别于前面两个分析将政府经济管制当作市场经济系统的外生变量来看待。

② Sam Peltzman. Toward a More General Theory of Regulation, *Journal of Law and Economics*, 19（August），1976.

③ 植草益：《微观管制经济学》，中国发展出版社 1992 年版，第 13 页。

理论的蓬勃发展，该理论被公认为管制经济学领域的一次重要理论飞跃，并被广泛称为"新管制经济学理论"。其代表人物有让·雅克拉丰、让·梯若尔和马赫蒂摩，该理论认为：一个令人满意的管制理论应该反映管制者和被管制者所面临的信息结构、约束条件和可行的工具。信息结构和可行的价格管制方案应该尽可能地反映可观察到的成本和合约成本，可行的工具和约束条件与产权和法律相吻合，而且管制理论应将产权结构和法律作为内生变量加以分析，而非简单地外生给定①。新管制经济学最大的特点是将激励问题和价格博弈论引入到管制问题的分析中来，将管制问题作为一个最优设计问题，在管制者和被管制者的信息结构、约束条件与可行工具的前提下，分析双方最优行为，并将管制问题内生地加以分析②。

上述研究回顾了西方市场经济的经济管制理论。值得深入探讨的是，市场失灵现象的另一面是政府失灵，这一观点在布坎南（Buchanan，1989）的论述中得到了精辟的阐述："福利经济学理论，作为本世纪中叶的标志性学说，其核心聚焦于'市场失灵'的剖析；而随后在本世纪下半叶兴起的公共选择理论，则转而深刻揭示了'政府失灵'的种种现象。"鉴于市场与政府均存在潜在的失灵风险，这一事实深刻地揭示了，无论是单一依赖市场机制还是完全寄托于政府管制，均无法构成尽善尽美的经济制度架构。因此，构建一个既能有效弥补市场缺陷，又能避免政府失灵的复合型经济治理体系，成为了现代经济学与政策研究的重要课题。经济转型国家还需要"政府培育市场经济本身"（大野，1996）。实际上，当前学术讨论的核心焦点已不再局限于政府是否应介入市场的必要性，而是更加聚焦于政府介入的具体领域以及介入程度的合理界定问题（鲍莫尔，2000）。价格经济管制不是代替市场经济，而是对市场经济的补充，在经济管制"度"的把握和管制的科学管理技术水平上就显得很重要。中国青年报

---

① 让·雅克·拉丰，让·梯若尔：《政府采购与规制中的激励理论》，生活·读书·新知三联书店 2004 年版，第 62~68 页。
② 让·雅克·拉丰，马赫蒂摩：《激励理论：委托—代理模型》，上海人民出版社 1998 年版。

曾报道一个中国官员在美国顶岗期间目睹代表美国政府的佐治亚州公共服务委员会工作人员在核算 AGL（亚特兰大燃气和照明公司）账目[①]，美国政府之所以关注 AGL 的成本，是为了控制燃气产业的垄断利润，因为这样的产业不可能展开充分的自由竞争。美国政府通常设定固定的利润率，并规定垄断企业根据该利润率和成本来设定商品或服务的价格，因此成本成为政府价格经济调控的关键。相比之下，在国内价格听证会上，由于成本信息不可用，政府往往无法对成本项目进行管制，最终无法有效制定企业的调节价格。

因此，作为经济转型国家政府更应该考虑如何提高自身的经济管理技术水平，以经济理论和方法来管理市场经济，而不是停留在"管"即是计划经济、"不管"才是市场经济的老旧思维定式上。思想观念不转变，住宅价格经济管制就容易被市场中的垄断力量左右。

3.5.3 政府经济管制方式

政府对垄断市场的经济管制主要是限制企业的决策行为，具体而言就是管制企业的决策变量，包括价格、数量、企业的数目、产品质量与投资等变量。

1. 价格管制

政府对垄断企业的价格控制是经济控制的核心。鉴于土地供应的自然垄断特征和开发企业的垄断定价行为导致房价失灵，可以使用直接管控房价的措施。住房价格的经济管制是通过干预手段，直接管制定价强势的垄断房企或二手中间企业的价格决策行为。经济管制价格措施通常为房企划定具体的最高红线价格，不能越过红线定价，当然也可以限制企业在某个价格区间定价，也可以采取措施管制企业的高额回报率，或者考虑综合运用多元化的管制手段，包括价格下限设定、市场准入调控以及促进差异化竞争策略等，确保行业健康可持续发展。若政府监管机构经评估认定垄断

[①] 徐百柯：《星条旗旁的红色干部：赴美考察岗位实习报告》，http://www.southcn.com/news/china/kx/200607260661.htm，2006 年 7 月 26 日。

企业在市场中的定价水平显著偏高，则可以依据该法规，采取设定价格上限（即最高限价）的管制策略，以避免在迫使竞争对手通过低价退出市场后再定垄断高价，从而达到维护市场公平竞争与消费者利益的目的。反之，面对受监管行业内过度竞争所引发的价格战及低价倾销现象，监管机构的经济监管则需设定最低价格，避免恶性低价竞争。由于房地产市场的垄断定价行为，市场开发商为追求垄断利润的最大化，企业往往采取渐进式提价策略，此举虽短期内能提升企业的生产者剩余，却不可避免地引发社会总剩余（包括消费者剩余和生产者剩余）的减少。因此，房地产市场价格经济调控的重点是控制地价，限制房价，避免不必要的社会福利损失，优化资源配置效率。直接经济控制价格的主要方式如下：

（1）效率定价方式。

由于定价高于边际成本或平均成本会导致福利的"无谓损失"（见图3-2），一个垄断厂商按照每种产品的边际成本或者平均成本定价被认为是最有效率的定价，也称为理想定价。按照边际成本定价，则价格等于边际成本 MC；若是按照平均成本定价，即垄断企业对消费者征收一个固定费用 F，价格等于（$F/N + MC$），F 为固定费用（类似于电信收费的入网费用），N 为消费者数量，这样可以满足全成本等于总收益的要求。效率定价中的边际成本已经考虑企业的经济利润。

（2）投资收益率管制定价方式。

投资收益率与价格之间的计算公式可以从如下公式得出：

$$\sum_{t=1}^{n} P_t Q_t = C + RK \tag{3.5}$$

式（3.5）中 P_t 是 t 期产品的价格，Q_t 是 t 期产品的数量，C 是经营成本费用，R 是投资收益率，K 是投资资本。政府管制机构必须决定公司许可的资本收益率，才能设置一个客观合理的产品价格，如果公司仅开发一期的产品，那么产品价格是基于许可收益标准的一个特定价格，如果公司有多期产品，则需要每期的产品定价及其数量，或者决定一个各期产品的平均价格，求出其总收入，以确保能够获得许可的收益水平。

（3）最高价格限制管制定价方式。

在20世纪80年代初，最高价格限制（原意是"价格帽"，price caps）

首先由斯蒂芬·李特查尔德和罗伊·拉德纳分别在英国电信公司管制问题与美国电话电报公司的贝尔实验室上提出来，他们观点是基于企业设定的产品价格与成本下降无关，那么成本的任何减少都会增加企业的盈利。最高价格限制的是价格而不是收益，这样给企业调整价格的灵活性，也会激励企业进行有效率的内涵式经营。最高价格一般取决于通货膨胀、行业预期增长以及生产投入要素成本转嫁三个因素。

（4）标准管制定价方式。

上述管制定价方式都要求管制机构拥有大量的信息，包括市场需求、企业生产成本费用与行业增长率等，但现实情况是管制机构无法掌握行业微观数据。在信息缺乏的情况下，标准管制就被提出来，标准管制是通过行业其他被管制的具有一定代表性的企业产品价格与绩效作为标准来评价某个单独被管制企业的定价与绩效。由于行业中企业面临相类似的生产和需求函数，管制机构可以测定业绩良好、典型代表性企业的产品定价与绩效作为参照标准，其他被管制企业参照此标准定价，或者以此标准为依据，进行一定修正后定价，这样每个企业定价会完全独立于它自己的成本，成本减少会导致盈利增加，不注重经营绩效的企业，自然业绩就较差，这样也可以达到激励的目的。

（5）特许经营权竞标管制定价方式。

前述的几种管制定价方式，都存在管制机构如何获取企业成本、收益或者代表企业怎么决定等问题，而特许经营权或开发权竞标则可以避开这个问题。由于前述几种方法都存在信息短板，管制者无法获得企业成本、利润与定价数据信息，容易造成管制失灵。而特许经营权竞标就是通过竞争来达到激励企业合理定价的目的，它早期用于解决法国自然垄断行业的定价问题（Chadwick，1859），直到哈罗德·德姆塞茨于1968年4月在《为什么要管制公用事业？》一文中指出特许经营权竞标可用于价格管制的观点[1]，从而开始特许权竞标价格管制在各垄断性行业的研究与应用。

我们首先需要分析特许经营权竞标机理，由于竞标对象是公用事业的

---

[1] Harold Demsetz. Why Regulate Utilities? *Journal of Law and Economics*，11（April），1976，pp: 55–65.

收费价格，是要往低价竞标，这与传统的拍卖是往高价竞标不同，而房地产开发项目未来定价也是要往低价竞标，以获得该土地的开发权，这与公用事业低价定价竞争方向是一致的。首先，拍卖师叫出一个未来公用事业收费或者商品房的高价，由竞标参与企业往低价竞争应价，由于生产效率高的企业生产成本低，它们愿意出更低价格承揽开发项目。随着竞拍应价越来越低，竞拍参与者也越来越少，竞争结果是最有生产效率企业出最低的收费价格，价格下降到仅剩下最后一位竞拍者出价时，该企业竞争胜出，所出的价格也就是最后公用事业项目收费价或者房地产开发项目商品房的价格。以房地产开发项目土地竞拍为例，商品房竞拍价格形成原理如下，假定经过第一轮资质入围筛选后，有五家房企入围。设 $AC_t(Q)$ 代表第 t（$t=1$，2，3，4，5）家房企开发数量 Q 平方米的生产成本函数，$D(P)$ 为该区域房地产市场需求曲线。如图 3-10 所示，由于各家房企的生产效率不同，其开发成本也不同。帕累托最优是由效率最高房企 1 按照边际成本或平均成本生产商品房，并将商品房定价为 P_1。我们假定各家房企都是理性经济人，可以预见的是在竞拍之前，各家参与竞争的房企早就已经算出自己的底价，也就是成本价，竞拍的房价高于成本价，利润为正，会继续竞拍，否则就会放弃。我们可以更为详细地描述竞价过程，拍卖师最先开出最高限价高于 P_5，五家房企随即开始往低价竞价，当竞价房价低于 P_5 时，第 5 家开发企业无利可图，会退出竞价。此叫价会继续进行，并淘汰掉生产成本高的房企，直至剩下房企 1 和房企 2。当叫价低于 P_2，房企 2 也出局，此时仅剩下唯一的房企 1，竞拍结束。最有生产效率的房企 1 获得土地开发经营权，而且未来开发的商品房价格定在最低位置，经济效率达到或接近帕累托最优，社会福利最高。这里最终定价略低于 P_2，而不是在最理想的 P_1 位置，显然与不充分的竞争有关，如果参与竞价的高效率房企多几家，当叫价低于 P_2 时，就不会仅剩下一家房企，充分竞争可使叫价降到 P_1 位置。该方法最值得肯定的是房企们通过竞争叫价，最终选择最有效率的房企按照最低成本开发建设商品房，并在社会福利最理想位置确定商品房价格。

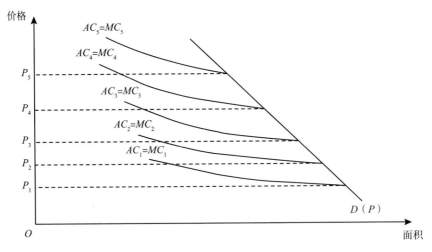

图 3 - 10　特许经营权竞标及价格的决定

2. 数 量 管 制

对垄断市场产品和服务的数量限制，有的兼有价格管制，有的则无。一般情况下，采取数量限制是要求企业能"以管制的价格水平满足所有的需求"，这种要求常用在汽油、电力与公共交通等行业的管制上。目前，在我国住房市场上既有供给方面的数量管制，即禁止捂盘惜售，也有需求方面的数量管制，即限购。限购目的是禁止投资性需求的买入行为，确保"房住不炒"。

3. 进 入 与 退 出 管 制

从经济管制研究文献上看，管制的两个主要变量是价格与企业数量，企业数量的控制涉及行业的进入与退出管制。自然垄断行业不适合竞争，我们很难想象为了竞争让多家企业各自生产经营，重复铺设铁路、自来水管线、电信线路、天然气管线等，竞争使每家进入的企业投资量大，而各自只分得市场一杯羹，均摊需求量，其结果只会增加竞争的成本，导致消费者支付更多的费用。因此，自然垄断行业最好的办法是只允许一两家最有效率的企业进入，通过规模化、大批量生产或服务将固定资产投资形成的固定成本摊薄下来，最终才能使产品或者服务价格降低。所以，对自然垄断行业要管制企业进入数量，越少越好，让最有效率的企业进入，从事规模化生产经营活动。当然，进入后的企业也要进行退出管制，比如不允许垄断企业为了提价而采取"拉闸限电"、限油、限水、限制服务等退出措施，必须确保消费者需求得到满足。

土地市场供给方完全垄断类似于自然垄断市场，开发企业对土地需求的所谓竞争只会提高房地产开发的土地成本，增加消费者的购房支出，应对住宅产业采取经济管制，限制企业进入数量，通过特许经营权竞标选择效率企业，降低住宅开发成本，实行限价措施。

4. 其他管制

对垄断企业的经济管制还包括产品或服务的质量、收益率、利润率等的管制。与价格、数量指标不同，质量指标不容易量化，相对比较隐性。但是建筑与装修材料质量涉及消费者的生命与财产安全，又是极其重要的因素。它与企业的信誉相关，因此，产品质量指标必须要有行业进入门槛与企业等级限制，才能确保行业提供"性价比"高的产品。与质量指标相联系的是收益率与利润率指标，经济管制的目的不是要求企业提供价格低于成本的产品，企业若是不赚钱，其提供的产品质量就无法保障，行业整体就会萎缩，经济管制的是企业暴利，合理的客观收益应得到支持。比如10%的投资收益率就是客观合理的，将收益扣除融资费用与折旧就是利润，所以，客观合理的投资利润率指标也是可以确定的。

房地产市场经常会面临明明某项目地价受管制已经很低了，但是其房价却开得很高，这就是开发商为了暴利而垄断定价的缘由。我们在限地价的同时，也必须同时要限房价。因为无论是地产市场，还是房产市场，它们都不是竞争性市场，都是垄断性市场，地价与房价都存在垄断定价问题，仅管制其中一个价格是不够的，必须要同时管制地价与房价，即既要稳地价，又要稳房价。

第4章 楼市新态势及现有政策效果

4.1 楼市结构分布和发展新态势

4.1.1 楼市结构分布

1. 市场结构分析

市场结构是市场上买卖双方各自及互相之间关于交易、利益分配等关系表现形式。这里的买卖双方既包括市场上已有的，也包括打算进入或者正在进入的买卖方。市场结构可以从产品差别、进入壁垒、退出壁垒以及市场集中度四个方面来体现。根据以上要素将市场结构分为完全竞争型、垄断竞争型、寡头竞争型、寡头垄断型和完全垄断型等。由于全国各地房地产市场发展各异，且由于房产是固定在土地上的，无法移动，因此房地产市场具有明显的地区性特征，我们以福建省为例，选择省域内具有同一供求范围内的福州市区及闽侯县商品房来分析商品房的市场结构。

市场集中度是指头部企业在产业中所占的市场份额比例。市场集中度越高，头部企业的市场份额就越大，产业的竞争度就越低。市场集中度可以反映产业组织的运行效率，以及产业内企业的规模水平及分布特征，是衡量市场结构的重要指标。可以采用行业集中率（concentration rate，CRn）来衡量市场集中度。

$$CR_n = \sum_{i=1}^{n} X_i \qquad (4.1)$$

X 为企业市场占有率，i 代表第 i 大企业，n 一般取 4 ~ 10，表示产业内最大的 4 ~ 10 家企业。

从表 4-1 可以看出，CR_{10} 达到了 43% 以上，2015 年前十家房地产开发企业的市场占有率超过了 50%，这已经接近国外成熟的房地产行业市场集中度。从市场集中度的数值来看，福州市房地产市场集中度较高，产业整体竞争性一般。

表 4-1　　　　　2015 ~ 2016 年福州市区及闽侯商品房市场集中度

指标	2015 年		2016 年	
	套数	面积（万平方米）	套数	面积（万平方米）
总体成交	69 540	577.97	82 981	631.26
CR_{10}	40 372	317.16	36 592	271.59
CR_{10} 占比	58%	55%	44%	43%

资料来源：福州市不动产交易登记中心（http://bdcdj.fuzhou.gov.cn/），由笔者整理得出。

差异化产品的不断涌现是一个行业走向成熟的标志。区别于批量化的工业产品，房地产产品的异质性非常典型，消费者很难建立起对房地产企业的品牌偏好，房地产企业需要花费很长时间进行品牌的培育。我国房地产业经过 26 年的发展，房地产开发企业在产品品质、物业管理等方面形成了自己的竞争力，如福建省建发、融信等房地产开发企业已经建立了强有力的品牌形象。房地产产品的差异化程度已经相当高，体现在地段、人文景观的差异，以及销售、物业管理的差别化方面等。

市场进入壁垒的高低是衡量一个市场能否实现充分竞争性与效率水平高低的关键要素与量化指标。近年来，随着土地出让价格的不断走高，越来越多的中小房地产开发企业不断被挤出一二线甚至三四线城市。房地产市场逐渐成为大型开发企业的逐鹿之地。房地产市场的开放性确实受限于多重因素，这些限制主要缘由在于土地的固有稀缺性、房地产产品所承载的高附加值特性、资金变现周期较长，以及交易过程显著的复杂性等。即便是在市场经济体系高度成熟与发达的美国，政府亦是通过一系列精细设计的金融调控措施与行政法规体系，对房地产市场实施严密的监管与调控。这一现实状况反映出，在更为广泛的全球经济背景下，房地产市场的开放性极为有限。鉴于房地产产业发展的国际经验与国内实际，我国房地产市场面临政策壁垒与高额土地购置资金门槛的双重进入壁垒，这是房地产产业发展固有的内在逻辑体现。近年来，由于土地价格的高企，房地产开发周期不断加快，中小型开发企业受限于资金规模和开发能力，不断退出福州、厦门等中心城市，逐渐往地级市和县镇发展，房地产的市场壁垒不断加大。

从以上三个角度分析，房地产市场已经从垄断竞争阶段进入了区位寡头垄断阶段，未来区域房地产市场将由几大房地产开发企业所垄断，进行规模化开发经营，在实现规模经济，降低开发成本的同时，因为价格垄断，大企业们也会面临来自政府的价格经济管制。因此，未来房地产行业经济管制与规模经济效益并存，不注重经济效益的开发企业将会被市场淘汰。

2. 产品结构分析

房地产市场产品形态主要有住宅、办公用房、商业营业用房和其他商品房。从产品销售面积看，住宅是"重头"，以福建为例，据福建省 2007～2017 年数据统计，住宅面积 32 118 万平方米，办公面积 1 250 万平方米，商业面积 2 071 万平方米，其中住宅面积占比 82.5%，办公面积占比 3.2%，商业面积占比 5.3%。显然，代表产业经济发展基础的小公及商业营业用房销售面积占比不足 10%，而属于消费品、自身不创造任何价值的住宅产品，其销售面积占比却达 82.5%（见表 4 - 2），两者对比悬殊，显然，房地产产品结构严重不合理。

表4-2　　　2007～2017年福建省房地产产品类型销售面积　　　单位：万平方米

年份	商品房	住宅		办公		商业		其他	
		面积	占比（%）	面积	占比（%）	面积	占比（%）	面积	占比（%）
2007	2 422	2 096	87	80	3	155	6	90	4
2008	1 626	1 250	77	67	4	94	6	215	13
2009	2 723	2 421	89	33	1	121	4	148	5
2010	2 576	2 139	83	82	3	176	7	178	7
2011	2 707	2 213	82	109	4	184	7	200	7
2012	3 259	2 742	84	151	5	210	6	156	5
2013	4 676	3 957	85	211	5	243	5	265	6
2014	4 119	3 324	81	181	4	287	7	327	8
2015	4 038	3 316	82	155	4	296	7	270	7
2016	4 915	4 134	84	181	4	305	6	294	6
2017	5 854	4 526	78	—	—	—	—	—	—

资料来源：福建省统计局。

4.1.2　楼市发展新态势

1. 楼市发展态势阶段划分

类似于经济周期，房地产业也呈现周期循环现象。房地产市场波动是房地产周期循环必然伴生的，可以把房地产市场波动称为房地产周期波动。这里的波动是具有相同特征，已经被分割为最短的循环，这个循环可以反复出现，但是周期跨度在每次波动中并不统一。

可以从房地产周期波动来分析具体区域房地产市场的态势。态势指时间较长的市场分析。美国经济学家库兹涅茨（Kuznets）认为建筑业周期的波长是15～25年的中长周期。房地产产品特别是住宅产品的开发周期少则1年，多则数年。房地产市场的供给会滞后于需求一段时间，两者的不协调导致了房地产市场的循环波动。当房地产市场处于波动周期的不同阶段时，房地产市场发展阶段也有所不同，可以结合房地产态势波动周期的各个阶段来进行解读。

衰退—复苏—扩张—收缩四个态势波动周期在房地产业经济运行过程中是循环往复进行的。

当房地产市场周期循环达到最低点时，就是衰退态势的最后阶段，此时市场需求量达到最低点，市场供给则达到最高点，房屋空置率也达到顶峰。此后过剩建设开始停止，经过较长时间的消化，房地产市场需求量开始复苏，由于新增供给极低或者根本不存在，房地产市场，需求开始不断吸收市场上的供给，空置率开始下降，市场需求开始上升，此时房地产发展阶段从低级状态开始向上运动，逐渐进入扩张态势。

在扩张态势阶段，市场需求仍然在增长，且超过了供给的增长速度，房地产市场发展阶段的等级水平也逐渐上升（见图4-1）。当空置率逐步下降，到达长期平均空置率以下时，市场需求量大于供给量，供不应求，新的扩张周期得以到来。开发商开始增加投入，房地产发展阶段从复苏走入扩张阶段，并达到新的高度。受限于房地产开发的滞后性，需求量的增加仍然大于供给量的增长，差值不断增大后逐渐减小，当供需平衡时，扩张达到最高点。

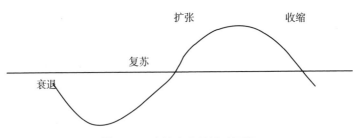

图4-1　房地产态势波动周期

扩张达到最高点后，房地产市场进入收缩阶段。鉴于房地产开发固有的滞后性，以及开发商与购房者双方普遍持有的乐观预期，房地产市场正经历一种投资持续扩张而需求渐趋萎缩的复杂态势。这种态势下，市场展现出明显的"过热"特征。随着投资扩张的惯性作用,房地产市场的供给量持续增加,而市场需求却未能有效匹配这一增长,导致供需关系逐渐失衡,空置率会上升,直到开发商意识到市场需求已经转变,市场进入收缩阶段。

在收缩阶段,虽然开发商开始有意识地减少投资,控制建设规模,但是由于房地产开发的滞后性,供给会呈现先升后降,对应需求量的快速减少,房地产市场进入衰退阶段。

房地产市场的发展与人均 GDP 的增长呈典型的倒"U"形曲线关系。在国民经济发展的初始阶段,房地产市场的发展速度要快于人均 GDP 的增长速度。随后,房地产市场发展开始减速,低于人均 GDP 增长速度。可以看出,在国民经济发展前期,房地产业发展速度快于其他行业。当国民经济发展到一定阶段后,房地产业的先发优势不复存在。

房地产发展离不开经济与政策支持的背景,由于各地经济发展水平不同,而且对房地产产业的政策支持力度与执行力也存在差异,因此,各地房地产发展周期会存在明显差异。为了使研究更具有代表性与差异性,下面将以福建省和海南省(经历了 20 世纪 90 年代的房地产泡沫破灭)为例,主要从商品房供求、价格和政策方面对 1998 年房改以来的市场态势做一个周期波动阶段划分。

(1)产业发展时期。

①福建省房地产产业发展时期是 1998～2004 年这段时间。1998 年,全国取消福利分房制度,开始实行住房商品化。福建省执行国家住房制度改革政策,采取了进一步深化城镇住房制度改革的若干措施,加快培育房地产市场,规范房地产市场秩序,完善相关制度。1998 年 12 月 1 日前,福建省所有县市停止了住房实物分配,进入了房地产商品化发展阶段。1999 年,房改房上市交易开始在福州和厦门出现。为进一步加快和推进房改房上市交易,启动个人住房消费。福建省 2000 年下发《福建省住房制度改革委员会关于加大房改力度促进住房消费的通知》,2001 年下发《关于加快发展住房二级市场的通知》。这些政策有效地降低了交易税费,简化了相关手续,住房二级市场得以快速发展。

从商品房供求比看,福建省 2000～2004 年供求比均大于 1.3,供给大于需求，供求比从 2000 年的 1.36 上升到 2003 年的 1.52。从房地产平均价格看，商品房销售均价从 1998 年的 2 040 元/平方米增加到 2004 年的 2 560 元/平方米（见表 4 - 3），增长幅度为 25%。而人均 GDP 在此期间则增加了 69%。其中，福建省商品房销售面积见图 4 - 2。

表 4 - 3　　　　　　　　福建省房地产业相关指标

年份	新开工面积（万平方米）	销售面积（万平方米）	供需比	商品房均价（元/平方米）	GDP（亿元）	人均 GDP（元）	人均居住面积（平方米）
2000	1 103	811	1.36	2 084	3 765	11 194	28.0
2001	1 238	988	1.25	2 015	4 073	11 691	28.2
2002	1 601	1 047	1.53	2 152	4 468	12 739	28.4
2003	1 903	1 250	1.52	2 297	4 984	14 125	29.8
2004	1 912	1 385	1.38	2 560	5 763	16 235	31.1
2005	2 197	1 914	1.15	3 162	6 555	18 353	31.4
2006	2 497	2 022	1.23	3 994	7 584	21 105	32.1
2007	3 927	2 422	1.62	4 684	9 249	25 582	33.5
2008	2 798	1 626	1.72	4 384	10 823	29 755	37.5
2009	2 423	2 723	0.89	5 427	12 237	33 437	37.5
2010	4 680	2 576	1.82	6 256	14 737	40 025	38.5
2011	7 069	277	2.61	7 764	17 560	47 377	37.9
2012	5 343	3 259	1.64	8 646	19 702	52 763	38.2
2013	7 193	4 676	1.54	9 050	21 869	58 145	38.7
2014	6 754	4 119	1.64	9 136	24 056	63 472	40.7
2015	5 245	4 038	1.30	8 881	25 980	67 966	42.5
2016	4 875	4 915	0.99	9 218	28 519	73 951	42.7
2017	5 529	5 854	1.06	9 746	32 298	82 976	43.4
2018	7 205	6 213	1.16	10 589	35 804	90 850	43.1
2019	6 398	6 456	0.99	10 748	42 395	10 608	—
2020	6 638	6 607	1.00	11 348	43 904	111 954	—

　　注：此处的供需比小于 1，不代表供不应求。房地产市场商品房销售以预售为主，新开工面积形成供应需要获得预售许可证，约在一年以内。

　　资料来源：2000 ~ 2020 年《福建统计年鉴》，https：//tjj. fujian. gov. cn/xxgk/ndsj。

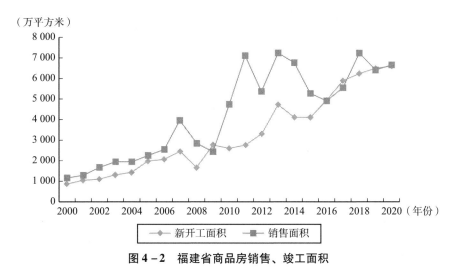

图 4 – 2 福建省商品房销售、竣工面积

资料来源：2000～2020 年《福建统计年鉴》，https：//tjj. fujian. gov. cn/xxgk/ndsj。

在 2002 年后，随着一系列政策措施等因素的影响，福建省一手房供求比不断下降，2004 年已下降为 1. 38。房地产价格上涨幅度开始加快，2004年商品房销售均价较上年上升了 11% （见图 4 – 3），超过前几年人均 GDP的涨幅。在当前发展阶段，房地产业以其独特的经济拉动效应，已成为国民经济体系中一个新的增长点。相应地，在福建省的经济发展中，房地产业经历了显著的增长与转型，不仅实现了自身的快速发展，还逐步奠定了其在产业结构中的支柱地位。这一变化标志着房地产业在福建省经济中的重要性日益凸显，其对经济增长的贡献率持续提升，成为推动区域经济快速发展的关键力量。

②海南省房地产产业发展时期。相对而言，若从 1998 年"房改"开始起计，海南省房地产产业发展时期是 1998～2008 年这段时间。由于海南受到 20 世纪 90 年代房地产泡沫破灭的影响，1998～2000 年处于整顿处理期。1999 年，海南出台《海南省人民政府关于深化城镇住房制度改革促进住宅业健康发展的意见》，停止实物分房，实行住房货币化分配，在海口、三亚、琼山等地在海南处置房产积压期间，严格控制新建商品房。

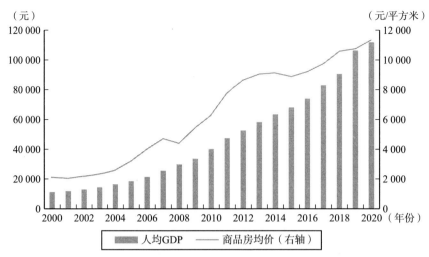

图 4 - 3　福建省商品房平均价格及人均 GDP

资料来源：2000 ~ 2020 年《福建统计年鉴》，https：//tjj.fujian.gov.cn/xxgk/ndsj。

从商品房供求比看，2000 ~ 2004 年供求比在 2 以内，整体供大于求，供求比从 2001 年的 1.58，上升到 2004 年的 2.02。从房地产平均价格看，商品房销售均价从 2000 年的 1 980 元/平方米增加到 2004 年的 2 105 元/平方米，增长幅度为 21%，而人均 GDP 在此期间则增加了 45%（见表 4 - 4）。

表 4 - 4　　　　　　　　　海南省房地产业相关指标

年份	新开工面积（万平方米）	销售面积（万平方米）	供需比	商品房均价（元/平方米）	GDP（亿元）	人均 GDP（元）
2000	30	42	0.72	1 980	526.8	6 798
2001	95	60	1.58	1 910	579.2	7 315
2002	73	77	0.95	1 789	642.7	8 041
2003	171	113	1.52	2 105	714	8 849
2004	254	126	2.02	2 405	803	9 859
2005	253	249	1.02	2 924	885	10 753
2006	295	203	1.45	3 787	1 028	12 350

续表

年份	新开工面积（万平方米）	销售面积（万平方米）	供需比	商品房均价（元/平方米）	GDP（亿元）	人均 GDP（元）
2007	340	313	1.09	4 162	1 234	14 683
2008	595	372	1.60	5 443	1 475	17 357
2009	807	561	1.44	6 261	1 620	18 860
2010	1 136	855	1.33	8 735	2 021	23 323
2011	1 629	866	1.88	8 943	2 464	28 014
2012	1 661	932	1.78	7 894	2 789	30 993
2013	1 735	1 191	1.46	8 669	3 116	34 053
2014	1 584	1 004	1.58	9 315	3 449	37 166
2015	1 645	1 052	1.56	9 339	3 734	39 704
2016	1 976	1 509	1.31	9 878	4 090	43 009
2017	2 110	2 293	0.92	11 837	4 498	46 631
2018	1 945	1 432	1.36	14 546	4 911	50 263
2019	1 220	829	1.47	15 383	5 331	53 929
2020	1 065	752	1.42	16 394	5 566	55 438
2021	1 341	889	1.51	17 541	6 504	63 991
2022	1 058	644	1.64	17 050	6 890	67 314
2023	1 053	900	1.17	16 604	7 551	72 958

注：此处的供需比小于 1，不代表供不应求。房地产市场商品房销售以预售为主，新开工面积形成供应需要获得预售许可证。

资料来源：2000 ~ 2023 年《海南统计年鉴》，https：//stats. hainan. gov. cn/tjj/tjsu/ndsj/。

　　2002 年后，海南逐渐处理完 20 世纪 90 年代遗留下来闲置建设用地和积压商品房，房地产市场开始有了新的发展（见图 4 - 4），而且在一系列政策措施等因素作用下，商品房从供不应求逐渐到供大于求，房地产价格上涨幅度从最开始的略有下降到开始增长，2004 年商品房销售均价较上年上升了 14%，超过前几年人均 GDP 的涨幅（见图 4 - 5）。这段时间，海南逐渐处理完闲置建设用地和积压商品房，房地产市场开始有了新的发展。

图 4-4　海南省商品房销售、竣工面积

资料来源：2000～2023 年《海南统计年鉴》，https：//stats，hainan. gov. cn/tjj/tjsu/ndsj/。

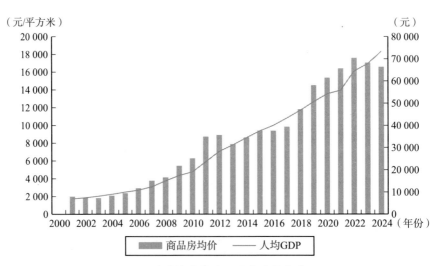

图 4-5　海南省商品房平均售价及人均 GDP

资料来源：2000～2023 年《海南统计年鉴》，https：//stats，hainan. gov. cn/tjj/tjsu/ndsj/。

（2）产业扩张期。

①福建省房地产产业扩张期为 2005 ~ 2013 年。在 2005 年及以前，为促进房地产市场发展，我国各省均采取了一系列政策举措，旨在多维度激活与促进房地产市场的发展。首先，实施积极的住房消费政策，激发居民的购房意愿与消费潜力，拉动市场需求；其次，加大对房地产开发投资的支持力度，鼓励企业增加投资规模，优化投资结构，提升市场供给能力；再次，致力于盘活现有存量资产，通过有效的资产管理与运营模式创新，释放其潜在价值，为市场注入新的活力；最后，激活增量投资，引导社会资本流向房地产市场，特别是在新兴领域与重点项目上，促进行业的长期发展与转型升级。由此，房地产市场开发投资增长较快，房地产市场处于扩张阶段，到 2005 年出现了一定的"过热"倾向。为抑制过热的房地产市场，各省一改以前的支持房地产业政策，2006 年开始出台了一系列抑制房地产市场投机的措施，房地产市场热度有所下降，开始出现平稳发展态势。2008 年，随着美国次贷危机的发生与蔓延，外向型经济受到极大的波动影响，内需也缩小。福建省房地产开发投资、房价、交易量、个人住房贷款都出现了下降的现象。鉴于此，2009 年，国家开始实行宽松的货币政策和财政政策，房地产市场宏观调控政策也趋于宽松，加上福建省海西经济规划区的影响，房地产业较快地走出了低迷阶段。房地产投资快速增长，中心城市的房价涨幅过高，房地产市场投机行为开始大量涌现，房地产市场出现明显的"过热"现象。之后，针对房地产价格上涨过快，严重脱离居民住房消费需求，政府采取了一系列的宏观调控手段。2010 年 4 月 17 日，国务院发布《关于坚决遏制部分城市房价过快上涨的通知》（以下简称"新国十条"），发出了加大房地产市场宏观调控的信号，各省份也相继出台一系列政策措施打压房地产市场的投机行为。

数据上看，2009 年美国"次贷"金融危机影响导致福建省一手房供求比小于 1，供给不能满足需求，一手房价格面临较大的上涨压力。2005 ~ 2007 年福建省商品房价格年平均涨幅为 22%，2009 ~ 2011 年的商品房价格年平均涨幅为 21%。尽管房地产市场有波动起伏，但此段时间为福建省房地产业快速扩张阶段。而随着宏观政策效应不断显现，房地产市场成交开始趋缓，供求比上涨，房价涨幅得到抑制，房地产业将进入市场理性和内部结构调整时期。

②海南房地产产业扩张期为 2009～2018 年。与全国其他地方一样，在 2005 年及以前，为促进房地产市场发展，均采取了鼓励住房消费，促进房地产开发投资，激活增量投资等一系列手段。房地产市场开发投资增长较快，房地产市场处于扩张阶段，导致 2005 年出现了一定的"过热"迹象，2006 年开始出台了一系列抑制房地产市场投机的措施，房地产市场热度有所下降。2008 年，随着美国次贷危机的发生与蔓延，外向型经济受到极大的影响，海南省各地房地产交易量都出现了些许回落现象。2009 年，由于房地产市场宏观调控政策趋于宽松，房地产市场出现非理性的膨胀阶段。2010 年 4 月 17 日国务院发布楼市新政，向市场发出加大对楼市调控的政策信号，海南相继出台一系列包括限购等政策措施打压房地产市场的投机行为。2011 年海口、三亚等地开始实行商品住房限购政策，海南商品房供需比下降，商品房交易均价 12 年来首次下跌。2014 年 7 月和 10 月，海口和三亚两地分别解禁了住房限购政策。2015 年，受前期多年的降库存影响，海南房地产市场的新增供给开始下降。2015 年新开工面积较 2014 年减少了 8.7%。棚改货币化安置工程的扩大等增加了市场的刚性需求，2016 年的销售面积较上年增加了 43%。在 2015 的逆周期操作，2016 年公开市场操作和中期借贷便利（MLF）等货币政策工具提供的流动性，大量资金从投资回报较低的股票市场流向房地产市场，造成房地产市场投资需求急剧扩大，加上岛外人口的流入，到 2018 年需求到达较高水平。此时，海口、三亚等热点地区的住宅价格涨幅明显过快。

2005～2018 年海南省商品房价格年均涨幅为 13%。此段时间为海南省房地产产业快速扩张阶段。但是随着政策效应不断显现，房地产市场成交开始趋缓，供求比上涨，房价涨幅得到抑制，房地产业则进入市场理性和内部结构调整时期。

（3）理性发展期。

①福建省房地产产业理性发展期为 2014～2020 年。2014 年开始，房地产市场进入理性发展时期。虽然有 2016～2017 年短时间的过热发展，但

在国家"房住不炒"的政策背景下，市场很快回归理性。

相对 2013 年而言，2014 年的房地产市场明显降温，福建省商品房供给增长了 6%，而需求则下降了 12%。我们看到，以往需求下降的情况仅仅出现在 2008 年金融危机时期。此时开发商库存高企，去化缓慢。2014年，福建住房和城乡建设厅于 8 月 8 日出台了《关于促进房地产市场平稳健康发展的若干意见》，解禁了福州、厦门中心城市的限购政策，对房贷优惠政策适用范围也大大放宽。这是 2014 年以来的全国第一份促进房地产市场发展的省级文件。由表 4 - 3 可以看出，2015 年，受限于前期商品房大量的库存，商品房供求比仍然大于 1，为 1.3，但是较 2012 ~ 2013 年已有较大下降。商品房平均价格保持稳定，房地产市场理性发展。

2016 年，受前期多年的降库存影响，福建房地产市场的新增供给开始下降。2016 年新开工面积较 2015 年减少了 7%。棚改货币化安置工程的扩大等增加了市场的需求，2016 年的销售面积较上年增加了 22%①。由于2015 的逆周期操作，2016 年公开市场操作和中期借贷便利（MLF）等货币政策工具提供的流动性，大量资金流向房地产市场，造成房地产市场投资需求急剧扩大，福州、厦门等热点地区的住宅价格涨幅过快。

针对 2016 年以来房地产市场出现的过热态势，中央出台一系列的调控措施。2017 年，全国两会上中央定调"房子是用来住的，不是用来炒的"，坚持因城施策，建立长效调控机制严格限制投资型需求。福建省政府出台《关于进一步加强房地产市场调控的八条措施》，2019 年 7 月中央政治局会议上明确提出"坚持房子是用来住的、不是用来炒的定位，落实房地产长效管理机制，不将房地产作为短期刺激经济的手段"。

根据《中国人口普查年鉴 2020》，福建城镇居民人均住房建筑面积为35.86 平方米，户均住房建筑面积为 93.93 平方米。考虑到人均居住面积数据不断创出新高，这一定程度上抑制了投资型需求，福建省房地产市场已经明显回归理性阶段。

②海南房地产产业理性发展期为 2019 ~ 2022 年。2018 年 4 月 22 日，

---

① 见表 4 - 3 中 2016 年与 2015 年数据的对比。

海南发布《关于进一步稳定房地产市场的通知》，实行严格的限购政策，在已出台限购政策的基础上，实施全域限购。非海南籍居民，在海口、三亚、琼海已实行限购的区域购买住房，需要 5 年的个人所得税或社会保险缴纳证明，其余地区需要 2 年的个人所得税或社会保险缴纳证明。首付比例不低于 70%，取得不动产权证后，5 年内不得转让。非本省户籍居民家庭购买住房的，须提供至少一名家庭成员在海南省累计 60 个月及以上个人所得税或社会保险缴纳证明。2019 年 7 月在中央政治局明确"坚持房子是用来住的、不是用来炒的定位"下，8 月，海南省住房城乡建设厅等多部门发布《关于进一步完善我省住房保障和供应体系的意见》，要求加快建立公共租赁住房、共有产权住房、限售商品住房、租赁住房等四种类型的住房制度，实现多主体供给、多渠道保障、租购并举，非本省户籍居民家庭在省范围内只能购买 1 套住房。2020 年 3 月 7 日，为巩固房地产市场调控成果，海南省委办公厅、省政府办公厅印发《关于建立房地产市场平稳健康发展城市主体责任制的通知》，强化城市主体责任，引导房地产市场平稳健康发展，为海南自由贸易港中长期发展奠定基础。通过发展公共租赁住房、市场化租赁住房、安居型商品住房、市场化商品住房，形成了市场化和保障型两种类型的房地产供给体系。供给侧和需求侧两端发力，确保了"房住不炒"定位的落实。经过一系列调控政策，海南商品房市场进入平稳发展阶段。从数据上看，2019 年房地产开发投资下降 22.1%，商品房新开工面积、销售面积分别下降 37% 和 42%，之后一直保持在一个稳定的水平。城乡居民收入水平低于高物价、高房价是海南经济社会发展中长期存在的突出矛盾。根据 2019 年《中国统计年鉴》，对比表 4 - 4 可知，2019 年，海南人均 GDP、居民人均可支配收入分别相当于全国平均水平的 79.7%、86.8%，而根据中国房价行情网，2019 年三亚市和海口市商品住房销售均价在全国 40 个重点城市分别排名第 7 位和第 12 位。2019 年之后，海南商品房价格基本稳定在 16 000 元/平方米左右，2023 年销售均价相对 2019 年仅上涨 7.9%（见表 4 - 4）。收入和房价水平的突出矛盾得到一定缓解。

2. 当前房地产业面临的新形势

（1）房地产行业外延扩大再生产的弊端开始显现。

房地产是一个强关联的产业，能直接或者间接影响上下游60多个行业，如上游的钢铁、建材、机械、陶瓷以及下游的家电、五金、装潢等。经学者们的严谨测算与深入分析，房地产业在国民经济总体发展中的贡献率已显著超越20%的门槛，这一数据凸显了其在国家经济体系中的重要地位与作用。2003~2008年，福建省房地产业快速发展，房地产投资年增长达28.7%，2010年房地产开发投资增速一度达到60.1%[①]；相应地，2007~2013年，海南房地产业也出现快速发展，房地产投资年增长均超过35.0%，2010年房地产开发投资增速一度达到62.5%[②]，房地产行业对国民经济的快速发展起到明显的带动作用。2012年以后，尽管房地产业在国民经济中的相对地位有一定程度的调整与弱化，但其仍然作为经济重要组成部分的角色并未发生根本性改变，房地产投资在全社会整体投资结构中的占比依然维持在20%以上的高位水平。2003年以来，房地产开发投资展现出强劲的增长态势，年均增长率维持在两位数水平，房地产业对国民经济的拉动效应显著，其拉动系数平均保持在2.6%的高水平，进一步证实了房地产业在促进经济增长、带动相关产业链发展方面的重要作用。但是，房地产行业的过快发展对实体经济的挤压效应近年来越发明显，而且房地产业关联度行业包括钢铁、建材等产业基本属于低端、外延式经济增长行业，其过度发展对整体宏观经济增长利大于弊。另外，属于资金密集型行业的房地产过度发展也导致大量资金脱实入虚，对实体经济产生挤压作用。房地产与实体经济发展开始呈现此消彼长的态势，GDP增长质量受到影响，有必要控制房地产行业增长规模。2015~2019年我国房地产开发投资同比增长率为25.2%、23.8%、21.3%、16.5%和22.1%。2020~2023年，每年数据均与上年持平[③]，房地产市场过热发展的势头得到一定遏制。

---

① 2003~2010年福建省国民经济与社会发展统计公报。
② 2007~2013年海南省国民经济与社会发展统计公报。
③ 2005~2023年《中国统计年鉴》。

（2）市场与保障并重，强化保障性安居工程建设力度。

①福建省加大保障性安居工程建设力度。近年来，我国先后出台了一系列政策举措，加大保障性住房的建设力度。从 2008 年起，福建连续 5 年将保障性安居工程列入为省政府民办实事项目，大规模实施保障性安居工程。2010 年，保障性安居工程建设被纳入省级政府目标责任管理清单，各地市将保障性安居工程列为"五大战役"中的"民生工程战役"之首。2008~2012 年，全省共开工建设 65.6 万套保障性安居工程，其中：保障性住房 48.6 万套，各类棚户区改造 17 万套。48.6 万套保障性住房中包括 8.2 万套廉租住房、7 万套经济适用住房、15.3 万套公共租赁住房以及 18.1 万套限价商品住房。2013~2017 年，全省开工建设保障性住房和棚户区改造住房 54.9 万套，其中，保障性住房 11.3 万套，各类棚户区改造 43.6 万套（见表 4 - 5）。2014 年以后保障性安居工程建设力度仍不减弱，但是可以明显看到，建设类型有较大改变。"十二五"期间，福建省更注重对保障性住房的建设，保障性住房新开工建设套数占全部套数的 74%。2014~2016 年，建设重点转移到各类棚户区改造上来，各类棚户区改造建设套数占比达到了 86%。2017~2019 年所有新开工建设类型均为各类棚户区改造。2020 年后公共租赁住房建设了 24 865 套①。

表 4 - 5　　　　　　　2010~2020 年福建省保障性住房建设情况

年份	套数	保障性住房			各类棚户区改造		
		项目数	套数	占比（%）	项目数	套数	占比（%）
2010	121 887	337	77 640	64	193	44 247	36
2011	261 326	590	181 109	69	297	80 217	31
2012	163 159	437	111 241	68	205	51 918	32
2013	100 279	229	60 017	60	151	40 262	40
2014	102 360	200	30 877	30	197	71 483	70
2015	142 281	148	18 365	13	238	123 916	87

① 上述数据资料来源于福建省住房和城乡建设厅公布的 2008~2020 年住房保障数据。

续表

年份	套数	保障性住房			各类棚户区改造		
		项目数	套数	占比（%）	项目数	套数	占比（%）
2016	131 223	56	3 864	3	256	127 359	97
2017	72 510	—	—	—	240	72 510	100
2018	45 358	—	—	—	115	45 358	100
2019	64 036	—	—	—	129	64 036	100
2020	64 713	—	24 865	38	—	39 848	62
合计	1 269 132	—	507 978	40	—	761 154	60

注：保障性住房包括公共租赁住房、经济适用住房（目前暂停）、限价房、拆迁安置房、共有产权房的总数；各类棚户区改造包括城市棚户区、工矿棚户区、林区棚户区、垦区危旧房的总数。

从 2014～2020 年的福建九地市及平潭综合实验区保障性安居工程开工情况看，平潭综合实验区、泉州、漳州和龙岩等地的保障性安居工程覆盖面较高。得益于较小的城市人口基数和大量的财政投入，平潭综合实验区保障性安居工程覆盖率增量达到 19%（见表 4－6）。泉州、漳州和龙岩存在大量的工厂，公共租赁住房建设量较大，旧改项目多，覆盖率也较高。覆盖率最低的厦门市不存在农业人口，相较其他地区的城市人口基数规模较大，且厦门房价高企，保障性住房的建设成本较高导致保障性安居工程建设规模偏小，仅高于平潭综合实验区和南平市。整体来看，2014～2020年的六年期间，房地产市场保障覆盖面积除厦门、福州和三明外都超过了 5% 的增量覆盖率，漳州、泉州、龙岩和平潭更是增加了 10% 以上的保障房覆盖率。

表 4－6　2014～2020 年福建九地市及平潭综合实验区保障房覆盖面增量

地区	建设规模（套）								家庭数（万户）	覆盖面增量（%）
	2014 年	2015 年	2016 年	2017 年	2018 年	2019 年	2020 年	合计		
福州	13 667	22 666	20 280	—	—	—	—	56 613	148.1	4
莆田	14 408	16 362	17 066	—				48 036	104.8	5

续表

地区	建设规模（套）								家庭数（万户）	覆盖面增量（%）
	2014 年	2015 年	2016 年	2017 年	2018 年	2019 年	2020 年	合计		
泉州	25 637	27 679	20 658	——	——	——	——	73 974	75.5	10
厦门	5 040	5 110	8 082	——	——	——	24 713	42 945	159.6	3
漳州	9 269	31 447	21 828	——	——	——	——	62 544	47.4	13
龙岩	11 404	16 248	17 300	——	——	——	——	44 952	43	10
三明	5 381	6 365	7 374	——	——	——	——	19 120	45.1	4
南平	4 296	5 145	8 425	——	——	——	24	17 890	38.7	5
宁德	8 529	6 487	7 298	——	——	——	128	22 442	45.4	5
平潭	4 729	4 572	2 912	——	——	——	——	12 213	6.5	19

资料来源：城市家庭户数来源于 2020 年《福建统计年鉴》，https：//tjj. fujian. gov. cn/xxgk/ndsj；其余数据来源于福建省住房和城乡建设厅 2014～2020 年住房保障数据，https：//zjt. fujian. gov. cn/ztzl/fjsbzxzfxxgkzt/。

②海南省加大保障性安居工程力度。

从 2014 年起，海南持续将保障性安居工程建设纳入省级政府目标责任管理清单，将计划任务分解到各地市。2014～2023 年，全省共开工建设 18.15 万套保障性安居工程，其中：保障性住房 2.05 万套，各类棚户区改造 16.10 万套。而 2.05 万套保障性住房中包括 0.13 万套经济适用住房、1.74 万套保障性租赁住房（含公共租赁住房）以及 0.18 万套限价商品住房①。

从表 4－7 可以明显看到，海南省保障性住房建设类型有一定改变。"十二五"期间，海南省更注重对各类棚户区的改造，2014～2015 年，棚户区改造占了保障性住房建设的 78% 以上。到"十三五"初期的 2016～2017 年，占比更是达到了 100%。之后开始缓慢下降，到"十三五"末的

---

① 海南省住房和城乡建设厅 2014～2023 年住房保障数据，https：//zjt. hainan. gov. cn/szjt/0406/list2. shtml。

2020 年仍然占比 50% 以上。新建保障性租赁住房呈先下降后上升的趋势。租赁补贴的户数稳定上升,特别是在 2022~2023 年,已经成为住房保障的主要形式。从 2014~2023 年的全省十八市县的住房保障情况来看(见表 4-8),三亚市、海口市等地的保障性安居工程覆盖面较高。得益于较小的城市人口基数和大量的财政投入,三亚市保障性安居工程覆盖率增量达到 47%,远远高于除海口市外其他市县不足 7% 的保障性安居工程覆盖率增量。

表 4-7　　　　　2014~2023 年海南保障性住房建设情况

年份	合计	各类棚户区改造		保障性实物住房		租赁补贴	
		套数	占比(%)	套数	占比(%)	户数	占比(%)
2014	35 234	27 421	77.83	7 533	21.38	280	0.79
2015	36 867	32 941	89.35	3 401	9.23	525	1.42
2016	34 764	34 764	100	0	0	0	0
2017	25 108	25 108	100	0	0	0	0
2018	19 067	13 567	71.15	0	0	5 500	28.85
2019	12 933	8 321	64.34	0	0	4 612	35.66
2020	16 653	8 563	51.42	2 949	17.71	5141	30.87
2021	11 492	3 045	26.50	243	2.11	8 204	71.39
2022	18 605	3 907	21.00	2 900	15.59	11 798	63.41
2023	18 059	3 455	19.13	3 455	19.13	11 149	61.74

　　资料来源:海南省住房和城乡建设厅 2014~2023 年住房保障数据,https://zjt.hainan.gov.cn/szjt/0406/list2.shtml。保障性住房包括公共租赁住房、经济适用住房(目前暂停)、限价房、拆迁安置房、共有产权房的总数;各类棚户区改造包括城市棚户区、工矿棚户区、垦区危旧房的总和。

表 4 - 8　　2014～2023 年海南十八市县保障房数量

地区	2014 年	2015 年	2016 年	2017 年	2018 年	2019 年	2020 年	2021 年	2022 年	2023 年	合计	家庭数	覆盖面增加（%）
海口市	19 560	9 240	11 139	14 801	7 815	4 080	4 440	7 000	11 000	11 200	100 275	632 509	16
三亚市	15 931	10 342	13 514	6 594	5 776	6 142	5 315	661	4 498	2 693	71 466	153 095	47
儋州市	1 000	1 620	2 254	650	510	1 085	561	50	570	135	8 435	250 117	3
文昌市	3820	245	396	240	210	110	400	19	140	15	5 595	173 559	3
琼海市	950	401	294	194	206	151	107	15	65	1 100	3 483	153 751	2
万宁市	697	830	1 053	311	633	562	163	9	507	9	4 774	208 633	2
五指山市	1 026	368	0	0	332	160	80	100	150	123	2 339	33 820	7
东方市	1 459	670	212	161	465	0	4 845	15	8	1 008	8 843	133 894	7
昌江县	536	572	500	650	840	100	0	500	50	150	3 898	66 794	6
临高县	424	242	323	123	64	15	7	0	4	0	1 202	134 476	1
屯昌县	66	200	455	108	207	125	134	14	12	11	1 332	90 072	1
白沙县	120	146	447	86	60	10	40	7	11	282	1 209	50 422	2
定安县	120	716	1 199	15	379	119	71	5	5	2	2 631	105 703	2
澄迈县	0	490	853	248	435	171	122	25	20	8	2 372	154 816	2
乐东县	362	1 050	1 308	1 219	295	0	158	0	0	0	4 392	158 769	3
陵水县	600	400	330	65	560	103	210	0	1 549	621	4 438	85 379	5
保亭县	150	24	200	0	250	0	0	22	16	18	680	52 835	1
琼中县	488	604	287	296	30	160	0	5	0	0	1 870	212 883	1

注：保障房数量含各类棚改改造数，保障性实物住房数和租赁户数补贴数。城市家庭户数来源于 2023 年《海南省统计年鉴》，其余数据来源于海南省住房和城乡建设厅。

（3）房地产业发展出现新问题。

2015 年以来，我国房地产市场出现了波动，商品住房待售面积增加、不同地区房价差异过大，体现为总量供需失衡与结构分化。以福建省为例，2016 年房地产业增加值为 1 270 亿元，占 GDP4.4%，比 2015 年提高 0.3 个百分点，但较 2013 年、2014 年均有所下降，分别下降了 1.1 个和 0.1 个百分点[①]。在产业升级转型、其他新兴产业尚未上来的情况下，部分地区由于房地产市场及其关联产业出现下行态势，对当地就业市场产生显著的负面影响，导致就业率出现下滑。与此同时，房地产经济活动的减缓也直接反映在地方财政收入的缩减和 GDP 增长率的回落上，揭示出这些行业与地方经济表现之间的紧密联系和相互依赖关系。2019 年，房地产业增加值 2 690 亿元，占 GDP 比重为 6.3%。

①总量供求失衡。

2015 年福建省住宅待售面积为 1 001 万平方米，若按平均一套住宅 100 平方米估算，待售住宅供应量在 10.01 万套左右。2015 年住宅销售面积为 3 316 万平方米，按照上述估算法，商品房需求量在 33.2 万套左右。2008~2015 年全省商品房待售面积率分别为 24.0%、22.4%、26.2%、24.5%、34.3%、27.3%、31.8% 和 30.1%。2016 年以来，房地产市场供求失衡状况有所好转。2019 年、2020 年商品住宅销售面积达到 5 073 万平方米、5 210 万平方米，分别创当年统计的历年新高。2017 年商品住宅待售面积从 2015 年的 1 001 万平方米和 2016 年的 854 万平方米下降到 644 万平方米，2020 年商品住宅待售面积为 479.44 万平方米，比上年末减少 53.10 万平方米[②]，商品住宅存量明显下降。

由于缺乏准确的每年住宅待售面积数据，这里以商品住宅新开工面积和住宅销售面积进行比较分析。两者均为增量数据，对比分析有参考意义。表 4-9 为 2000~2020 年 21 年间的统计数据，其中 2011 年新开工面积与销售面积相减的累计值（存量）与当年销售面积的比值高达 3.26，住

---

① 2013~2016 年福建省国民经济与社会发展公报。

② 福建省统计局历年《福建省房地产开发和销售情况》，http://tjj.fujian.gov.cn/xxgk/tjxx/fdckfhxs/。

宅存量占比较大。除 2018 年外，2015～2020 年商品销售面积均大于新开工面积，说明住宅的存量正在消化，但 2020 年的比值仍然达到了 1.37。考虑近年来房地产开发企业采取的高周转模式，未来的住宅存量仍然较大，总体的供求失衡仍将会存在，而且会延伸到二手房市场，应引起关注。

表 4 - 9　　　　　　　商品住宅新开工面积、销售面积比较分析

年份	新开工面积（万平方米）	销售面积（万平方米）	新开工面积 - 销售面积		累计值/销售面积
			当年值（万平方米）	累计值（万平方米）	
2000	892	676	216	216	0.32
2001	1 002	843	159	375	0.44
2002	1 286	883	403	778	0.88
2003	1 571	1 084	488	1 266	1.17
2004	1 530	1 225	305	1 570	1.28
2005	1 727	1 720	7	1 577	0.92
2006	1 995	1 743	252	1 829	1.05
2007	3 153	2 096	1 057	2 886	1.38
2008	2 221	1 250	971	3 857	3.09
2009	1 861	2 421	- 560	3 298	1.36
2010	3 400	2 139	1 260	4 558	2.13
2011	4 880	2 213	2 667	7 225	3.26
2012	3 565	2 742	823	8 048	2.94
2013	4 796	3 957	838	8 886	2.25
2014	4 194	3 324	870	9 756	2.93
2015	3 186	3 316	- 130	9 626	2.90
2016	3 169	4 134	- 966	8 660	2.09
2017	3 826	4 526	- 700	7 960	1.76
2018	5 074	4 782	292	8 252	1.73
2019	4 615	5 073	- 458	7 794	1.54
2020	4 549	5 210	- 661	7 133	1.37

资料来源：2000～2020 年《福建统计年鉴》，http：//tjj. fujian. gov. cn/xxgk/ndsj/。

②结构"二层分化"。

第一，区域分化。由于土地供给的不足，福建的中心城市如福州、厦门等地商品住宅供不应求，而其他一些城市的商品住宅则出现供过于求的现象，部分区县的商品住宅积压严重。据福州商品住宅统计数据，2016年末，福州市下属的罗源县、福清市、永泰县的商品住宅待售面积增长了220%、140%和500%。热点区域的福州市区和厦门住宅价格上涨幅度较快，2017年福州市区、厦门商品住宅成交均价同比上涨28%和31%，分别是2011年的1.7倍和2.6倍。在宏观调控政策作用下，进入2018年后的福州、厦门等热点区域商品住宅均价保持稳定（见表4-10）。

表4-10　　　　2011～2020年福建部分区域新建商品住宅成交均价

年份	福州市区		厦门		福建省	
	成交量（万平方米）	成交均价（元/平方米）	成交量（万平方米）	成交均价（元/平方米）	成交量（万平方米）	成交均价（元/平方米）
2011	177	13 543	257	13 718	2 213	7 452
2012	249	13 625	466	13 285	2 742	8 366
2013	255	16 167	444	15 677	3 957	8 618
2014	204	16 272	312	19 807	3 324	8 843
2015	288	15 498	240	20 517	3 316	8 565
2016	287	17 697	285	26 837	4 134	9 175
2017	122	22 597	140	35 301	4 526	9 293
2018	216	26 080	72	39 986	4 782	10 613
2019	261	26 191	144	38 551	5 073	11 204
2020	290	26 035	235	40 479	5 210	12 175

资料来源：2011～2020年《福建统计年鉴》，http：//tjj. fujian. gov. cn/xxgk/ndsj/；2011～2020年《福州统计年鉴》，https：//tjj. fuzhou. gov. cn/zwgk/fztjnj/；2011～2020年《厦门统计年鉴》，https：//www. xm. gov. cn/zfxxgk/xxgkznml/gmzgan/tjnj/。

第二，类型分化。普通商品住宅占比减少，而商业营业用房占比增加。2005年以来，普通商品住宅供应量占比年均减少0.5%；在商业地产领域，尤其是酒店式公寓（SOHO）模式的商业用房，其供应量呈现出较为显著的增长态势。与此同时，针对普通商品住宅市场，存在一个显著的供需结构问题，即中小户型（通常定义为建筑面积小于 90 平方米的住宅）的供应显得相对匮乏。在 2020 年度内，被批准进行预售的商品住宅项目中，户型面积小于 90 平方米的住宅占比仅为 17%，这一比例凸显了该类型住宅在市场上的供应不足现象，而 90 平方米以上户型占 83%。而市场成交情况显示小户型住宅销量良好，而大户型以及 SOHO 等性质的商业用房成交缓慢。

4.2　楼市风险点与行业转型发展机遇

4.2.1　房地产行业发展的风险点

1. 房地产业在国民经济中占比过高风险

房地产业是资金密集型行业，其在国民经济中占比过高会对社会经济发展造成不利影响。近年来，土地楼面地价占房地产产品销售价格的比例不断升高。以福建省为例，2016 年房地产销售额为 4 530 亿元，土地出让收入占比为 26%；2019 年土地出让收入占销售额的 30%①。在房地产产品销售中缴纳的其他开发与销售费用也不断增加。政府从房地产业吸纳了大量的资金，留给市场投资主体的资金量变少，开发商不得不提高杠杆运营，这极大地增加企业的风险，可能导致更有效率的民间投资滑落，进而会挤压实体经济，对经济高质量发展极为不利，阻碍国民

---

① 土地出让收入来源于 2016～2019 年福建省土地使用权出让管理系统数据，经笔者统计。房地产销售额来源于 2016～2019 年《福建统计年鉴》，https：//220－160－52－204x513d8092e1669xx. ipv6best. cn/publicweb/PublicWeb_fjzpg/Main/Index。

经济的健康发展。具体可以从房地产投资占固定资产开发投资比例（见表 4 - 11）以及政府土地出让金与地方一般预算收入比值两个角度分析（见表 4 - 12）。

表 4 - 11 　　　　　　　　 **2019 年房地产开发投资占比**

项目	福建	福州	厦门	上海
固定资产投资（亿元）	31 133	7 090	2 857	8 013
其中：房地产开发投资（亿元）	5 673	1 813	985	4 232
占比（%）	18	26	34	53

资料来源：2019 年国民经济与社会发展统计公报。

表 4 - 12 　　　　　　　　 **2019 年土地出让金与预算收入对比**

项目	福建	福州	厦门	上海
地方一般公共预算收入（亿元）	5 147	1 095	1 329	7 165
政府性基金收入（亿元）	2 570	1 005	400	2 418
土地出让金（亿元）	2 101	985	357	1 992
土地出让金/地方一般公共预算收入	0.41	0.90	0.27	0.28

资料来源：土地出让金来源于中国指数研究院，其余数据来源于各地 2019 预算执行情况报告。

　　从房地产开发投资占比来看，2019 年福州、厦门等地房地产开发投资占固定资产投资的比例分别为 26% 和 34%，整个福建省比例为 18%，均低于同期上海的 53%。对照上海，似乎福建省还可以继续增加房地产开发投资。但如果从土地出让金收入角度考虑，此结论值得商榷。以地方可以实际支配的地方一般预算收入来看，2019 年上海纳入地方一般预算收入是 7 165 亿元，不纳入预算的政府性基金收入为 2 418 亿元，土地出让金收入为 1 992 亿元，占政府性基金收入的 82%。福州、厦门等地的土地出让金收入大部分均为住宅等非工业用途土地出让收入，各自占政府性基金收入高达 98% 和 89%。土地出让收入占地方一般预算收入的比例，福州、厦门和上海分别为 90%、27% 和 28%。

从上述数据可以得出：福州、厦门等地的土地出让收入占财政收入的比例偏高，而房地产开发投资占固定资产投资比例偏低。在福州、厦门等地国民经济体系中，房地产开发以占社会较低的投资获取了较高的收入。上海的房地产投资占比虽然较大，但是其较强的实体经济能提供税收收入。对比上海，福建省应该将更多的土地投向工业用途，适当降低房地产开发投资，增加建设投资，支持实体经济发展。

2. 空置与空住，供过于求风险

空置指在开发商手上还没有卖出去的房子；空住指投机投资者买了房子空着没有住，随时准备在二手房市场出售赚取差价的房子。把房子当作投资品，这类房子可能永远在流通环节，没有进入居住消费环节。目前全国人均住房面积已经处于高位。福建 2000~2017 年的 18 年间，2011 年新开工面积与销售面积相减的累计值（存量累计）与当年销售面积的比值高达 3.26（见表 4-9），住宅存量占比较大。2015 年住宅待售面积 1001 万平方米，若按平均一套住宅 100 平方米估算，待售住宅供应量在 10.01 万套左右。2008~2015 年全省商品房待售面积率分别为 24.0%、22.4%、26.2%、24.5%、34.3%、27.3%、31.8% 和 30.1%。除 2018 年外，2015~2020 年商品销售面积均大于新开工面积，说明住宅的存量正在得到消化，但 2020 年的比值仍然达到了 1.37，总体供过于求风险还存在。

3. 住宅特别是学区房价格虚高，居民家庭住房支出高占比风险

自 2013 年起，受限于土地资源供给的减少，福州、厦门、泉州等核心城市的商品住宅市场逐步显现出供应短缺的态势。这一现象在中心城市尤为显著，特别是福州市区与厦门市，其住宅价格呈现出较为迅速的上涨趋势，反映出市场供需关系的紧张状态以及土地资源稀缺性对房价推升的作用。2017 年福州市区、厦门商品住宅成交均价同比上涨 28% 和 31%，分别是 2011 年的 1.7 倍和 2.6 倍。在宏观调控政策作用下，进入 2018 年后的福州、厦门等热点地区商品住宅均价虽然保持稳定但仍然处于高位（见表 4-13）。

表 4－13　　　　2011～2020 年部分热点地区新建商品住宅成交均价

年份	福州市区		厦门	
	成交量（万平方米）	成交均价（元/平方米）	成交量（万平方米）	成交均价（元/平方米）
2011	177	13 543	257	13 718
2012	249	13 625	466	13 285
2013	255	16 167	444	15 677
2014	204	16 272	312	19 807
2015	288	15 498	240	20 517
2016	287	17 697	285	26 837
2017	122	22 597	140	35 301
2018	216	26 080	72	39 986
2019	261	26 191	144	38 551
2020	290	26 035	235	40 479

资料来源：福建省统计局、福州市不动产交易登记中心和厦门市住房保障与房屋管理局。

根据禧泰房地产数据有限公司数据，福建九地市中厦门、福州住宅均价位居全国城市前 10 名，其余地市除南平外，均进入全国城市房价排行 100 名内。2021 年 6 月厦门的商品住宅均价达到 50 180 元/平方米（见表 4－14），房价收入比为全国最高的 36.97，远超国际认可的 3～5 倍房价收入比数据。泉州、莆田、宁德和龙岩等地的住宅均价都较上一年有较大涨幅，存在一定的房价虚高风险。

表 4－14　　　　　　2021 年 6 月全国商品住宅成交均价

排名	城市	均价（元/平方米）	同比（上年）（%）	房价收入比
1	上海	69 577	25.92	27.38
2	北京	69 128	11.12	26.71
3	厦门	50 180	10.08	36.97
4	广州	43 173	14.43	22.01
5	杭州	36 376	23.21	16.56

续表

排名	城市	均价（元/平方米）	同比（上年）（%）	房价收入比
6	三亚	35 691	−3.73	33.03
7	南京	33 035	6.75	17.08
8	福州	27 043	4.66	18.88
9	天津	25 916	4.84	15.12
10	珠海	24 929	11.74	16.08
23	泉州	17 787	38.53	12.66
32	莆田	15 698	23.03	15.30
37	宁德	14 597	19.00	8.61
46	龙岩	12 856	13.61	9.66
50	漳州	12 620	3.35	10.68
75	三明	9 801	0.38	8.71
110	南平	8 585	5.18	6.60

资料来源：全国房价行情平台。

  学区房作为住宅的一种产品，房价虚高风险更大，在厦门、福州等中心城市表现尤为明显。少数房地产经纪机构和媒体利用"学区房"等概念炒作，哄抬房价，推动房价过度上涨。福州的重点小学如钱塘小学、鼓楼第二中心小学等周边的住宅挂牌均价在5万~8万/平方米之间，远超过福州二手房平均价。同样品质的存量商品住宅产品，虽然仅间隔不到50米，但由于划片不同的小学，均价差距可以达到一倍以上。福建省目前在幼升小阶段实行就近入学、单校划片，但是小升初阶段推行"多校划片"，即一个小学毕业生被电脑随机派位到不同的中学，希望以此遏制"择校热"。教育资源配置不均衡、群众择校冲动强烈的地方推进多校划片能在一定程度上缓解"择校热"，但是划片范围的划分仍然需要考虑科学、公平的原则，确保适龄儿童、少年整体上相对就近入学。福州重点公办小学大部分位于鼓楼区，厦门重点公办中学位于岛内，即使推行多校划片，仍然是重点初中对应重点小学。因此，多校划片对于传统名校集中片区的住宅价格影响不大。

  2021年4月16日，厦门住房保障和房屋管理局等十部门印发《厦门市整治二手房市场专项行动工作方案》，提出要严厉打击炒作"学区房"的行为。中共中央政治局2021年4月30日提出要防止以"学区房"概念来炒房，要千方百计增加保障性住房的供给。这是政治局会议首次提到"学区房"。避免优质资源扎堆，建立大学区招生模式以及教师定期交流制度，均衡分布教育教学资源，健全优质教育资源共建共享机制是未来规避"学区房"，实现教育公平的重要举措。

高企的住宅价格引发了居民家庭住房支出高占比风险。政府部门通常有两个住房支出的统计口径：一是反映居民消费支出情况的住房调查支出口径，包括因住房而产生的水电费、取暖费、房屋租金及物业管理费用，也包括装修材料等费用，但不包括购房费用以及自住物业核算的虚拟房租；二是包括居民消费支出、自主物业分摊的虚拟房租在内的，反映国民生产总值的居住支出口径。根据2020年福建统计年鉴数据，2019年福建省居民的狭义居住支出仅为581元/月，已占居民消费支出的28%。如果采用广义的居住支出，占比则会更高，况且广义的居住支出采用的是成本分摊法，存在低估居住支出的可能。下面仅以一户家庭2人工作，购买一套60平方米的住宅为例，通过计算居民住房的月供占可支配收入的比例来说明居住支出占比高的现象。

根据表4-15，福州、厦门以及宁德等地购房者月供占可支配收入的比例均超过了50%，其中厦门更是达到了96.11%，福州也有65.30%。过高的房价导致居民住房支出的高占比，抑制了居民的其他消费，不利于以国内为主，国内国际双循环发展格局的构建。

表4-15　　　　　2021年6月住宅月供与可支配收入占比分析

地区	均价（元/平方米）	月供（元）	月可支配收入（元）	月供支出占比（%）
厦门	50 180	13 793	14 351	96.11
福州	27 043	7 433	11 383	65.30
泉州	17 787	4 889	11 778	41.51
莆田	15 698	4 315	9 246	46.67
宁德	14 597	4 012	7 620	52.66

地区	均价（元/平方米）	月供（元）	月可支配收入（元）	月供支出占比（%）
龙岩	12 856	3 534	8 753	40.37
漳州	12 620	3 469	8 958	38.72
三明	9 801	2 694	8 876	30.35
南平	8 585	2 360	7 292	32.36

注：均价来源于全国房价行情平台，月供参考年利率为 4.9%，贷款期限 20 年，等额本金还款方式。年可支配收入数据引自 2020 年《福建统计年鉴》，每年上涨 10%。

4. 一、二手房价差变动导致投资风险

虽然潜在商品房供应量仍然较大，但目前的商品住房存量去化周期较短，短期的市场呈现需求旺盛态势，造成部分热点区域房价过快上涨的压力。2016 年 9 月 30 日以来，北京、天津、上海、广州、深圳、苏州、南京、福州和厦门等多地开始实行限购、限贷政策，房地产市场投资需求受到极大限制。2017 年，福建省政府为应对房地产市场中出现的销售均价异常偏高及开发商拒绝遵循政府价格指导政策的情形，实施了一系列严格的监管措施。对于这类楼盘，政府明确规定不予核发预售许可证，旨在从源头上控制高价房源入市；同时，拒绝为这些项目办理网络签约合同的备案手续，以此限制其市场流通；此外，还停止办理其现房销售备案，进一步加强了对市场行为的监管力度。2018 年 4 月再次强调了一盘一评估，每个楼盘的每个单元都有政府限价标准。对于土地供应，采取"限房价 + 竞地价"等出让方式。同时坚决遏制个人综合消费贷款、信用卡透支。这一系列措施目的在于抑制住房的投资需求，实现"房住不炒"。这些年房地产投资投机需求的泛滥与失控，房价高企造成的影响也显现出来，体现在家庭负债率高、二手房市场累积大量供给和一、二手房价格差变动导致投资风险等问题。

2016 年、2017 年，福建商品房销售量保持了 20% 以上的增长速度，带动了商品房贷款的快速上涨。根据中国人民银行福州中心支行数据，2017 年 12 月底，福建家庭的贷款总额为 18 580 亿元，其中中长期贷款 13 047 亿元，大部分为商品房贷款。根据福建省统计局数据，2017 年末福

建省常住人口为 3 911 万人，居民人均可支配收入 2017 年为 30 048 元，则家庭可支配总收入为 11 752 亿元。家庭债务收入比为 158%，而全国平均水平仅为 77%。2017 年末，厦门市常住人口 401 万人，2017 年厦门人均可支配收入为 50 019 元，家庭可支配总收入为 2 006 亿元。根据中国人民银行厦门中心支行数据，2017 年厦门家庭贷款余额为 4 280 亿元。据此计算，厦门的家庭债务占可支配收入比为 213%，远高于全国平均水平。较高的家庭债务会延迟甚至停滞家庭居民其他消费支出。在固定资产投资及对外出口等经济增长手段作用变小的时候，家庭债务的高企会对福建整体经济的发展造成负面影响。

　　初期由于抑制投资需求政策推出时间短，受影响的新盘占市场交易量的比例偏低，限价等措施并没有对原来高企的房价起到熨平作用。随着限价、限购政策的影响，一手房的交易价格得到了明显的抑制，2018 年 5 月福州市区一手房均价甚至比 2016 年 10 月还低。相反，二手房市场由于不在限价范围内，价格仍然保持上涨趋势。这导致同一地区特别是学区的新盘与周边旧盘存在一定的价格差，形成一、二手房价格倒挂现象。从表 4－16 可以看出，2017 年 10 月后福州市区一、二手房价格倒挂现象日趋明显，二手房均价从较一手房均价高 11.93% 上升到 2018 年 5 月的 37.39%。

表 4－16　　　　2016～2018 年部分月份福州市区一、二手住宅价格

时间	一手住宅均价（元/平方米）	二手住宅均价（元/平方米）
2016 年 8 月	19 318	16 434
2016 年 9 月	18 951	17 528
2016 年 10 月	21 800	17 583
2016 年 11 月	20 930	18 900
2016 年 12 月	22 180	19 311
2017 年 1 月	18 554	20 006
2017 年 2 月	17 052	20 354
2017 年 3 月	19 100	21 039
2017 年 4 月	21 698	23 247

时间	一手住宅均价（元/平方米）	二手住宅均价（元/平方米）
2017 年 5 月	21 344	24 105
2017 年 6 月	20 238	25 450
2017 年 7 月	24 160	25 852
2017 年 8 月	25 375	26 105
2017 年 9 月	27 546	26 626
2017 年 10 月	24 168	27 052
2017 年 11 月	25 725	27 128
2017 年 12 月	24 764	26 771
2018 年 1 月	23 455	27 086
2018 年 2 月	23 869	27 194
2018 年 3 月	22 632	27 698
2018 年 4 月	19 741	27 630
2018 年 5 月	20 822	28 607

资料来源：一手住宅价格数据来源于福州房地产交易登记中心，二手住宅价格数据来源于中国房价行情网。

2018 年 5 月全国大中城市一、二手房差值最高为厦门，其次是福州。厦门一手住宅均为 35 673 元/平方米，二手房均价为 44 762 元/平方米；福州一手住宅均为 20 822 元/平方米，二手房均价为 28 607 元/平方米；二手房均价分别比新房均价高了 9 089 元/平方米和 7 785 元/平方米，占新房均价的 25.48% 和 37.39%，套利空间大（见表 4-17）。

表 4-17　　　　　2018 年 5 月福州、厦门一、二手房价格比较

地区	一手房均价（元/平方米）	二手房均价（元/平方米）	价差（元/平方米）	价差比例（%）
福州	20 822	28 607	7 785	37.39
厦门	35 673	44 762	9 089	25.48

注：一手房价格数据来源于福州房地产交易登记中心，二手房价格数据来源于中国房价行情网。

　　一、二手房价格的倒挂只是短期现象，随着调控政策的深入，套利空间慢慢会变小，价格倒挂现象将逐步消失。由于一、二手房价格倒挂加上二手房这么多年累积的大量供给，现在已经出现高价格的二手房难成交的现象。当限价的一手新房供应越来越多，二手房市场的高价坚冰将会进一步融化，随着高价格二手房成交的下滑，必然会套住一批高价格的接盘侠，投资风险将凸显。只要新房仍然在限价政策面前坚挺不动，最后二手房价将回归理性。

5. 开发商高杠杆运行的金融风险

　　房地产业容易受宏观经济政策调控的影响，房地产行业本质上是一个资本密集型行业，对资金的需求规模极为庞大，其中，银行信贷资金构成了其资金来源的核心部分。由于房地产开发项目普遍存在开发周期长、资金回笼速度慢及资产流动性相对较低的特性，这一行业在运营过程中面临着显著的资金投资风险。在房地产市场的繁荣阶段，部分房地产开发企业倾向于过度采用资金杠杆来加速企业规模的扩张，这种策略虽能短期内促进营业收入与利润水平的显著提升，却往往掩盖其潜在的经营风险，导致市场风险在不知不觉中逐渐累积。当房地产市场的整体环境发生不利调整时，先前累积的高杠杆率将可能对企业自身的财务安全构成严重威胁，加剧其经营的不稳定性。更为严重的是，这种个体层面的风险若得不到有效控制，还可能通过金融系统的内在联系与传导机制，进一步演化为系统性金融风险。

　　从 2013 年起，以泰禾集团与阳光城等为代表的闽系房地产开发企业，采取了高度杠杆化的战略部署，积极拓展其业务版图至全国范围。2016年，以泰禾、阳光城、正荣、融信和禹洲等在内的 11 家闽系房地产开发企业在全国，特别是北京、上海、杭州、合肥等一二线中心城市频频拿地，总金额达到 1 406.9 亿元。图 4-6 显示，在高杠杆战略下，泰禾集团资产从 2011 年的 82.28 亿元增加到 2020 年的 2 168 亿元，10 年增加了 25 倍。伴随资产的增长，负债从 57.35 亿元增加到 1 968 亿元，增加了 33 倍。剔除预收账款的资产负债率从 54.22% 增加到了 90.63%。2018 年以来，部分房地产开发企业因高杠杆而陷入流动性困境，导致企业经营困难，项目停工，引发上游建筑承包商、材料供应商的诉讼和下游购房者的维权，影响了金融秩序的稳定。

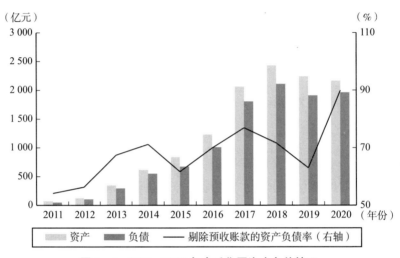

图 4 - 6　2011 ~ 2020 年泰禾集团资产负债情况

2020 年 8 月，中国人民银行、住房和城乡建设部对房地产开发再融资制订了三条红线政策，于 2021 年 1 月 1 日起全行业推行。三条红线为：（1）剔除预收款后的资产负债率大于 70% ；（2）企业的净负债率大于100% ；（3）现金短债比小于 1 。如果房地产开发企业没有碰触到三条红线，则其被认为负债和现金流情况良好，企业再融资情况被定为绿色档，有息负债规模年增速可达 15% ；若踩到其中一条红线，则为黄色档，有息负债规模年增速控制在 10% 以内；若踩到其中两条红线，则为橙色档，有息负债规模年增不得超过 5% ；三条红线全部"踩线"，为红色档，不得增加有息负债。

从表 4 - 18 可以看出，以海西经济区为重要开发区域的上市房企在央行和住建部公布三条红线政策时的负债情况。其中，泰禾、融信等房企为红色档，不得增加有息负债。阳光城、建发、金辉、福晟和融侨等五家房企为橙色档，有息负债规模年增速不得超过 5% 。其余房企为黄色档，有息负债规模年增速为 10% 。没有企业被认定为绿色档。三条红线的再融资政策造成以高周转为特征的福建房企融资难度增大，企业资金周转面临巨大压力。福建房企需要收缩扩张步伐，加快推货力度，加快资金回笼，进一步降低杠杆率。

表 4 - 18　　　　2020 年 9 月福建主要上市房企的负债情况

开发企业	剔除预收款后的资产负债率（%）	净负债率（%）	现金短债比	再融资档次
泰禾集团	81.14	251.68	0.24	红色
融信中国	73.80	116.06	0.82	红色
阳光城	77.83	151.43	1.20	橙色
建发股份	79.24	170.02	1.80	橙色
金辉集团	50.97	167.54	0.78	橙色
福晟集团	69.64	122.55	0.29	橙色
融侨集团	71.50	145.8	1.04	橙色
禹洲集团	79.83	88.23	1.99	黄色
宝龙地产	76.28	81.20	1.33	黄色
中骏集团	76.36	67.17	1.39	黄色
正荣集团	77.22	81.00	1.67	黄色
联发集团	71.05	83.03	1.89	黄色

资料来源：根据 Wind 数据统计。泰禾、阳光城股票已经退市。

4.2.2　房地产行业发展的转型机遇

1. 新型城镇化持续推进和改革开放红利

根据第七次全国人口普查数据，截至 2020 年末，福建省常住人口为 4 154 万人，其中，城镇人口 2 856 万人，常住人口城镇化率达68.75%。《福建省城镇体系规划（2010~2030）》规划提出，到 2030 年全省总人口控制在 4 200 万人左右，城镇人口 3 150 万人，城镇化水平达到 75% 左右。10 年内，将有 500 万左右农民工和其他常住人口在城镇定居落户，这必然会促进房地产业的发展，提升市政交通、公共服务等基础设施建设力度。福州《关于鼓励引进高层次人才的八条措施》对双一流建设高校全日制本科及以上毕业生来榕就业提出了纳税、落户、奖励及住房方面的优惠政策。厦门也出台了《厦门市促进外资增长若干措施》对外资企业员工的购房资格、落户及纳税给予优惠。深化改革开放带来包括住房制度改革、户籍制度改革和实施居住证制度，全面实施"二孩"政策等红利、各地吸引人才措施的推出和城镇化水平的提高将有利于扩大住房有效需求促进福建省房地产业的发展。

2. 城镇棚户区改造力度加大

《福建省住房和城乡建设事业"十三五"规划纲要》明确未来五年福建省保障性安居工程建设持续实施。2011 ~ 2020 年，福建省共新建保障性住房 507 978 套，棚户区改造 7 611 546 套。另外，随着中央城市工作会议精神的进一步落实，市政基础设施建设和管理工作将得到优化，这都有利于房地产业健康发展。

3. 住房租赁和资产证券化市场发展

2016 年，福建省发布《关于加快培育和发展住房租赁市场的实施意见》将建立购租并举住房制度，将在 2020 年底前培育一批以住房租赁为主营业务的专业化企业，厦门和福州将至少有 2 家的国有住房租赁企业，其他各设区市（含平潭综合实验区）各培育不少于 1 家国有住房租赁企业。大力推进保障性安居工程建设，有助于将非户籍人口纳入公租房保障范围，扩大房地产市场的有效需求。为进一步优化住房保障体系，政策层面采取了放宽准入条件的举措，扩大公共租赁住房的覆盖范围，确保住房保障制度更加普及与包容。此举旨在构建一个以"保障基本居住需求、促进社会公平正义、实现长期可持续发展"为核心目标的公共租赁住房保障体系。

2018 年 5 月 15 日，厦门国企金圆集团（金圆集团旗下目前已有"乐筑公寓"产品）以底价 2.2 亿元，成功竞得岛内 2018P01 租赁用地，总建筑面积为 27 446 平方米，楼面价仅为 8 016 元/平方米，随后厦门长租房时代开启。2019 年 1 月，福州等 5 个城市被自然资源部、住房和城乡建设部选为利用集体建设用地建设租赁住房试点城市，福州随后制定了《福州市利用集体建设用地建设租赁住房试点实施方案》，明确自 2020 年起在仓山区、晋安区分批开展试点租赁住房。首批地块共有 5 幅，总面积约 109 亩。其中由福州市城投建筑有限公司开发的新店镇的榕寓—战峰长租公寓已经进入建设阶段，预计提供 430 套长租公寓。仓山区联建村 23.71 亩已由建百亨置业公司于 2020 年 4 月以 6 710 万元竞得。

根据《福建省第七次全国人口普查公报》，省外户籍迁入人员为 489 万人，比 2010 年第六次全国人口普查时增加了 68 万人。2000～2020 年的 20 年间，省外户籍迁入人员 920 万人。《厦门市第七次全国人口普查公报》中省外户籍迁入人员 139 万人。在厦门连续缴交社保 5 年以上的有 9 万多人。按照连续缴交 5 年以上社保人员所占比例 9% 计算，符合目前租赁住房申请政策的人员约在 72 万人，且每年增长率在 10% 左右。据福建省就业办公室数据，2017 年和 2018 年福建省内高校和省外高校福建籍毕业生分别为 27 万人和 28 万人，扣除在省外就业的 2 万～3 万毕业生，预计未来几年内，每年有 25 万左右的高校毕业生在省内就业。以租赁住房租期 3 年为一个周期计算福建省需要公共租赁住房保障的毕业生人数为 75 万人，每年增量为 25 万人。可见，将外来务工人员和高校毕业生纳入租赁住房市场，可一次性增加住宅需求 147 万套，每年新增住宅需求 32 万套。

租售同权的长租房能让租房者过上有尊严的租房生活，且对政府稳定房价预期提供有效帮助。为解决租售比过高，租赁房源稀缺等阻碍租赁发展的因素，2018 年 4 月，证监会联合住房和城乡建设部等发布了《关于推进住房租赁资产证券化相关工作的通知》，支持利用集体建设用地建设租赁住房试点城市的住房租赁项目，为促使房地产企业尽快回笼建设资金，提高资金使用效率，鼓励开发企业投入租赁性项目中来，专业化的住房租赁企业可以开展资产证券化业务。住房租赁市场和住房资产证券化的发展将给房地产业提供一个全新的发展空间。

4. 房地产业持续健康发展长效机制建设将处于新常态

近年来，部分地区房地产市场陷入"一调就涨，越调越涨"的怪圈。

归根结底是没有明确房地产及房地产行业的属性和地位。2016 年 12 月，中央经济工作会议提出"房子是用来住的、不是用来炒的"。2017 年 10 月，党的十九大报告提出："坚持'房子是用来住的、不是用来炒的'定位，加快建立多主体供给、多渠道保障、租购并举的住房制度，让全体人民住有所居。"2017 年 3 月起，福州和厦门等地开始实施居民新购住房满 2 年后才可以上市交易的"限售政策"。同年 10 月，福建省发布《关于进一步加强房地产市场调控的八条措施》以政策组合拳方式，打击房价过快上涨现象，让房子回归居住属性。八条具体措施有完善土地出让方式、开启共有产权住房建设、增加租赁住房供给规模、扩大公共租赁房保障范围、加快棚户区改造、督促开发企业按约定开竣工、加强商品房预售监管、打击房地产市场违法违规行为等。2018 年 4 月，福建省住建厅《关于加强精准调控稳定房地产市场的通知》提出各设区市中心城区制定不同片区的地价、房价管控目标，编制片区调控实施方案。各地方政府应当严格遵循既定的区域房价调控目标，科学、合理地设定年度及月度新建商品住房的价格控制标准。在土地出让的初始阶段，政府即明确并公布该地块未来商品房销售价格的控制上限，通过实施"限房价 + 竞地价"的土地出让模式，旨在从源头上稳定房地产市场预期。福州、厦门两市逐步实现现房销售。面对这样的房地产垄断性市场，可以预见，福建省从房地产行业本身的角度出台了房地产市场调控的措施及实施细则指导意见，建立包含地方的金融、财税、土地、立法等综合手段的房地产业稳定健康发展的长效机制将成为楼市新常态。

4.3　调控政策的成效、不足与机制创新

4.3.1　国家和地方历年出台的楼市政策

分析过去近 20 年来我国房地产调控政策（见表 4 - 19），发现各种调控政策都是在反复使用货币、信贷、税费、土地等各种政策工具，而调控

目的主要是稳增长和控房价，但整体来说我国商品房价格却是逐年增加，越调控越上涨，其中的调控经验教训值得深思。

表 4 - 19　　　　　　　　　　历年政策汇总

时间	出台部门	文件名称	主要内容	特点
2003 年 6 月 5 日	中国人民银行	《中国人民银行关于进一步加强房地产信贷业务管理的通知》	加强房地产开发贷款管理、引导规范贷款投向；严格控制土地储备贷款的发放；规范建筑施工企业流动资金贷款用途；加强个人住房贷款管理，重点支持中低收入家庭购买住房的需要；强化个人商业用房贷款管理；充分发挥利率杠杆对个人住房贷款需求的调节作用；加强个人住房公积金委托贷款业务的管理；切实加强房地产信贷业务的管理。规定对于个人购买高档住房、两套以上（含两套）的按揭，要求各商业银行调高首付比例和利率水平	主要是货币政策
2003 年 8 月 12 日	国务院	《关于促进房地产市场持续健康支柱产业．促进房地产市场持续健康发展的通知》（以下简称 18 号文件）	完善供应政策，加强经济适用住房的建设和管理、增加普通商品住房供应、建立和完善廉租住房制度；继续推进现有公房出售、加大住房公积金归集和贷款发放力度、加强市场监管	加大住房供给
2004 年	中国人民银行	利率上调	金融机构存贷款利率上调 0.27 个百分点	
2005 年 5 月 27 日	国家税务总局	《国家税务总局财政部建设部关于加强房地产税收管理的通知》	房屋转让开征营业税，个人将购买不足 2 年的住房对外销售的，应全额征收营业税。个人将购买超过 2 年（含 2 年）的符合当地公布的普通住房标准的住房对外销售，可持相关材料向地方税务部门申请办理免征营业税手续	主要是税收政策调控
2005 年 5 月 9 日	国务院	《国务院办公厅转发建设部等部门关于做好稳定住房价格工作的意见的通知》（"新国八条"）	强化规划调控，改善住房供应结构：加大土供应调控力度，严格土地管理：调整住房转让环节营业税；加强经济适用住房建设	调控加强，出台细则

133

续表

时间	出台部门	文件名称	主要内容	特点
2006 年 5 月 24 日	国务院	《国务院办公厅转发建设部等部门关于调整住房供应结构稳定住房价格意见的通知》（"国六条"）	切实调整住房供应结构，制定和实施住房建设规划，明确新建住房结构比例；进一步发挥税收、信贷、土地政策的调节作用；整顿和规范房地产市场秩序	将调整住房供应结构作为调整着力点
2007 年	中国人民银行	利率上调	全年共计 6 次加息，10 次上调存款准备金	回归保障健全廉租住房制度
2007 年 8 月 7 日	国务院	《国务院关于解决城市低收入家庭住房困难的若干意见》	进一步建立健全城市廉租住房制度；改进和规范经济适用住房制度；逐步改善其他住房困难群体的居住条件；完善配套政策和工作机制	
2008 年	央行、银监会	《关于加强商业性房地产信贷管理的通知》	以家庭为单位，第二套住房贷款首付不得低于 40%，利率不得低于基准利率的 1.1 倍；个人商业住房贷款首付不得低于 50%	信贷管理
2008 年 9 月 11 日	中国人民银行	利率下调	连续五次降息，共降 2.16%	刺激房产市场
2008 年 11 月 5 日	国务院	国务院常务会议部署扩大内需促进经济增长的措施（"国十条"）	积极的财政政策和适度宽松的货币政策	取消商业银行的信贷规模限制
2010 年 1 月 10 日	国务院	《国务院办公厅关于促进房地产市场平稳健康发展的通知》（"国十一条"）	严格管理二套房贷款，首付不得低于 40%，加大房地产贷款窗口指导。对二套房不再区分改善型和非改善型，一概执行 40% 首付；明确要求央行及银监会要加大对金融机构房地产贷款业务的监督管理和窗口指导；加强监控跨境投融资活动，防止境外"热钱"冲击中国市场	限购令首次推出

时间	出台部门	文件名称	主要内容	特点
2010 年 4 月 12 日	国务院	《国务院关于坚决遏制部分城市房价过快上涨的通知》（新"国十条"）	要求对贷款购买第二套住房的家庭，贷款首付款不得低于 50%，贷款利率不得低于基准利率的 1.1 倍	调高贷款利率
2013 年 2 月 26 日	国务院	《国务院办公厅关于继续做好房地产市场调控工作的通知》（新"国五条"）	要求各直辖市、计划单列市和除拉萨外的省会城市要按照保持房价基本稳定的原则，制定并公布年度新建商品住房价格控制目标，建立健全稳定房价工作的考核问责制度	抑制投机性购房，稳定房价，加快建设保障性住房
2014 年 6 月 26 日	国开行		成立住宅金融事业部	加速"棚改货币化"进程
2014 年	央行		创立抵押补充贷款（pledged supplementary lending，PSL）	给予房地产市场金融支撑，房地产企业的资金成本下降
2014 年 7 月	央行		3 年 1 万亿元的 PSL 投入	
2014 年 9 月 30 日	央行、银监会	《关于进一步做好住房金融服务工作的通知》"930 新政"	（1）加大对保障性安居工程建设的金融支持；（2）积极支持居民家庭合理的住房贷款需求；（3）增强金融机构个人住房贷款投放能力；（4）继续支持房地产开发企业的合理融资需求	降息、利率下调，无房仍视为首套房，加速"棚改货币化"的进程
2015 年	国务院	《国务院关于进一步做好城镇棚户区和城乡危房改造及配套基础设施建设有关工作的意见》	货币化安置补偿比例上升	房地产市场需求上升
2016 年 2 月 2 日	央行	《关于调整个人住房贷款政策有关问题的通知》	收房首付可低至 20%	

续表

时间	出台部门	文件名称	主要内容	特点
2016 年 9 月 30 日	各地政府	"930"调控潮	限购限价限贷限签	
2017 年 2 月 24 日	国务院	《国务院办公厅关于促进建筑业持续健康发展的意见》	"限购、限贷、限售、限签、限离、限价、限商"等,受限购政策的影响,从 6 月开始,全国的房贷利率持续上调。共有产权房的推广与房产税的提出	共有产权与房产税都在本年提出,表示了政府坚持"房住不炒"、稳定房地产市场的决心
2018 年 5 月 22 日	住建部	《住房城乡建设部关于进一步做好房地产市场调控工作有关问题的通知》	促进房地产市场平稳健康发展,坚持"房住不炒",稳房价、控租金、降杠杆、防风险,调结构、稳预期	
2019 年 7 月 18 日	住建部	《关于开展中央财政支持住房租赁市场发展试点的通知》	住房租赁入围城市,给予财政支持	发展保障性住房
2020 年 12 月 31 日	央行、银监会		房地产贷款规模两道红线两部门将根据银行的资产规模及机构类型,分档对其房地产贷款集中度进行管理,划出了房地产贷款占比上限和个人住房贷款占比上限的"两道红线"	降低房地产市场风险
2021 年 1 月	国务院	"三道红线"	三条红线具体为: (1)剔除预收款后的资产负债率不超过 70%; (2)净负债率不超过 100%; (3)现金短债比不小于 1	降低房地产企业的高杠杆率与高风险
2021 年	国务院	《有关贯彻落实 2021 年住宅用地供应分类调控工作》"两集中一年三供"	集中发布出让公告,全年不得超过三次;集中组织出让活动,同批次公告的集中组织出让	完善土地集中出让竞买规则,限制土地价格
2022 年 1 月 30 日	央行、银保监会	《关于保障性租赁住房有关贷款不纳入房地产贷款集中度管理的通知》	银行业金融机构向持有保障性租赁住房项目认定书的保障性租赁住房项目发放的有关贷款不纳入房地产贷款集中度管理	政府加大了对保障性租赁住房的支持力度

续表

时间	出台部门	文件名称	主要内容	特点
2022 年 11 月 23 日	央行、银保监会	《关于做好当前金融支持房地产市场平稳健康发展工作的通知》	稳定房地产开发贷款投放，支持个人住房贷款合理需求，稳定建筑企业信贷投放，支持开发贷款、信托贷款等存量融资合理展期，保持债券融资基本稳定，保持信托等资管产品融资稳定	坚持"房子是用来住的、不是用来炒的"定位，全面落实房地产长效机制，因城施策支持刚性和改善性住房需求，保持房地产融资合理适度，维护住房消费者合法权益，促进房地产市场平稳健康发展
2023 年 8 月 31 日	中国人民银行	《中国人民银行国家金融监督管理总局关于调整优化差别化住房信贷政策的通知》	对于贷款购买商品住房的居民家庭，首套住房商业性个人住房贷款最低首付款比例统一为不低于 20%，二套住房商业性个人住房贷款最低首付款比例统一为不低于 30%	调整利率与首付比，积极刺激住房需求

4.3.2　调控的政策工具及成效

1. 金融政策

房地产市场中的金融政策包含信贷政策和货币政策，通过调整贷款额度、首付款比例、利率来影响消费者的购房行为。首先，针对投资投机者，当信贷收紧，流入房地产资金减少，购房交易就会降低，房地产市场就开始萎缩，房价下调；当信贷政策放松，流入资金增大，各种购房需求就会提高，房地产市场就开始兴盛，房价会被推高。其次，针对开发商而言，减少或收缩贷款额度，开发贷与消费贷资金减少情况下，短期内开发商为了不使现金链断裂，就会放缓开发速度，控制开发节奏，使得供应减少，会减缓房价下降步伐。最后，中国人民银行着眼于人民币币值、股市、房地产市场等方面，运用金融政策工具调控过热的宏观经济，其中房地产市场并非唯一调整对象。因此，央行所施行的金融政策并不一定能有效调控当下的房地产市场，其调控效果存在不足。只有进行分行业调控，控制流入房地产行业的资金，再配合区别对待的限购、限贷、税收等政策，才能达到管控市场投资投机性需求的效果。

值得注意的是，由于房地产行业是资金密集型行业，金融政策往往能在促进住房需求方面起到良好效果。通过降低首付比、降低贷款利率的方式，达到降低购房成本，提升居民购买力，在一定程度上可以刺激住房消费，房地产需求端就会兴旺，因而宽松的金融货币政策对于刺激房地产的发展具有非常迅速的效果。但通过提高首付比、提高贷款利率的方式，对抑制住宅投机投资需求的作用并不明显，为了抑制住宅投机投资需求，央行近 20 年以来也采取了多次升息策略，加大投资购房成本，但升息等策略成本的提高在快速上涨的房价面前显得微不足道。

此外，一些观点认为房价的上涨是通货膨胀造成的，因而通过施行紧缩的货币政策可使房价下跌。然而，笔者认为通货膨胀并非房价猛涨的根本原因，若以上观点正确，则市场上其他商品的价格也应呈现与房价相似的涨幅，而实际情况并非如此。

2. 土地政策

2004 年国土资源部明确提出"土地政策是房地产市场的基本调控手段"。此后，土地供给政策变成我国房地产调整管控措施中的关键内容。在我国历年出台的稳定房地产健康发展的政策中，多次提及增加土地供给，进而增加商品房供给，达到供大于求的目的来压制房价，即通过供求关系来影响房价。但是，供求关系只有在竞争性市场才具有影响价格的效果，垄断性市场则无效。因为垄断性市场企业具有直接定价权，直接定价的力量远大于通过供求关系影响价格的力量。而且，具有垄断势力的开发商可以通过捂盘惜售、囤地、滞后开发等控制开发节奏，使得增加土地供给政策的效果大打折扣，无法达到有效控制房价高涨的目的。该政策长期累积导致 2019 年全国城镇居民人均住房建筑面积高达 39.8 平方米，比 2002 年增长 62.1% ；福建省人均住房建筑面积高达 43.5 平方米。

此外，我国土地是公有制，在土地使用权出让中，地方政府垄断土地供给，属于自然资源行政垄断范畴。地方通过"招拍挂"的模式将土地使用权在一定期限内有偿出让，但基本都是以竞争最激烈的拍卖方式最高价将土地卖给开发商，而地价的升高必从成本上推动房价高涨，因此形成高地价—高房价—再到高地价、高房价的恶性循环。同时，受土地财政影响，政府行为促使地价抬高，进而使住房价格快速升高，因而要抑制房屋价格，必须从源头上控制土地价格。

3. 税 收 政 策

为限制投资行为，国家也出台了大量税收政策，在房屋的流转过程中通过征税来遏制房产投机，规定出售房屋者应缴纳印花税、契税、营业税、土地增值税及个人所得税等，增加了二手房交易中的成本。从名义上来讲税费主要向卖方征收，但是在竞争不充分的垄断市场中，税费实际上完全转移到买方，政府本想依靠税收调控政策来遏制投机需求，却增加了购房成本，抬高了房价[①]。

同样，开发商也承担了高税负。国家为抑制房价，调增房地产开发商的税金，如市政配套费、勘察设计费等税费，并要求依据超额累进税率来进行土地增值税的征收，房地产开发企业的税费成本不断提高。但由于房地产市场的垄断性，厂商最终会将税收部分的成本转嫁到消费者身上，使房价进一步攀升。因此，我国对房地产市场的税收政策对投机行为的打击效果较弱，反而在很大程度上推高了房价，使得房价中的税费金额越来越高，行业资金链越来越紧张。

4. 其 他 政 策

"限购、限贷"等管制措施在短期内对房地产市场有一定效果。从2010 年开始，我国开始施行限购、限贷等措施，根据实际情况分析可知，在短期内市场管制强制性的政策措施使得房地产交易量明显下滑，并导致

---

① 王睿：《房地产税收政策调控房价影响效果评析》，复旦大学博士学位论文，2008 年。

其他社会问题出现。此外，房地产的市场价格会随着政策措施的取消而骤然回升，房价出现报复性上涨，仅依靠这种强制性政策无法短期管控房地产市场出现的异常。

4.3.3 调控政策的不足

1. 分类调控政策

早在 2013 年 11 月就有人提出"低端有保障、中端有支持、高端有市场"的三元供应体系，低端有保障是指依靠公共财政提供保障房，中端有支持是指通过限价商品房，对中等收入居民给予支持，高端有市场指政府对高端市场放开不管，然而实践证明该调控政策存在不足，效果不理想。

住宅分类体系在西方国家的"分"是指大类，而不是小类与细类，西方国家分类体系指保障房、商品房与豪宅三大类。而我国分类调控的"分"指的是小类与细类，调控效果不理想的主要问题是在于中端与高端这样同属于商品房大类再细分为小类的市场边界在哪里无法确定，仅通过价格无法有效区分它们的边界。而且，中端如何支持？限价房、经济房的覆盖面有多少？另外，分类是否应同时考虑价格与房屋物理属性？住宅中的物理属性如七通一平、装修、房屋设备配置等都可以复制与替代，每个住宅小区都可以做到，所以不能按照物理属性来区分高端与中端。而如果通过"产品差异化"来区分中端与高端市场，比如别墅、旅游地产、养老地产、休闲地产、田园综合体、庄园等豪宅型房地产属于高端的话，其已经突破住宅最基本"住"的属性，而且它们属于小众群体享用范畴，不属于政策调控的范畴。

2. 土地政策

在历年出台的政策中，不断提及"加大土地供给"这一措施，政府通过土地政策调控房价，认为增加土地供给从而增加房屋供给，造成市场供大于求即可降低房价。然而通过供求关系影响价格对竞争性市场有效，对垄断性市场是无效的，垄断厂商有直接定价权，直接定价力量强于影响价格的力量，同时，开发商也会通过控制开发节奏来影响市场供给。另外，由于土地的高差异化，开发企业可以通过区别定价来分割市场。单志鹏以全国 31 个省份为研究对象，通过研究发现土地供应量增加对房屋价格的影响较弱，因此若只通过增加土地供给难以有效稳定房价[①]。由于土地供给具有一定的滞后性，即土地供给的增加不能快速转化为房屋供给的增加，开发商通过不断延缓房屋的建设，使房屋供给始终处于有限状态，房价持续上升，因而增加土地供给政策的调控效果欠佳。

同时，从土地的需求方面分析，土地需求量的增减受住房市场需求变化影响，当住房市场供给不足、价格上涨时，开发商的土地需求也就相应的提高，进而使得地价高涨。地价与房价的关系类似于面粉与面包的关系，在市场经济中，假设其他条件不变，面粉价格的提升将使得面包价格随之上升，面粉作为生产要素，对面包的价格有较大影响[②]。因此，地价的上涨也会导致房价上涨，由于土地的自然垄断性，即使不断增加土地供给也无法降低土地的价格，无法抑制房价的上涨。由此可知，加大土地供给的政策措施对房地产市场的影响效果甚微，对抑制高房价更是杯水车薪，无法从实质上解决问题。只有从源头上同时管制土地价格与房价，才能有效遏制房价快速上涨。

另外，不能仅仅考虑一手市场开发商的库存指标来衡量市场供给的不足，也应该考虑二手房市场累积的存量住房、空住与租赁市场的供给数据等指标，要有整体市场的系统观。

4.3.4 调控政策的机制创新

1. 房地产税收政策

从市场需求的角度来看，目前中国城镇化水平不断提高，居民生活水

---

① 单志鹏：《在宏观调控中土地政策对房地产市场的影响效果研究》，吉林大学博士学位论文，2013 年。

② 李硕：《城市土地调控政策与房地产市场的关联性分析》，北京交通大学博士学位论文，2014 年。

平日益改善，居民对住房环境的要求也越来越高，投资意识不断加强，很多人认为房屋具有保值增值功能，使得今后在很长的一段时期内，我国居民对房产的总体需求不会降低。通过征收房产税这一政策，可以让炒房者增加房屋持有成本，减少交易盈利与炒房行为，实现"房住不炒"。毕竟住宅是消费性资产，而不是价值创造性资产，因而不是投资品。让消费者更加理性地进行消费，从自身能力出发结合实际做出判断，避免大量资本涌向房地产市场，从而减少住房的投资投机性需求。

从市场供给的角度来看，房产税使得持有房屋的成本提升，但是在供给端垄断的市场环境中，持有成本有可能会完全转移到买方，反而进一步增加了买方的购买成本，抬高了房价，因此，只有在价格管制的条件下，通过限价，才能有效避免房产税转移到房价上，使投机者无法获取高额利润，实现遏制房地产投资需求的效果，有效缓解炒房现象，促进市场有序健康发展。

2011 年 1 月 27 日，上海作为房产税试点城市，对房屋持有环节进行征税。据上海市统计局公布的数据，2011 年上海市新建商品住宅均价13 448 元/平方米，同比降低 5.4%。内环 48 506 元/平方米，同比增加1%；内外环间 16 886 元/平方米，同比上升 13.9%；外环 11 294 元/平方米，同比下降 5.6%。2012 年，均价 13 870 元/平方米，同比上升 3.1%。内环内为 55 518 元/平方米，同比升高 14.5%；内环线与外环线间为20 667 元/平方米，同比增加 22.4%；外环为 10 782 元/平方米，同比减少4.5%。

可以看出，实施房产税后两年内，房价整体变化不大（这当然也与上海房产税不对存量房征收有一定关系）。但内环以内房价仍不断提高，外环以外房价则持续降低，表明投资性需求在逐渐减弱。关键地段的地价持续高涨，即使对持有房屋征收房产税，房价依然持续提高，说明刚性需求还是集中在市中心区域。而外环以外房屋，受税收压力加大和利润减少的影响，投机性购房需求在减少，房价下跌。

2. "限地价、竞房价"的模式

"限地价、竞房价"模式是政府进行价格经济管制的一种模式，即通过将房价从高至低往下叫价的"荷兰式"拍卖法，在地价限定基础上，政府部门将土地使用权给予竞拍房价最低的投标者，借助竞争形成最低房价，其原理可参见图3-10特许经营权竞标及价格的决定。该模式注重把竞争机制引入市场价格管制中，让大量开发企业以竞标最低房价的方式竞争土地的使用权，并规定建筑质量标准。同时要避免企业在竞房价时价格串谋的发生。

限地价、竞房价模式能够使得开发成本最低的企业获得土地使用权，根据市场最优资源配置方式，将房价竞争到较低位置，从而能够有效抑制房价。但是，要避免个别企业不计成本恶性竞争扰乱市场秩序情况的发生。

3. 政府价格经济管制

2018年4月23日，福建省住建厅出台《关于加强精准调控稳定房地产市场的通知》，以"总体有目标、片区有控价、调控有手段"为核心落实片区调控，并提出"一盘一评估"。该政策正是以价格经济管制为理论依据，根据具体楼盘的评估价值，进行片区控价，来稳定房地产市场中房价的上限。政府对市场房价进行合理控价有利于稳定房价。片区有控价、调控有手段，通过直接控价，将定价权范围在一定程度上控制住，有效地防止房价的快速上涨；另外也说明政府会合理控制房价，将开发商的成本考虑在内，避免开发商受损。

为有效控制价格上涨，除对房价进行直接管制以外，还可以采取从源头上管制土地价格，防止土地价格高涨助推房价上涨。

4. 考虑对二手房交易征收投资收益所得税

可考虑通过税收手段，以创新方式对持有住宅而转手的二手房征收高额投资投机收益所得税，计税依据以交易双方真实签订的合同价格为依据，减少一、二手房市场的套利空间，从而抑制二手房市场的投资行为。同时，为避免卖家将税费转移到买家身上，增加交易成本，进一步提高房价。可参照日本的二手房交易申报模式，卖家出售二手房时，采取申报许可制度，政府部门对各区域房价设置一个交易价格区间，若预出售价格超过该区间，应给出合理的理由，若没有，则进行劝告，甚至最终禁止交易。

5. 延长二手房上市交易时间

落实"房子是用来住的，而不是用来炒的"定位，对购买不足两年的房屋实行转让限制，除特殊情况外，不得转让。对购买不足五年转让的收取高额税收，时间以购房合同签订、购房款支付、更名为准，未取得房产证的不得交易，以避免投资者在房地产市场中通过频繁转让来获取高额利润的行为，对交易时间进行限制，通过延长二手房上市交易时间，规避限价新房流通到二手房市场高价出售的行为，从而抑制投机行为的发生。

4.4 基于楼市平稳健康发展的政策方向与领域

4.4.1 管制土地价格

由于土地资源总量有限，土地市场唯一供给者是地方政府，所以我国土地市场是供给完全垄断市场。因而，抑制房价首先应从源头上对地价进行经济管制，把土地价格控制在一个合理区间，给市场一个理性的预期，通过从源头上控制土地价格，才能有效防止房价因土地价格的上涨而猛升。

4.4.2 调控二手房市场

由于限价政策等措施的严格执行，在很大程度上管控了新房市场。但针对二手房市场的管制措施目前较为缺乏。此外，不少开发商利用二手房市场的监管漏洞，通过销售所谓的"二手房"来获取高额收益，而这些"二手房"通常购买不到两年便高价转手。根据《福建省金融运行报告2017》，2016 年我省二手房住房交易活跃，成交面积增长 40.74%。因此，控制不住二手房市场，住房价格就难以有效控制。

为了控制二手房市场投机炒作行为，需要政府采取有效管制措施，加强对二手房市场的监管。首先，实行限购政策，限制购买第三套房，并通过摇号的方式，获取购买商品房的资格。其次，可考虑进行税收改革，开征房产税，或者以创新方式对持有住宅而转手的二手房征高额投资投机收益所得税，或者提高二手房交易的增值税，采取分年交易方式，持有年限越短计税率越高，计税依据以交易双方真实签订的合同价格为依据，基本上可减少房地产的投资暴利。落实"房子是用来住的，而不是用来炒的"定位，对购买不足两年的房屋实行转让限制，除特殊情况外，不得转让。此外，可借鉴日本在二手房交易领域的申报制度，针对二手房，尤其是位于教育资源丰富区域（即学区房）的房产销售，实施严格的售价申报机制。具体而言，政府部门首先需对目标销售房产所在地理区域进行详尽的市场分析，科学划定一个合理的市场交易价格区间。当卖家提出售价申报时，若其拟定的销售价格显著偏离该政府设定的合理区间上限，政府部门将采取一系列干预措施，包括发出正式劝告，要求卖家重新评估并调整售价，直至在极端情况下，对超出合理范围的价格申报实施交易禁止等。此举旨在通过强化监管力度，有效遏制二手房市场中的非理性价格攀升现象，确保市场价格的合理性与稳定性。

4.4.3　发展住宅租赁市场

目前，我国住宅租赁市场发展较为滞后，应大力加强住宅租赁市场的建设。

通过适当降低租赁税收、完善租赁登记备案、规范市场租赁行为、管控租赁价格、有效保护租房者和房东合法权益等手段推动住房租赁市场的发展，能够有效提高各类房屋资源有效利用率，发挥存量房对新增住房需求的有效平衡作用，使得中低收入群体的居住条件得到改善，并有效解决大量流动人口的住房需求。

第5章 基于楼市平稳健康发展的
分类调控指标体系
及执行力研究

5.1 基于楼市平稳健康的地区经济发展
规模指标体系分析

5.1.1 人口与经济发展空间布局论

空间经济学是当代经济学对人类最伟大的贡献之一，它研究的是空间
的经济现象和规律，研究经济活动在空间上的分布以及经济资源在空间上
的分配。随着经济社会的发展和交通基础设施等技术水平的提高，人们生
产生活等经济活动的空间选择不断扩大，逐步形成了"人类经济活动在空
间分化、组合、集聚的动态变化"，也就是空间经济学，是实现经济、社
会与生态环境协调发展的重要理论基础。空间经济学的核心是解释在立体
空间中经济的"不均衡发展之谜"，如经济发展水平、收入分配、生产力、
产业结构、产品贸易、人口等要素的集聚和扩散，等等。探讨均衡合理的
经济活动空间布局和生产要素空间分布，人口与经济发展空间布局是它研
究的重要内容。

房地产市场空间格局变化可以综合体现出人口与经济发展空间格局的
调整变动：

（1）房地产市场特征能够在一定程度上呈现人口与经济发展的空间布局状况。由于房地产市场的区域性特点和房地产的固定性，房地产价格可以极大地反映不同区域的经济发展水平、人口集聚等状况。一方面，生产、就业等经济活动相对集中，消费者通常在居住地和就业地之间通行，房地产市场的分布格局将呈现区域的经济活动分布状况。另一方面，在特定区域内，城市间住房价格动态变化深刻反映出其与区域空间内基础设施网络建设、人口结构变迁以及其他生产要素流动所构成的复杂空间关系。

（2）人口、经济与经济发展空间布局影响房地产市场的发展。一方面，人口在城乡、区域间的流动转移深刻影响房地产市场和区域经济空间格局。例如，从人口年龄结构与空间分布的双重因素看，适龄购房人口群体与城镇化进程的交织互动，共同构成了短期内对住房市场的刚性需求格局。因为，随着人口年龄结构中特定阶段（如青年至中年阶段）人口占比的增加，这一群体普遍面临组建家庭、子女教育及改善居住条件等需求，从而催生强烈的购房意愿。同时，城镇化进程的持续推进，促使大量农村人口向城市转移，进一步加剧了城市住房市场的供需矛盾，形成短期内难以缓解的刚性住房需求。另一方面，经济发展空间布局的调整不仅能够改变房地产产业结构，也能够形成人们对未来经济状况的预期，从而影响房地产市场需求。例如，随着经济的稳步增长和产业转型升级，人们对经济的未来发展状况充满良好预期，从而产生房价上涨预期，也会增加人们改善居家品质的愿望，提升人们对住宅的现实或者潜在需求。

5.1.2　人口与经济空间布局合理化的宏观环境

中国的改革开放和发展进程是渐进式的、"复调"式的，既有传统经济向现代化经济的转型，又有计划经济体制向市场经济体制的转型，制度变革带来的社会经济影响也在不同阶段呈现出不同的特点。在当下的中国，人口与经济发展空间分布合理化遇到了外界宏观环境和条件的历史性变化带来的冲击。

（1）中国的城镇化正迈进"以人为本"的新型城镇化阶段，大量人口在城乡、区域间的流动转移正在深刻改变中国的城市体系。

从中国城镇化的道路来看，可以将其分为三个阶段：第一阶段（1978~1994年）：主要特征是注重工业化，工业化速度远远高于城镇化速度，是工业化带动的城镇化，称为"工业城镇化"。第二阶段（1995~2011年）：主要特征是城镇化的速度加快，城市建设用地问题是城镇化发展的关键问题，各地区土地财政规模迅速扩大，称为"土地城镇化"。第三阶段（2012年至今）：主要特征是以解决"人"的问题为核心的新型城镇化，主要解决流动人口"落地""市民化"，称为"人口城镇化"。

新型城镇化"新"在"人"的城镇化，城镇化的本质是要依靠人，为了人，以人为核心，这就要从人口市民化、素质市民化、同城同待遇等方面推进新型城镇化的发展。人口市民化的本质是权利、福利等与城镇户籍人口均等化，农业转移劳动力获得城镇户籍能够保证实现完全的市民化；素质市民化是新型城镇化的核心和灵魂，通过教育、培训等投入激励农业转移人口素质有效市民化，这有助于他们在城市中融入和发展，同时也可以改善城镇的面貌和社会问题；同城同待遇要求农业转移人口在土地、财政、教育、就业、医疗、养老等方面享受与城镇居民同样的基本公共服务，让更多的人"进得来、留得住、过得好"。农业转移人口市民化的进程，其本质核心是推动基本公共服务逐步实现均等化的转型过程。这一过程不仅标志着农业转移人口在身份上由农村向城市的转变，更在于他们应享有的教育、医疗、社会保障等基本公共服务权益逐步与城市居民接轨，达到一种相对均衡的状态。

中国特色新型城镇化的重要特征之一是大规模的"流动人口"或"农民工"群体的存在，而且人口流动是往返流动（世界范围内的城镇化，多数呈现从农村到城市的单向流动）。从全国来看（见表5-1），2021年末中国城镇常住人口为9.14亿人，城镇化率（常住人口）为64.7%，比2020年末提高0.8个百分点。福建省的城镇化速度普遍快于全国平均水平，2021年福建省城镇常住人口约2 918万人，城镇化率为69.7%，比2020年末提高0.9个百分点。

表 5-1　　　　　　　　全国和福建省城镇化水平

年份	全国常住人口城镇化率（%）	福建省		
		总人口（万人）	城镇常住人口（万人）	常住人口城镇化率（%）
2010	49.9	3 693	2 109	57.1
2011	51.8	3 784	2 199	58.1
2012	53.1	3 841	2 278	59.3
2013	54.5	3 885	2 362	60.8
2014	55.8	3 945	2 446	62.0
2015	57.3	3 984	2 519	63.2
2016	58.8	4 016	2 586	64.4
2017	60.2	4 065	2 674	65.8
2018	61.5	4 104	2 749	67.0
2019	62.7	4 137	2 808	67.9
2020	63.9	4 161	2 861	68.8
2021	64.7	4 187	2 918	69.7

资料来源：历年《福建统计年鉴》《中国统计年鉴》及《中华人民共和国2021年国民经济和社会发展统计公报》，经笔者计算整理。

（2）中国正以前所未有的规模和速度推进交通运输网络的建设，这一壮举标志着国家基础设施建设的重大飞跃。

中国正致力于打造一个以高速铁路为核心骨架，辅以城际铁路作为重要补充的庞大而高效的快速交通网络体系。这一网络的建设不仅体现了中国对现代化交通体系的深远规划与战略眼光，也彰显了其在推动区域经济一体化、促进资源高效配置及加速城市化进程方面的坚定决心。人口流动可以通过城市交通运输的便捷性与可达性在不同区域间转移。城市建设初期，技术水平较低，交通方式简单，居民聚集于便于联系的区域，城市的经济生活空间较为集中；随着交通方式的逐渐演进，人们的生产和生活不仅限于相对集中的生产和居住区域；随着现代化进程的加快，快速交通运输网络的逐步建成，人口分布空间逐渐向外扩散，其分布特点随着交通网络的特征呈现环状或星状分布。

"四纵四横"高铁网提前建成，"八纵八横"高铁网加密成型，建设成了世界上最现代化的铁路网和最发达的高铁网。数据显示（见表5-2），截至2021年末，全国铁路营业里程共15.00万公里，其中高铁营业里程达到4万公里，电化率为73.3%。全国铁路路网密度为156.7公里/万平方公里，铁路已经覆盖了全国81%的县，高铁通达93%的50万人口以上城市①。公路方面，2021年末公路里程528.07万公里，公路密度为55.01公里/百平方公里②。

表5-2　　　　　　　　　全国和福建省交通运输线路情况

年份	全国交通运输线路				福建省交通运输线路	
	铁路营业里程（万公里）	铁路电气化里程（万公里）	公路里程（万公里）	公路密度（公里/百平方公里）	铁路营业长度（万公里）	公路通车里程（万公里）
2010	9.12	3.27	400.82	41.75	0.2111	9.10
2011	9.32	3.43	410.64	42.77	0.2110	9.23
2012	9.76	3.55	423.75	44.14	0.2255	9.47
2013	10.31	3.60	435.62	45.38	0.2748	9.95
2014	11.18	3.69	446.39	46.50	0.2759	10.12
2015	12.10	7.47	457.73	47.68	0.3201	10.46
2016	12.40	8.03	469.63	48.91	0.3201	10.68
2017	12.70	8.66	477.35	49.72	0.3187	10.80
2018	13.17	9.22	484.65	50.48	0.3509	10.89
2019	13.99	10.04	501.25	52.21	0.3509	10.98
2020	14.63	10.63	519.81	54.15	0.3774	11.01
2021	15.00	11.00	528.07	55.01	0.3983	11.10

资料来源：历年《中国统计年鉴》《交通运输行业发展统计公报》《福建统计年鉴》及《2021年福建省国民经济和社会发展统计公报》，笔者整理。

---

① 资料来源于国家铁路局2021年工作会议。其中，"四纵四横"：2008年10月，国家发展改革委批准《中长期铁路网规划（2008年调整）》；"八纵八横"：2016年7月，国家发展改革委、交通运输部、中国铁路总公司引发的《中长期铁路网规划》。

② 《2021年交通运输行业发展统计公报》。

以福建省为例，由于地缘政治与地理环境等因素，福建省在过去的全国铁路枢纽中的战略地位较为边缘化，但进入高速铁路时代后，福建尤其是福州的战略地位获得了提升。福建省 2021 年累计铁路运营里程 3 983.31 公里，属于全国铁路运营总里程排行的第三梯队。在《中长期铁路网规划》中的"八纵八横"高速铁路主通道中，有四条通道与福建有关：一是沿海通道，从大连到东部沿海地区，途经福州和厦门；二是京港（台）通道，将京九通道分别从合肥和南昌拉出两条支线接入福州，为合肥—福州—台北高速铁路和南昌—福州（莆田）铁路；三是福银通道，将其延伸至厦门、台北，经福州、南平、三明等城市到银川；四是厦渝通道，从厦门出发经龙岩等至重庆高速铁路，为新辟通道。公路方面，2021 年全省公路通车里程为 11.10 万公里，高速公路网累计建设 6 043.91 公里。同时，建成世界钢构桥梁中最大跨径的莆炎高速三明沙溪大桥，厦门第二西通道、同翔大道及合掌岩、飞石、坎市、塔前互通等高速项目建成通车①。

5.1.3　人口空间布局与住房需求

人口空间布局对房地产市场的影响主要体现在四个方面：一是从人口总量规模分析，人口数量的上升可增加对住房的直接需求，可以显示出未来（20～30 年）房地产市场（尤其是住房市场）的需求潜力；二是从人口年龄结构看，不同年龄段的购房群体对住房的需求不同，适龄购房人口会形成当期住房刚性需求；三是从人口社会结构分析，受教育程度影响收入水平，从而反映人们对住房的购买能力；四是从人口区域结构看，城镇化进程会形成当期的住房刚性需求，流动人口类型差异则导致住房结构多元化，人口空间分布不均也会导致房价增长差异。

1. 人口自然结构与住房需求

住房是重要的消费品，而人是消费市场的主体，随着人口老龄化的扩

---

① 《福建省交通运输厅 2021 年工作总结》。

大，住房租赁的需求也会增加，此外，当工作或结婚的人数有所增加时，住房购买和租赁的需求也会增加。

以福建数据为例，新中国成立以来，福建省共出现三次生育高峰（见图 5-1），第一次发生在 1952~1965 年，人口自然增长率最高达 3.33%（人口出生率为 4.12%），当第一次生育高峰的出生人口进入生育期时，迎来了第二次生育高峰，即 1980~1990 年，人口自然增长率在 1982 年达到 2.16%（人口出生率为 2.79%），第二次生育高峰期保持了近十年的稳定波动。随着"二孩政策"的逐步实施，2011~2018 年迎来第三次生育小高峰期。虽然福建省人口增长速度整体上稍高于全国平均水平，但在第二次生育高峰后，人口增长呈现更快的下降态势。

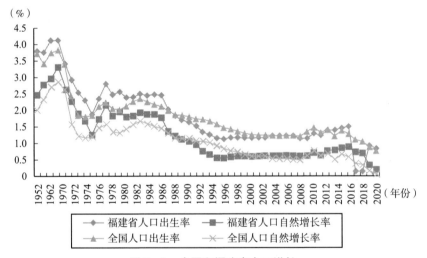

图 5-1 全国和福建省人口增长

资料来源：历年《中国统计年鉴》《福建统计年鉴》，笔者整理。

随着二孩政策的逐步放开，福建省的二孩构成比例大幅度上升（见表 5-3），2017 年二孩比例高达 58.6%，远超过 2016 年的 49%，但 2020年又很快降低至 2015 年水平。有经济能力的中年群体受到孩子的影响，会加大对学区房和大户型住房的需求。

表 5－3 福建省出生孩次构成 单位：%

孩次	2010 年	2011 年	2012 年	2013 年	2014 年	2015 年	2016 年	2017 年	2018 年	2019 年	2020 年
一孩	68.2	69.5	69.0	60.7	52.7	49.0	46.3	34.4	36.0	38.8	41.1
二孩	28.7	28.6	29.9	36.5	44.0	47.0	49.0	58.6	56.1	50.5	47.3
三孩及以上	3.1	1.9	1.1	2.8	3.3	4.0	4.7	7.0	7.9	10.7	11.6

资料来源：历年《福建统计年鉴》，笔者整理得出。

从福建全省来看（见表 5－4），受地域面积、经济发展和全面放开二胎政策等方面的影响，泉州市和福州市的人口规模居全省前列，然而厦门市的人口自然增长率最高。人口自然增长率的提升和人口规模的扩大都会相应增加对住房购买和租赁的需求。

表 5－4 2021 年福建省各设区市人口自然结构

设区市	人口总量（万人）	人口自然增长率（%）	人口死亡率（%）	人口出生率（%）
福州市	832	0.394	0.488	0.882
厦门市	528	0.528	0.319	0.847
莆田市	322	0.107	0.670	0.777
三明市	248	0.046	0.706	0.752
泉州市	885	0.177	—	0.870
漳州市	507	0.208	0.661	0.869
南平市	267	—	—	—
龙岩市	273	0.145	0.701	0.846
宁德市	315	0.211	0.692	0.903

资料来源：2021 年《福建省各设区市国民经济和社会发展统计公报》，笔者整理。

人口的年龄构成、教育水平分布以及城乡结构特征，构成了影响房地产市场的人口因素。对于已经拥有住房的人群而言，其教育水平的提升、收入的增加等，将催生改善型住房、保障性住房和租赁住房等需求，因此，有必要根据人口年龄、社会或区域结构的变化，及时调整房地产开发重点。房地产开发企业应秉持前瞻性思维，灵活调整战略方向，注重质量与创新，积极培育引致性需求，并深化在养老地产、租赁地产等新兴市场领域的探索与实践，以实现可持续发展与长期竞争优势。

2. 人口年龄结构与住房需求

一般来说，不同年龄段人群对住房需求不同。人口年龄的差异对房地产需求的间接影响往往通过居民储蓄、消费、可支配收入等宏观因素表现。不同年龄段的群体对住房的需求存在差异。人口总体包含不同年龄段的人群，由于不同年龄组人群的购买力和生理需求等不同，他们对住房数量和质量的要求也呈多样性的。

经济学家莫迪里安尼在其生命周期假说理论中将人的一生分为三个时期：0～14岁为少儿时期，15～64岁为成年时期，65岁及以上为老年时期，三个时期的收入不同、消费倾向不同、储蓄率不同，对房地产的有效需求也不一致。

（1）14岁及以下属于少儿时期。这一时期的人们一般来说没有收入，各种消费支出主要由父母提供。他们基本上处于负储蓄状态，对住房需求没有贡献。

（2）15～34岁的青少年群体，20岁之前，个人对住房需求的贡献很低。20～34岁处于婚育年龄，刚性购房需求较大，数据显示[①]，中国首次购房的平均年龄远远小于加拿大、美国、日本等发达国家，同时青年群体往往又是刚毕业或事业刚起步的状态，该群体对于简单型的小户型住房的购买和租赁住房需求较大。青年群体首次购房在很大程度上需要父辈支持首付再进行按揭还款。

（3）35～54岁的中年群体家庭稳定，在事业上有所成就，经济实力较强。这一群体对改善型住房有较大的需求，这一群体对住房类型的需求也

---

① 《全球购房者平均年龄的调查报告》。

受到儿童的影响：例如，为了给予孩子更好的教育，有经济能力的家庭将选择购买学区住房；又如，对于有两个甚至三个孩子的家庭，需要三居室、四居室等大户型住房。

（4）年龄在55~64岁之间的待退休群体中，大多数子女已经成家并有一份稳定的工作。经过长期的经济积累，这一群体有了一定的储蓄，且逐渐关注生活质量，住房需求偏向于享受型住房。同时，35~64岁之间的中年群体和待退休群体的储蓄率较高，投资房地产是一个较优的选择，也会提高对房地产的投资性需求。

（5）65岁及以上老年群体，已经逐渐脱离工作状态，收入会慢慢降低，而医疗等支出会逐渐上升，为了生活的便利，有经济实力且大部分已退休的老年人倾向于选择老年住房。

从表5-5可以看出，2010~2021年，主要影响住房刚性购买需求和租赁需求的20~34岁青年群体，其人口构成比例明显呈逐年降低的变化趋势，并且福建省近几年的结婚登记数也面临大幅减少的局面，同样会减少青年群体首次购房的刚性需求。而影响投资型、改善型和享受型住房需求的群体（35~64岁），其人口构成比例则显著上升。65岁以上人口比重也持续上升，表明人口老龄化加剧，社会储蓄减少，在一定程度上会降低住房需求。

表5-5　　　　　　　　　福建省人口年龄结构

年份	人口年龄构成（%）					结婚登记对数（万对）
	0~19岁	20~34岁	35~54岁	55~64岁	65岁及以上	
2010	23.1	27.82	32.36	8.82	7.9	37.88
2011	22.76	27.36	32.58	9.12	8.18	38.28
2012	21.74	27.33	32.93	9.76	8.24	38.19
2013	21.27	27.08	33.23	10.16	8.26	39.59
2014	20.99	26.72	33.64	10.28	8.37	37.53
2015	20.81	26.53	33.77	10.44	8.45	34.94
2016	20.91	25.89	34.38	10.22	8.60	31.46

续表

年份	人口年龄构成（%）					结婚登记对数（万对）
	0~19岁	20~34岁	35~54岁	55~64岁	65岁及以上	
2017	20.91	24.91	34.84	10.54	8.80	29.14
2018	21.1	24.04	34.52	11.35	9.00	27.36
2019	21.37	23.02	34.63	11.68	9.30	24.03
2020	24.15	21.43	31.91	11.39	11.10	20.56

资料来源：历年《福建统计年鉴》，笔者计算整理。

3. 人口社会结构与住房需求

中国大学的年招生率已超过70%，这使得越来越多的人有机会进入大学继续深造。教育水平并不直接与房价相关，而是通过提高收入水平或影响人口的区域分布间接影响房价。首先，在大多数情况下，受过高等教育的群体往往被视为人力资本，受教育程度越高，收入越高，对住房的购买能力越强。其次，教育水平对房地产市场的影响还体现在住房观念上，高学历群体对住房结构，配套基础设施和周边环境的质量要求更高，对住房改善的需求增加。最后，教育水平作为人口特征的关键因素之一，对人口的地理空间分布模式产生深远影响。拥有较高教育水平的个体或群体，往往具备较强的职业竞争力、创新能力和对高品质生活的追求，这些因素促使他们倾向于向经济更为发达、就业机会更为丰富、教育资源更为集中的城市迁移。此迁移行为不仅反映了高教育水平群体对于实现个人职业成长与自我价值提升的渴望，也体现了他们对于优质生活环境与社会资源的偏好。这种人口流动趋势直接作用于房地产市场，导致目标城市对高品质住房、学区房及周边配套设施的需求显著增加，进而推动房价上涨、市场活跃度提升及房地产开发模式的转型升级等。因此，随着人口教育水平的提高，对城市质量好、配套设施较为完备商品房的需求（特别是在发达地区）也会持续增加。

自改革开放以来，中国政府对科学、教育、文化及卫生（以下简称"科教文卫"）事业的重视程度显著增强，在此背景下，受高等教育人口占比越来越高。以福建数据为例,2000~2020 年,福建省拥有初中及以上文化程度的人口比重从 47.1% 上升至 65.9%（见表 5-6）。

表 5-6　　　　　　　福建省人口受教育程度人口占比　　　　　单位: %

年份	大专以上	高中（含中专）	初中	小学	未上学	初中及以上
2000	3.0	10.6	33.5	37.8	15.1	47.1
2010	8.4	13.9	37.9	29.8	10.0	60.2
2013	9.3	14.5	38.5	28.1	9.6	62.3
2014	9.4	14.7	38.6	27.9	9.4	62.7
2015	9.8	15.0	38.7	27.4	9.1	63.5
2016	10.4	15.3	38.7	26.7	8.9	64.4
2017	10.9	15.5	38.9	26.2	8.5	65.3
2018	11.2	15.9	38.6	25.8	8.5	65.7
2019	11.4	15.8	38.7	25.9	8.2	65.9
2020	14.1	14.2	32.2	28	11.5	60.5

资料来源: 历年《福建统计年鉴》,笔者整理。

对比 2010 年和 2020 年数据发现（见图 5-2）,福建省常住人口中,拥有大学（即大专及以上）文化程度的人口为 587.71 万人;拥有高中（含中专）文化程度的人口为 590.38 万人;拥有初中文化程度的人口为 1 338.32 万人;拥有小学文化程度的人口为 1 164.40 万人[①]。能明显发现福建省人口文化结构更趋于合理,极大影响城镇住房需求和改善型住房需求。

与 2010 年福建省第六次全国人口普查相比,2020 年,福建省 15 岁及以上人口的平均受教育年限有所提高（见表 5-7）,文盲率继续下降,表明 10 年来福建省普及九年义务教育,扩大高等教育规模取得成效。其中,

---

①　《福建省第七次全国人口普查公报》。

福州市、厦门市的办学条件较好，是全省中、高等教育的集中布局地区，对经济发展的人才支撑作用较强。

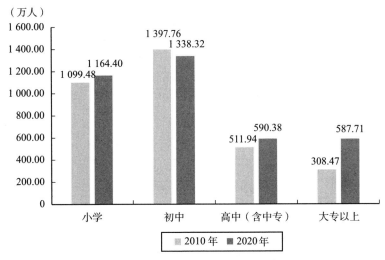

图 5-2 福建省人口受教育水平对比

资料来源：2011 年《福建统计年鉴》《福建省第七次全国人口普查公报》。

表 5-7　　　　　　　福建省 15 岁及以上人口平均受教育年限

地区	15 岁及以上人口平均受教育年限（年）	
	2010 年	2020 年
全省	9.02	9.66
福州市	9.68	10.39
厦门市	10.29	11.17
莆田市	8.67	9.13
三明市	8.75	9.23
泉州市	8.78	9.30
漳州市	8.55	8.95
南平市	8.54	9.05
龙岩市	8.93	9.42
宁德市	8.28	8.83

资料来源：《福建省第七次全国人口普查公报》。

4. 人口区域结构与住房需求

城镇化的过程就是人口流动的过程，是人口在不同区域间的再分配。人口的流动不仅是空间上的重新布局，更是社会经济结构变动与房地产市场需求重塑的重要驱动力。

一方面，随着城镇化进程的加速推进，一个显著的社会现象是，农村地区人口向城市地区的大规模迁移与定居，这将会对当地房地产市场产生巨大影响。外来流动人口集聚使得城市人口增加，不断增加对自住用房、商业与工业用房的正常需求及投机性需求。人口流入密集区往往是人口密度较高的地区，城市住房购买和租赁空间巨大。然而城市房屋建设速度往往落后于人口流入的速度，城市现有住房也难以满足大批涌入的外来人口的首次置业需求，因此，热点城市由于其独特的经济、社会及文化优势，吸引了大量外来人口的持续流入，这一现象直接导致城市商品房市场在短期内面临供不应求的紧张局面。而当城镇化进程达到一定的成熟度后，外来人口的流入速度往往会呈现出放缓的态势，甚至可能形成所谓"郊区化""逆城市化"的新趋势，导致很多城镇人口选择逃离拥挤的大城市回到村镇，城市住房市场就会失去人口驱动力，住房需求下降。

另一方面，城市经济和房地产市场的稳定发展，本质上与城市对人口的吸引力以及该部分人口的购买力和创造力密切相关。城市的多元优越条件，包括就业发展机遇、教育资源、医疗资源、文化生活及基础设施等，构成强大的吸引力，促使不同收入层级与不同年龄层的人口向城市集中流动。不同收入群体因其经济能力与生活方式的差异，对住房的数量与质量也产生不同的要求，这种差异化的住房需求，不仅体现在对住房面积、房间数量等数量指标方面，还深入到对居住环境、社区氛围、物业管理等质量方面。这一过程中，青年人口流动占据绝对优势地位，这将十分有利于租赁住房市场的发展。

表 5 - 8 是福建省各设区市的常住人口城镇化率。福建省城镇化速度普遍快于全国平均水平。2021 年，厦门市常住人口城镇化水平超过 90%，领先于全省、全国，已达到城镇化的高级阶段。2010 年 2 月，厦门市启动岛

房地产市场结构、经济管制与长效机制研究

内外一体化建设战略，城镇区域不断扩张；厦门市面积为全省最小，但常住人口在福建省排第三，表明厦门市人口密度高，且远高于其他设区市，房地产需求压力巨大；同时，厦门市常住人口中，拥有户籍的仅占53.56%，流入人口规模庞大①。

表5-8　　　　　　　　福建省各设区市常住人口城镇化率　　　　单位：%

年份	福州市	厦门市	莆田市	三明市	泉州市	漳州市	南平市	龙岩市	宁德市
2010	62.0	88.3	50.8	51.1	58.4	46.7	50.7	45.0	47.9
2011	63.1	88.5	50.9	51.6	58.7	47.8	51.2	47.5	49.6
2012	64.1	88.6	51.8	52.3	59.5	50.4	51.8	49.7	50.6
2013	65.6	88.7	53.6	53.7	61.0	52.1	52.6	51.4	52.1
2014	66.7	88.8	55.3	55.2	62.3	52.9	53.4	52.1	53.2
2015	68.0	88.9	56.6	56.6	63.5	54.5	54.4	54.1	54.3
2016	69.0	89.0	58.1	58.0	64.6	56.1	55.3	55.6	55.4
2017	70.3	89.1	59.6	59.6	66.0	57.8	56.5	57.7	56.9
2018	71.4	89.1	61.0	61.0	67.1	59.4	57.5	59.2	58.2
2019	71.8	89.2	61.7	61.9	67.9	60.7	58.5	60.6	59.5
2020	72.5	89.4	62.7	63.2	68.5	61.4	59.7	62.9	61.0
2021	73.0	90.1	63.5	63.7	69.7	62.9	—	63.6	62.6

资料来源：2021年《福建统计年鉴》、2021年《福建省各设区市国民经济和社会发展统计公报》，笔者整理。

福州市的城镇化水平仅次于厦门市，2021年福州市城镇化率为73.0%；泉州市人口总量居全省第一（885万人），但城镇化率小于厦门和福州。福建省各设区市城镇化水平的提高大幅增加了城镇房地产市场需求。

———————
① 《厦门市2021年国民经济和社会发展统计公报》。

5.1.4　经济发展空间布局与住房需求

人口分布格局与经济发展之间存在着相互依存与互动关系。经济发展的空间布局，作为生产力优化配置的直接体现，对人口分布结构具有显著的作用，甚至在某些情况下成为决定性因素。这种布局不仅反映了资源、产业及技术进步的地理分布，还通过就业机会的创造、生活质量的提升以及基础设施的完善等途径，引导并影响人口的迁移与聚集模式，进而形成特定的人口分布格局。同时，人口分布对经济发展的空间布局也起着重要的反作用。经济空间布局意味着区域之间、城乡之间在经济发展水平、收入分配、产业结构、基础设施建设等方面存在差异，这种差异可以影响房地产市场的供给和需求，进而影响房价。

1. 经济总量集聚

经济集聚吸引外来人口和农村剩余劳动力向集聚中心移动，是人口集聚的最终推动力。经济和人口的集聚为产业的发展提供了科技、技术、文化教育、市场信息、社会服务、金融及交通通信等多方面的先导和条件，有助于形成一些具有产业竞争力的产业集群，优化产业结构，促进该集聚区域经济的快速发展。因此，经济集聚反映区域间经济发展水平和生产率的差异。经济集中度相对较高区域，其经济发展水平、收入、基础设施等条件都相对较好。人们为了追求高回报，必然向这些经济发展程度较高的区域流动，从而导致人口空间分布的失衡，结果就是经济发展程度越高的区域人口密度越大，这也就导致了这些区域住房需求的增加，从而引起了该区域房价的提升。然而高房价并不会阻止外来人口的继续流入，因为高房价的区域的经济发展水平较高、收入水平较高、公共基础设施以及教育条件较好，仍然会不断地吸引外来人口的持续流入。

我们用经济集中指数分析区域的集聚特征，表示经济总量 GDP 在区域上集中程度。

$$S = 1 - M/N$$

其中，S 是区域经济总量的集中指数，M 是占区域 GDP 比重约为 50%
的县域的人口数，N 是区域总人口数（常住人口）。

以福建省数据为例，总体来看（见表 5 - 9），2010 ~ 2020 年，县域
层次①上福建省经济总量集中度呈现下降趋势，全省 GDP 的 50% 由约全
省 1/9 的县域单元创造。2010 年，厦门市、福州市辖区、晋江市、泉州市
辖区、莆田市辖区、龙岩市辖区和南安市 7 个县域的人口占比为 40.53%，
贡献了全省 GDP 总量的 50.93%，集中指数为 0.5947，表明福建省经济总
量的集中程度较高；2020 年，福建省人均 GDP 较高的县域中，厦门市、
福州市辖区、晋江市、泉州市辖区、莆田市辖区、南安市和惠安县，以
43.11% 的人口贡献了 GDP 的 50.83%，经济集中度仍超过 50%，高达
0.5689。

表 5 - 9　　　　　　　　　福建省经济总量集中指数变化

年份	县域数	GDP 占比（%）	人口占比（%）	经济集中指数 S
2010	7	50.93	40.53	0.5947
2011	7	50.81	41.05	0.5895
2012	7	50.45	41.46	0.5854
2013	7	49.87	41.78	0.5822
2014	7	49.60	42.14	0.5786
2015	7	49.55	42.29	0.5771
2016	7	49.56	42.51	0.5749
2017	7	49.88	42.37	0.5763
2018	7	50.00	42.69	0.5731
2019	7	50.23	43.00	0.5700
2020	7	50.83	43.11	0.5689

资料来源：历年《福建统计年鉴》，笔者计算整理。

———————————

① 数据包括福建省 9 个地级市的市辖区、各县级市和各县，共 64 个县域单元。

从经济集中的地域分布能够发现，2010～2020 年，福建省经济主要集聚于东部沿海地区，其中，泉州市有晋江市、泉州市辖区、南安市和惠安县 4 个县域进入到为省经济总量贡献 50% 的县域行列，内陆发展较好的仅有龙岩市辖区。沿海地区的经济总量高达 47% 左右，是福建省经济高度集聚区域，也是福建省经济发展的核心地带。经济总量集聚将大量生产、商业活动和就业机会集中在这些区域，而其他周边区域的大量劳动力借助便利的交通系统向经济高度发展的区域流动，以获得高收入，从而在房地产市场和非房地产市场上进行消费，显著提升房地产市场需求和价格。

2. 产 业 结 构

产业结构的合理化和高级化会增加住房需求，逐步推升房价。一方面，随着经济的持续稳健增长与产业结构的持续转型升级，社会各界普遍展现出对经济发展前景的乐观预期，从而形成房价上涨预期，同时也会增强民众对于提升生活品质的诉求，促进人们对于改善居家环境的愿望。另一方面，地区产业结构差异将导致劳动力从业结构差异，从业结构的差异进一步形成地区收入水平的差异。人均收入越高，人们对于住宅的购买需求越大。服务产业经济特征明显，第三产业发展较好的城市，往往有着较高的房价平均水平。

全国第三产业（46.7%）的比重在 2013 年已超过第二产业（44.0%），2021 年第二产业增加值比重为 39.4%，第三产业增加值比重为 53.3%，逐步发展为"三二一"的产业发展结构[①]。从福建省来看，非农产业 GDP 比重从 2000 年的 83.63% 增加到 2021 年的 94.06%，产业结构高级化程度不断提高，但第三产业增加值占比直到 2020 年才超过第二产业，福建省第三产业的发展稍落后于全国平均水平，总体表现为"二三一"的产业发展结构。从以下的趋势图（见图 5-3）可以看到，福建省产业结构高级化程度与房价的变动趋势基本一致，房价变动幅度大于产业结构调整幅度。随

---

① 资料来源于国家统计局。

着近几年福建省第三产业比重的升高，原本从事第一产业的劳动力更多的向第三产业流动，劳动收入水平相比原来从事第一产业的劳动收入提高，增加了对工作地的房地产需求。

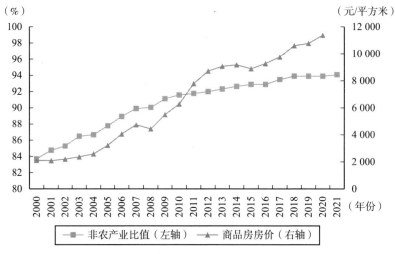

图 5 - 3　福建省产业结构高级化和商品房房价趋势

注：产业结构非农化是产业结构高级化的重要指标。商品房房价 = 商品房销售额/商品房销售面积。

资料来源：历年《福建统计年鉴》《2021 年福建省国民经济和社会发展统计公报》，笔者整理。

比较全省各设区市的产业结构，厦门市和福州市的第三产业发展远高于其他设区市。厦门市非农产业比重占 99% 以上，第二产业比重持续下降，第三产业最为发达，覆盖高科技（含互联网）、金融、信托、旅游、餐饮等多类服务业。2012 年起，福州市第三产业增加值比重超过 50%，集中分布在批发零售业、营利性服务业和房地产业，民营企业的贡献最大。泉州市经济总量连续排名全省第一，但主要以传统工业如鞋帽、五金和砖石等第二产业为主，第三产业发展较为缓慢，2020 年占泉州市第三产业增加值比重仅为 40.60%（见表 5 - 10）。

表 5 - 10　　　　　　　　福建省各设区市产业结构　　　　　单位: %

各设区市	非农产业 GDP 占比			第三产业 GDP 占比		
	2015 年	2017 年	2020 年	2015 年	2017 年	2020 年
全省	92.79	93.45	93.78	41.58	45.32	47.47
福州市	92.26	92.69	94.40	48.66	50.98	56.07
厦门市	99.31	99.47	99.55	55.71	57.73	60.08
莆田市	93.05	93.63	95.25	35.71	37.57	43.72
三明市	85.28	86.77	88.36	34.20	35.50	36.48
泉州市	97.09	97.38	97.77	37.14	39.11	40.60
漳州市	86.60	87.92	89.03	38.06	40.33	43.78
南平市	78.41	79.75	83.57	35.25	36.76	45.74
龙岩市	88.46	89.52	88.86	35.84	37.60	44.86
宁德市	82.98	83.17	87.56	31.89	34.31	37.17

资料来源: 历年《福建统计年鉴》, 笔者计算整理。

3. 居民收入与住房需求

可支配收入的增加会提高居民的住房购买力, 从而增加对住房的刚性需求和改善性需求, 进而引起房价上涨。具体而言, 对于低收入群体, 其收入的增加主要用于解决温饱等基本生活需要, 并不会大幅度提升其购房意愿, 但会明显影响住房租赁市场; 中等收入群体的收入增加主要用于提高生活质量, 当然也包括提高居住质量, 从而显著增强对住房的改善性需求。而对于高收入群体而言, 其收入增长的一部分往往会倾向于投资房地产, 从而提升了住房市场的投资性需求。

以福建省数据为例, 根据图 5 - 4 能够发现, 福建省居民收入变动和房价变动的趋势基本一致, 商品房房价的变动滞后 1 ~ 2 年。福建省城乡居民人均收入差距较大, 2020 年, 福建省城镇居民可支配收入为 4.72 万元, 农村居民可支配收入为 2.09 万元。从各设区市看 (见表 5 - 11 和表 5 - 12), 2020 年, 沿海率先开放的厦门市、泉州市、福州市的人均可支配收入明显高于全省平均水平, 其他均低于全省平均水平; 最高的厦门市城镇居民人均收入为6.13万元，是全省平均水平的1.30倍；南平市的人均收入水平最低，城镇居民人均收入约是厦门市的3/5。

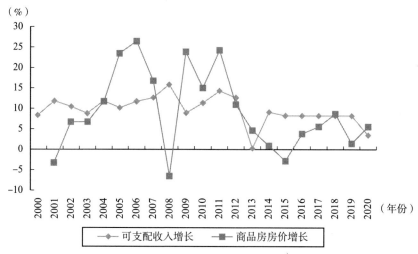

图5-4 福建省城镇居民可支配收入和房价变动趋势

资料来源：历年《福建统计年鉴》，笔者计算整理。

表5-11　　　　　　　　　福建省城镇居民可支配收入　　　　　　单位：万元

地区	2010年	2011年	2012年	2013年	2014年	2015年	2016年	2017年	2018年	2019年	2020年
全省	2.18	2.49	2.81	2.82	3.07	3.33	3.60	3.90	4.21	4.56	4.72
福州市	2.27	2.61	2.94	3.23	3.25	3.50	3.78	4.10	4.45	4.79	4.93
厦门市	2.93	3.36	3.76	4.14	3.96	4.26	4.63	5.00	5.44	5.90	6.13
莆田市	1.91	2.18	2.47	2.72	2.69	2.93	3.18	3.45	3.72	4.01	4.10
三明市	1.82	2.08	2.34	2.57	2.52	2.74	2.97	3.23	3.49	3.79	3.93
泉州市	2.52	2.87	3.23	3.54	3.48	3.73	3.97	4.27	4.61	4.96	5.10
漳州市	1.85	2.11	2.40	2.65	2.57	2.81	3.07	3.34	3.60	3.90	4.00
南平市	1.73	1.97	2.22	2.43	2.41	2.61	2.78	3.01	3.25	3.51	3.65
龙岩市	1.84	2.11	2.38	2.63	2.62	2.82	3.04	3.30	3.58	3.88	4.02
宁德市	1.68	1.93	2.18	2.40	2.40	2.60	2.82	3.05	3.29	3.59	3.71

资料来源：历年《福建统计年鉴》和各设区市统计年鉴，笔者整理。

表 5－12					福建省农村居民可支配收入				单位：万元		
地区	2010 年	2011 年	2012 年	2013 年	2014 年	2015 年	2016 年	2017 年	2018 年	2019 年	2020 年
全省	0.74	0.88	1.00	1.14	1.27	1.38	1.50	1.63	1.78	1.96	2.09
福州市	0.85	1.01	1.15	1.29	1.40	1.52	1.63	1.79	1.94	2.13	2.27
厦门市	1.00	1.19	1.35	1.50	1.62	1.76	1.89	2.05	2.24	2.48	2.66
莆田市	0.77	0.91	1.03	1.16	1.28	1.39	1.51	1.65	1.80	1.97	2.08
三明市	0.69	0.82	0.94	1.05	1.17	1.28	1.39	1.52	1.66	1.83	1.95
泉州市	0.93	1.06	1.19	1.33	1.46	1.59	1.72	1.86	2.03	2.21	2.35
漳州市	0.79	0.91	1.04	1.16	1.27	1.39	1.53	1.67	1.82	1.99	2.11
南平市	0.68	0.79	0.89	1.00	1.13	1.23	1.33	1.46	1.59	1.74	1.86
龙岩市	0.69	0.82	0.94	1.06	1.21	1.33	1.44	1.57	1.72	1.89	2.02
宁德市	0.65	0.78	0.88	1.00	1.13	1.24	1.35	1.47	1.61	1.78	1.91

资料来源：历年《福建统计年鉴》和各设区市统计年鉴，笔者整理。

4. 交通网络布局条件

基础设施环境是房地产投资环境中的硬环境，包括交通、邮电、能源与水资源供应、防灾等。经济发展作为城市发展的核心驱动力，持续推动着城市基础设施与居住环境的日臻完善。这一过程不仅体现在交通网络、公共设施、生态环境等硬件设施的全面提升上，还深刻影响着居住环境的整体质量与居民生活品质的改善。同时，随着技术进步与创新，建筑施工技术实现了显著的飞跃，为房地产行业的发展注入新的活力。先进的施工工艺、高效的建筑材料以及严格的质量控制体系，共同促进房地产项目产品质量的提升。最终实现房地产实际价值提升，房地产价格上涨，这包括商品房市场和住房租赁市场等。人口和经济的流动可以通过城市交通运输的便捷性与可达性在不同区域间转移。交通网络的改善通过提升沿线区域的交通可达性、降低居民的通勤成本、刺激土地投资需求、促进房地产价值增值，各因素共同作用于房地产市场价格，形成新的市场格局与价格体系。这一过程不仅促进房地产市场的健康发展，也为城市经济的持续增长与空间结构的优化提供了有力支撑。

以福建省为例，其高速公路网络的建设如火如荼，多年以来，高速公路的布局一直有"三纵八横"[①]的规划，即3条纵线高速公路从南北贯通，8条横线从东西贯通。截至2020年末（见表5-13），全省高速公路"三纵六横"主骨架基本建成，通车里程达到110 118公里，实现县县通高速，高速路网密度达3.9公里/百平方公里，位居全国第二。2020年，福建全省累计公路通车里程11.01万公里，高速公路通车里程由2010年的2 350公里增加到5 635公里。

表5-13　　　　　　　　　福建省铁路和公路通车里程　　　　　　单位：公里

年份	铁路营业长度	公路通车里程	
		合计	高速公路
2010	2 110	91 015	2 350
2011	2 110	92 322	2 652
2012	2 255	94 661	3 372
2013	2 743	99 535	3 935
2014	2 755	101 190	4 053
2015	3 197	104 585	4 813
2016	3 197	106 757	4 831
2017	3 187	108 012	5 039
2018	3 509	108 901	5 155
2019	3 509	109 785	5 347
2020	3 774	110 118	5 635

资料来源：历年《福建统计年鉴》，笔者整理。

从各设区市来看（见表5-14），泉州市的公路通车里程数和路网密度都居福建省首位。1997年12月，标志着历史性跨越的"八闽第一路"——泉厦高速公路泉州段的正式建成并通车，不仅终结泉州乃至整个

[①] 2008年，福建省政府批复实施《海峡西岸经济区高速公路网布局规划（修编）（2008-2020年)》。

福建省缺乏高速公路的历史空白，更成为区域经济一体化的重要里程碑。该路段的开通深刻重塑区域内的交通格局，有效整合了人流、物流、信息流与资金流等多维资源流动，为泉州的经济社会发展注入强劲动力，促使其步入高速发展的"快车道"。在此后的 20 多年间，泉州积极响应国家交通基础设施建设战略，持续加大投入力度，高速公路网络日益呈现出密集化、网络化的趋势。2020 年底，泉州市公路通车里程达到 18 147公里，路网密度约 161 公里/百平方公里，已建成高速公路 14 条，形成"一环两纵三横 + 联络线"高速公路网，超过发达国家和沿海省份平均水平，高速出入口共 54 个，占福建省总数的近 1/6。比较而言，厦门市和莆田市的公路通车里程远远小于其他市区，但由于厦门市和莆田市的区域面积很小，路网密度只落后于泉州市。2017 年，福建省政府批复实施《福建省高速公路网规划（2016～2030 年)》拟形成"六纵十横"的高速公路网络布局，与相邻省份形成 19 个高速公路出口，增强进出闽的主通道能力。

表 5 – 14　　　　　　　福建省各设区市公路通车里程

地区	公路通车里程（万公里）								2020 年路网密度（公里/平方公里）
	2013 年	2014 年	2015 年	2016 年	2017 年	2018 年	2019 年	2020 年	
全省	9.95	10.12	10.46	10.68	10.80	10.89	10.98	11.01	0.89
福州市	1.09	1.14	1.17	1.20	1.21	1.21	1.23	1.23	1.00
厦门市	0.20	0.21	0.21	0.22	0.22	0.22	0.22	0.22	1.30
莆田市	0.63	0.61	0.62	0.64	0.65	0.65	0.66	0.64	1.56
三明市	1.48	1.42	1.46	1.49	1.52	1.53	1.54	1.54	0.67
泉州市	1.55	1.65	1.69	1.75	1.77	1.77	1.77	1.81	1.61
漳州市	1.14	1.14	1.20	1.22	1.23	1.26	1.26	1.29	1.00
南平市	1.45	1.51	1.56	1.56	1.58	1.59	1.60	1.60	0.61
龙岩市	1.34	1.36	1.42	1.43	1.44	1.46	1.48	1.47	0.77
宁德市	1.07	1.07	1.13	1.16	1.18	1.21	1.22	1.21	0.90

资料来源：历年《福建统计年鉴》，笔者整理。

5.2 基于楼市平稳健康的分类
调控指标体系构建

房地产市场调控一方面要抑制投机和投资性需求，另一方面要满足自住性和保障性需求。由于各地房地产投融资结构、当前的房地产市场规模、房地产供给、土地供应、经济发展水平、人口结构等存在差异，因此需要对房地产市场进行分类调控，并构建如表5-15的房地产市场分类调控指标体系。

表5-15 房地产市场分类调控指标体系构建

序号	一级指标	二级指标	三级指标	说明
1		土地市场	土地购置面积	反映当期市场土地供应情况
2			土地购置费	影响房地产建造成本的直接因素
3		房地产投融资	房地产开发投资	反映地区当期房地产市场投资水平和供给能力
4			住宅投资比例	反映地区当期住房市场投资水平和供给量，衡量当地房地产市场结构
5	房地产市场供给		国内贷款比例	反映融资市场发育水平和多样化的融资渠道
6		房地产建设	房地产施工面积	反映未来一段时间房地产供应总量
7			房地产施工面积增长率	动态指标，反映未来一段时间房地产供应增长状况
8			房地产新开工面积	当期施工的房屋面积，反映未来一段时间的房地产市场供应
9			房地产竣工面积	房屋建筑达到使用条件，反映当期房地产供应情况
10		房地产交易	商品房销售面积	当期商品房销售面积
11			住宅销售面积	当期住宅销售面积

续表

序号	一级指标	二级指标	三级指标	说明
12	房地产市场需求	经济发展布局	GDP 总量	反映地区经济实力和经济发展水平
13			第三产业 GDP 占比	反映房地产市场的当期需求和潜在需求
14			GDP 增长率	动态指标，地区总体经济实力的增长，反映房地产需求的增长状况
15			人均 GDP	反映地区经济实力和经济发展水平
16			人均可支配收入	购买力，反映对地区房地产市场价格承受能力
17			公路密度	反映房地产市场发展潜力
18		人口布局	人口总量	城市规模，反映地区房地产市场需求
19			人口密度	人口分布情况，反映地区房地产市场需求压力
20			人口自然增长率	动态指标，人口自然增长的程度和趋势，反映房地产市场的持续需求
21			人口年龄结构	反映地区房地产市场需求层次
22			城镇化水平	反映地区对房地产的需求潜力
23			人口素质	反映地区房地产市场需求潜力和层次

以福建省数据为例，根据房地产市场供给和需求对房地产市场进行分类并利用熵值法计算指标体系的权重（见表 5-16）。房地产市场供给涉及土地市场、房地产投融资、房地产建设市场和交易市场，选取指标有：土地购置面积和土地购置费（土地市场）；房地产开发投资、住宅投资比例、国内贷款和利用外资比例（房地产投融资）；房地产施工面积、房地产施工面积增长率、房地产新开工面积、房地产竣工面积（房地产建设）；商品房销售面积和住宅销售面积（房地产交易）。房地产需求涉及经济发展布局和人口布局，选取指标有：GDP 总量、第三产业 GDP 占比、GDP 增

长率、人均 GDP、人均可支配收入和公路密度（经济发展布局）；人口总量、人口密度、人口自然增长率、人口年龄结构、城镇化水平和人口素质（人口布局）。

表 5 – 16　　　　福建省房地产市场分类调控指标体系权重

序号	一级指标	二级指标	三级指标	权重
1	房地产市场供给 (0.4806)	土地市场 (0.0938)	土地购置面积	0.0395
2			土地购置费	0.0543
3		房地产投融资 (0.1085)	房地产开发投资	0.0419
4			住宅投资比例	0.0234
5			国内贷款和利用外资比例	0.0432
6		房地产建设 (0.1726)	房地产施工面积	0.0547
7			房地产施工面积增长率	0.0232
8			房地产新开工面积	0.0515
9			房地产竣工面积	0.0432
10		房地产交易 (0.1057)	商品房销售面积	0.0534
11			住宅销售面积	0.0523
12	房地产市场需求 (0.5194)	经济发展布局 (0.2554)	GDP 总量	0.0566
13			第三产业 GDP 占比	0.0400
14			GDP 增长率	0.0296
15			人均 GDP	0.0425
16			人均可支配收入	0.0423
17			公路密度	0.0444
18		人口布局 (0.2640)	人口总量	0.0552
19			人口密度	0.0418
20			人口自然增长率	0.0248
21			人口年龄结构	0.0525
22			城镇化水平	0.0406
23			人口素质	0.0491

5.3　房地产市场分类调控执行力分析

　　根据标准化的数据和权重系数，计算出福建省各设区市房地产市场的各级得分（见表 5-17 和表 5-18），按照指标内涵和得分将福建省 9 个地级市分为四类地区，分析四类地区的房地产市场发展的特点，从土地出让方式、价格管制、限价房和租赁房、行业管理、金融和税收措施等方面提出有差别的调控措施。

表 5-17　　　　　　　　　福建省各设区市房地产市场得分（1）

得分		福州市	厦门市	莆田市	三明市	泉州市	漳州市	南平市	龙岩市	宁德市
房地产市场供给		46.13	30.62	29.65	25.88	38.62	32.46	26.65	28.23	26.90
其中	土地市场	8.59	6.87	6.28	4.72	7.36	6.23	4.71	5.35	5.53
	房地产投融资	10.15	7.77	7.95	6.02	7.54	7.35	6.40	7.25	6.70
	房地产建设	16.83	10.00	9.79	9.76	14.82	12.34	10.19	10.24	9.34
	房地产交易	10.57	5.98	5.63	5.36	8.90	6.55	5.36	5.38	5.32
房地产市场需求		42.80	48.27	32.62	29.67	41.41	31.94	28.21	31.87	30.22
其中	经济发展布局	22.59	23.45	17.22	15.88	21.99	16.09	14.20	17.27	15.55
	人口布局	20.21	24.82	15.40	13.79	19.41	15.85	14.01	14.61	14.67

表 5-18　　　　　　　　　福建省各设区市房地产市场得分（2）

一级指标	二级指标	三级指标	福州市	厦门市	莆田市	三明市	泉州市	漳州市	南平市	龙岩市	宁德市
房地产市场供给	土地市场	土地购置面积	3.16	2.40	3.48	1.98	3.95	3.06	1.98	2.51	2.82
		土地购置费	5.43	4.47	2.80	2.75	3.41	3.17	2.73	2.84	2.72
	房地产投融资	房地产开发投资	4.19	3.08	2.36	2.10	2.98	2.67	2.19	2.18	2.20
		住宅投资比例	1.64	1.17	1.83	1.66	1.83	1.69	2.00	2.02	2.34
		国内贷款和利用外资比例	4.32	3.52	3.76	2.27	2.73	2.99	2.21	3.05	2.16

续表

一级指标	二级指标	三级指标	福州市	厦门市	莆田市	三明市	泉州市	漳州市	南平市	龙岩市	宁德市
房地产市场供给	房地产建设	房地产施工面积	5.47	3.48	3.05	2.77	5.03	3.89	2.84	2.84	2.74
		房地产施工面积增长率	1.89	1.16	1.76	2.15	1.91	2.03	2.32	1.90	1.66
		房地产新开工面积	5.15	2.73	2.82	2.63	4.29	3.66	2.75	2.66	2.58
		房地产竣工面积	4.32	2.63	2.16	2.23	3.59	2.75	2.28	2.85	2.37
	房地产市场交易	商品房销售面积	5.34	3.18	2.85	2.71	4.67	3.43	2.74	2.75	2.67
		住宅销售面积	5.23	2.80	2.78	2.65	4.23	3.12	2.62	2.63	2.65
房地产市场需求	经济发展布局	GDP 总量	5.61	4.35	3.05	3.07	5.66	3.71	2.83	3.13	3.04
		第三产业 GDP 占比	3.66	4.00	2.61	2.00	2.35	2.62	2.79	2.71	2.06
		GDP 增长率	2.90	2.87	2.27	2.53	2.30	1.48	2.13	2.96	2.92
		人均 GDP	4.12	4.25	2.47	3.57	3.90	2.77	2.13	3.45	2.50
		人均可支配收入	3.21	4.23	2.50	2.35	3.35	2.41	2.12	2.43	2.17
		公路密度	3.09	3.75	4.33	2.36	4.44	3.09	2.22	2.59	2.87
	人口布局	人口总量	5.31	3.94	3.08	2.76	5.52	3.89	2.84	2.87	3.05
		人口密度	2.50	4.18	2.57	2.09	2.57	2.30	2.09	2.12	2.18
		人口自然增长率	1.92	2.48	2.16	1.24	2.28	1.97	1.64	2.00	2.02
		人口年龄结构	3.85	5.25	2.90	2.68	3.86	3.08	2.86	2.63	2.84
		城镇化水平	2.90	4.06	2.24	2.27	2.63	2.15	2.03	2.25	2.12
		人口素质	3.71	4.91	2.46	2.74	2.55	2.47	2.55	2.75	2.46

（1）房地产市场规模很大，支付能力较强，供给潜力很强，需求潜力仍在上升（如福州、泉州）。

房地产市场特点和调控执行力的主要方向：

一是房地产市场发展活跃，规模很大，要提高开发节奏，加快对闲置土地的清理，提升用地效率。例如，合理制定土地起拍价；释放存量控制房源，降低房屋空置率，逐步减少新增住房供应；避免住宅用地与经济发展和人口的不一致，规避"空城"隐患。

二是产业结构较高级，要防范投机风险，适度遏制投资性需求，保护刚性需求。例如，可针对套数和面积执行差别化房地产税率、公积金制度等，同时在适度保持现有信贷政策前提下，减少高档商品房的土地供应和信贷。

三是人口流动较强，要合理保障住宅的自住需求，特别是限价房和廉租房的供给，保障流动人口对住房的购买和过渡性需求。例如，合理控制保障性住宅的建筑面积；保障中低收入人口的住房需求，可实施补贴制度以鼓励其租赁住宅。

（2）房地产市场规模较大，支付能力很强，供给能力较强，需求潜力很大（如厦门）。

房地产市场特点和调控执行力的主要方向：

一是城市处于区域核心，对周边地区的吸引力较大，外来人口比重较高，房地产市场的需求压力较大，供求关系紧张；因此随着大规模的农村人口进入该地区，在商品房市场快速发展的同时，也要注重保障房体系的构建，保障村民进城的住房需求。保障中低收入人口的住房需求，增加保障性住房供给，可通过公租房、租金补贴等措施。

二是城市化水平很高，土地供应量严重不足，要以提升土地使用效率为主要调控方向。控制土地起拍价，完善投融资监管体系，抑制房地产企业高杠杆拿地；减少存量房，增加市场化的商品住宅、保障性住房和公租房。

三是产业结构高级，需求发展潜力大，投资性购房比重较高，要警惕投机性购房所引发的房地产泡沫。合理改善住房需求，可从套数、面积、类别等各个方面严格执行差别化房地产税率。信贷方面，对高档住宅等高风险的信贷持续减少规模，进一步提高购房信贷门槛和贷款利率；对中低端普通商品住宅、限价房、廉租房等提供相对较低的信贷门槛。

（3）房地产市场规模不大，支付能力一般，发展潜力较小（如莆田、漳州、龙岩）。

房地产市场特点和调控执行力的主要方向：一是房地产市场价格处于相对平均水平，在思考住房市场的稳定健康路径时，其核心原则在于确保住房市场的发展应与区域经济增长及住房市场有效需求保持高度契合，避免陷入盲目推动房地产开发的误区。同时，银行应提供较为优惠的信贷服务，房地产企业也要拓宽融资渠道。二是人均可支配收入处于中等水平，房地产购买能力一般，政府主要提供中档商品住房，可通过限价房和住房公积金的方式提供住房保障。

（4）房地产市场规模较小，支付能力较小，发展潜力也较小（如三明、南平、宁德）。

房地产市场特点和调控执行力的主要方向：一是经济发展水平相对落后，房地产供应量相对不足，房地产市场价格较低；住房市场发展应当与实现经济增长、社会稳定与居民福祉和谐共生，切忌盲目开发。银行应提供优惠的信贷服务，房地产企业可发展多元化的融资渠道。二是由于地区房价水平较低，但是房价上升潜力比较大，要密切需要防止投机性炒房行为。但由于其房地产发展程度较低，银行可适当放宽信贷要求。

第6章 基于市场平稳健康发展长效机制的房地产价格经济管制模式研究

6.1 房地产市场结构与垄断性分析

经济学原理认为市场并不总是竞争的，也就是说竞争的程度是有差异的。按照市场竞争与垄断的程度，可以将市场分为完全竞争和不完全竞争两大类。不完全竞争市场则包括垄断竞争、寡头垄断和完全垄断三种类型。竞争市场的存在必须满足一定的前提条件，主要有六个：（1）商品是同质的，买卖双方拥有商品的完全信息；（2）买者和卖者的数量是足够大的，双方都是价格的接受者，不存在外部性；（3）不存在规模报酬递增和技术进步；（4）商品和信息是完全流动的，市场对新进入企业不存在贸易壁垒；（5）买卖双方遵循约束条件，买者在预算约束下寻求最大偏好，卖者在生产条件约束下寻求利润最大化；（6）市场是均衡的，存在着使市场出清的价格。很遗憾的是，现实市场经济几乎都无法满足教科书所列的这六个竞争条件，市场都存在不同程度的垄断，这就使政府对市场进行经济管制成为常态。

在竞争充分的市场，市场交易任何一方都无法决定价格、都是价格的接受者。但是，房地产市场由于其自身的固有特点，很难满足完全自由竞争市场的前提条件，其垄断性市场结构特性尤为显著。市场的不完全竞争性或者垄断性表现为如下几点：

（1）土地供给完全垄断。我国是社会主义国家，土地是国家拥有所有权，由地方政府代行权力。我国的土地市场是完全垄断的市场，由于垄断市场的存在，土地价格在房地产价格中所占比重是较大的。从各个地方的实践来看，其占比是逐年增加的。

（2）由于土地资源的有限性，房地产市场不可能存在大量的供给，住宅商品与从流水线生产出来的一般商品不同，无法做到购买者需要多少，企业可以生产多少来满足无限的需求。这样的市场，不可能做到所有当事人都是价格的接受者，价格容易被供给方操纵。另外，正是因为土地资源的有限性，导致地价不断抬高，也形成新企业进入市场的壁垒。开发商一旦拿到土地，就是该地块的唯一商品房供给企业，或者该地块周边不多开发项目的供给者，形成该地块完全垄断或周边地块寡头垄断企业，由于缺乏充分竞争，寡头企业可以通过串谋来提高销售价格。

（3）住宅商品差异化特性。因为土地的不可移动性和商品房开发项目的独特性，导致任意两个房地产项目是不同的，甚至由于房屋的楼层、朝向、装修风格、地段的不同，任意两套房子也是不同的，即住宅是异质性商品，这种差异化特点致使房企拥有定价能力。因此，住宅市场不是完全自由竞争市场，因为完全自由竞争市场的商品是同质的，且参与双方都是价格的接受者。

（4）住宅市场交易信息不对称。因为房地产价格的影响因素涉及方方面面，可谓全方位、多角度、立体的，因此，房地产交易信息存在极为严重的不对称、不完备状况。根据信息不对称理论，商品供给方会利用信息的不对称，购房者无法获得真实信息，处于商品房交易与价格信息的不对称与不完备环境中。这进一步说明住宅市场是不完全竞争市场，因为完全自由竞争市场的信息是公开、透明、完备的。

另外，住宅是一个长周期的产品，需要经历获取土地使用权、规划设计、施工建设、竣工验收等一系列过程，少则一年，多则几年，住宅市场并不是及时对需求进行反馈，供给滞后于需求一定时间。虽然目前采用预售的形式缩短了供给的时间，但是预售的期房产品信息相对于现房更少，信息不对称可能更严重。总之，房地产市场是一个土地市场完全垄断和房地产市场区位寡头垄断的市场结构。垄断会破坏竞争，摧毁以竞争为基础的市场经济效率，是一种反市场力量，所以需要政府经济管制。在完全自由竞争市场，商品价格可以通过供求关系来调节，即求大于供，价格上涨，反之，价格下跌。而在垄断市场中，价格被市场垄断力量所控制，就很难通过供求关系来调节价格了。从 2004 年以来，我国房地产调控政策不断，但始终效果不佳，这与基于供求关系来调控房价有一定关系。

西方国家政府在纠正这种对完全竞争市场的偏离时采取的是反垄断与经济管制。它们通过立法方式来反市场垄断，而对自然垄断行业，为了要压制垄断者的定价强势行为，则采取经济管制方式直接控制企业的决策行为，如价格经济管制，特别是对公用事业部门水电价格与房价等的经济管制。在反垄断政策中，其核心政策在于遏制那些潜在削弱市场竞争的市场集中化趋势的存在，防止市场力量的过度集中对资源配置效率与消费者福利造成不利影响。与此相反，经济管制理论往往接纳市场集中现象，特别是自然垄断产业，视为在特定市场条件下不可避免且往往具有合理性的产业结构特征。这种认知基于市场结构分析，认为在自然垄断市场中，由于规模经济、范围经济或网络效应等经济特性的存在，自然垄断不仅不可避免，而且是一种高级的市场结构形式。在铁路运输、水、电等的自然垄断市场，竞争反而带来低效与生产的高成本。因此，针对自然垄断市场的经济管制目的是对这一市场中的企业定价决策等行为加以限制，以便减少其经济决策行为可能导致的社会福利损失。

价格管制是经济管制的一种类型，是指政府为了有效配置资源，对自然垄断或者类自然垄断市场中的商品价格进行管制，旨在修正因垄断市场定价导致的价格不合理。在垄断市场下，政府可以不通过直接定价的形式，而是使用价格监督、申报、评审和限制涨幅等措施，对商品价格进行经济管制。通过价格管制，政府可以避免不完全竞争市场的供应方攫取垄断利润，提高社会资源的分配效率，增加社会总剩余。目前理论界对垄断性市场进行价格经济管制基本达成共识，由于住宅市场存在垄断，因此就必须对住宅价格进行经济管制。目前，我国提出要建立房地产市场健康稳定发展的长效机制，首先必须对住宅市场的结构与反竞争力量要有个清晰的认识，才能对症下药，解决房价不断上涨的顽疾。我们可以通过征收重税的方式使炒房者不赚钱，将房子回归到其正常的居住功能上，这样房地产市场的长效发展机制才能初步建成。

6.2 住宅价格经济管制对策：基于制度建设

由于房地不可分割，作为重要的要素资源价格，地价在住宅价格中是极为重要的前导价格。因此，住宅商品市场价格经济管制具体包括地产价格经济管制和房产价格经济管制。地产价格经济管制主要针对地方政府的土地供给结构、土地出让方式和土地价格管制方面，因此，其管制应从完善制度建设，改革行政管理体制入手，以达到建立稳定健康发展的长效机制之功效。而市场中的房价经济管制，则应管制开发项目微观企业垄断定价行为和置业投资（机）者炒作房价的行为。基于制度建设的科学管制住宅价格对策如下：

（1）构建地方政府多元全绩效考核体系。

在市场经济下，与企业不同，政府的目标并非寻求自身收益最大化，政府实质上是市场经济的组织者、监督者、维护者和管理者，因此，追求经济收益并不是地方政府的内生源动力。中央政府早已强调要把地方政府单纯追求 GDP 改变为"综合发展"，并提出要加强"五项统筹"，即统筹城乡发展、统筹区域发展、统筹经济社会发展、统筹人与自然和谐发展、统筹国内发展和对外开放等的要求。政府地价管制政策就是要在垄断性市场结构下创造合理、公正的定价环境来增进社会福利。当管制政策的效果被非合作行为所抵消时，政府通常会增加管制条款，堵塞政策漏洞，使政策更加完善。中国房地产市场的现象说明了同市场经济体制建设进程相比，中国地方行政管理体制改革较为滞后，只有改变地方政府短期经济利益行为，才能建立房地产市场长期稳定健康发展机制。

（2）完善中央与地方的土地收益分配制度。

中央与地方在土地收益问题上的关键是如何管理使用好土地收益，而非分成比例多少。针对当前土地收益分配及地方政府行为模式所面临的挑战，中央政府应采取一系列优化策略以实现整体经济治理的均衡与高效。首先，在土地收益分成比例上，中央政府的最优选择是适度降低其直接参与分成的比例，以激发地方政府的积极性与创造力，同时减少因过高分成比例可能引发的负面激励效应。其次，改革地方政府的政绩考核体制，构建一套更加科学、全面、注重长期效益的考核指标体系，不仅关注经济增长速度，更要重视经济结构优化、民生改善、环境保护等多维度的发展成果，以引导地方政府转变发展观念，实现经济社会的可持续发展。此外，在约束机制方面，中央政府需进一步强化财政监督体制、产权机制以及土地基金专项管理机制等关键领域的制度建设，从而加大对地方政府的约束力，促进其依法依规行使权力。

（3）必须加强与完善房地产市场的制度建设。

制度建设是规范房地产市场交易秩序，确保房地产市场稳定健康发展长效机制的基础。这里的房地产市场制度主要包括住宅价格标准化估价公示制；土地出让方式调控制；公开交易审查制；住房税收调控与征管制；住宅信贷融资制；房地产统计和信息披露制；房产、地产价格预警预报制和城镇住房保障制等。

第一，住宅价格标准化估价公示制。此处的标准化估价公示制包括各地市县形成由国家注册房地产估价师为主干成员的估价团体，估算出标准化基准地价和标定地价并予公布的制度，以及在完善基准地价基础上的宗地估价修正体系，同时，对基准地价、标定地价须定期更新和对外公示，并将上述土地标准化价格资料在第一时间向独立的住宅价格管制机构登记备案。另外，要建立面向征税、抵押和交易等标准化的住宅价格评估制，当然，要使住宅价格估价科学规范首先必须建立完备的房地产估价制度和土地估价师、房地产估价师资格认证制度。

第二，土地出让方式调控制。由于通过土地出让方式的不同组合（招拍挂）可起到调节土地价格的作用，同时，调控土地出让方式也可起到管制土地用途，进而达到调控住宅供给结构的目的，因此，国家必须建立土地出让方式调控制。当住宅地价快速上涨时，尽量少用拍卖方式，多用竞争目标多元化的招标方式；当地价明显低于市场价格时，须减少出让，政府甚至可用优先购买权购进低价土地，保持市场价格稳定。首先，须完善土地"招拍挂"制，包括针对市场价格剧烈波动时，科学调节"招拍挂"三种出让方式土地的比例，以达到稳定地价的效果。其次，要规范三种出让方式的程序，建立德才兼优的招投标专家库，完善有形土地交易市场，包括土地出让和出租市场等。最后，针对中国人多地少、城市家庭经济收入中偏下居多的现状，未来应重点发展中低价位、中小套型普通商品住房，并编入年度住房建设规划和用地计划，明确并保证各年新建普通住宅和相应的用地供给比例。对普通住宅用地，其出让方式须采取稳地价、竞"低房价"的"招拍挂"方式来确定开发建设单位。

第三，公开交易审查制。公开交易审查制指政府价格经济管制部门通过强化市场配置土地资源，防止开发商利用信息不对称，进行误导、暗箱操作和投机房产与地产，公示市场交易价格，审查判断房地产交易价格的合理性，从而达到规范市场经济秩序的目的。其主要包括土地出让的集体决策制和重要媒体渠道公告制，建立土地一级、二级市场交易登记、交易价格的许可和可查询制度等。

第四，住房税收调控与征管制。为有效遏制投机性与投资性购房需求的过度膨胀，国家可通过调整住房转让环节营业税等政策来达到稳定住房价格的目的。因此，要使国家通过税收调控机制来管制住宅价格的政策不致失效，就必须完善住宅市场的税收征收管理制度。住房税收调控与征管制包括构建合理的住宅税收体系、纳税申报征管制和调整税率。为了抑制市场投机行为，应适时提高短期内转手的住房交易税率和所得税率，对囤积土地与房产的，可开征房产税等新税种。

第五，住宅信贷融资制。房地产是资金密集型产业，开发贷款在房地产开发资金来源中的比重超过55%。可以通过控制信贷融资条件来对住宅市场进行调控。完善房地产开发贷和住房消费贷的相关制度，抑制房地产开发企业利用贷款来囤积土地和房源。通过调节住房消费的按揭贷款利率、首付比例等抑制住宅市场上不合理的投机需求。

第六，房地产统计和信息披露制。前面提及房地产市场是不完全竞争市场，存在信息不对称。房地产开发企业有着信息优势，有可能利用信息差，提供虚假信息，误导消费者预期等。政府部门可以对掌握的信息进行及时公布，以减小信息差距，诸如定期发布房地产市场开发量、供给结构、库存、去化库存量、均价、价格指数、各板块房地产开发项目情况等。房地产相关信息管理部门应建立健全房地产市场信息系统，及时向社会发布，以提高住宅市场交易信息的透明度，强化房地产政策宣传，实现"房住不炒"，树立正确的消费理念等。

第七，房地产价格发布及预警制。房地产价格包括住宅价格、土地价格，它是住宅市场交易的核心指标，政府房地产主管部门、土地管理部门和统计部门应相互协同及时收集房地产市场交易数据，构建科学的房地产价格指数发布及预警系统，分析预测市场价格走势，研判住宅市场发展态势。在研究分析房地产市场时，需要使用房地产价格指数，而设计的价格指数必须剔除房地产的差异性因素。因"平均价格"中包含产品差异因素带来的价格差异，如市中心楼盘入市，会大大拔高平均价格，这种价格拔高容易误导消费者，以为是房地产市场价格是因供求变化产生的价格大涨，实际上不是，所以平均价格不能用于分析市场供求关系变动带来的走势。在房地产价格指数中应仅考虑市场的特征因素，体现市场供求关系导致的价格变化，反映市场的趋势走向，这种指数才能作为市场的"风向标"。

第八，为实现住房的分类消费和满足供给的结构性要求，应加快保障性住房和租赁性住房市场的建设。以上都属于规范住宅市场经济秩序的宏观层面的制度建设，还需要在微观层面建立独立的住宅价格经济管制机构，对微观层面的企业和个人的住宅价格投资投机行为进行精细的经济管制。

6.3　土地出让方式与地价经济管制模式

住宅毕竟是老百姓衣食住行的生活必需品之一。要管制住宅价格，首先必须抓住土地源头，规范约束地方政府出让土地的收益最大化行为，从严管制土地价格，确保地价的稳定。这样才能达到管制住房价，从而最终达到房地产市场稳定健康发展的目的。

1987～1988年中国大陆城市开始将土地所有权与使用权分离，实行城市土地使用权批租出让制度，即各城市地方政府可以代表国家作为土地所有权人将一定年限内的城市土地使用权出租给土地使用者，并且收取相应的土地出让金或地租，也就是土地价格，它是土地使用权价格不是所有权价格，这与西方国家土地的所有权价格或者土地资产价格有明显的区别。这个土地使用权价格就是地方的土地财政收入。所以土地使用权价格本质就是税收。

由于土地是自然禀赋，不是生产出来的产品，所以无法通过成本累加方式来决定其成本价。当然，土地成本价也可以通过基准地价修正法来确定，毕竟在垄断性市场通过供求关系决定的地价容易失真。然而在实际操作中，因地价与房价有紧密的关系，开发企业也会采用住宅项目未来预测的房价倒推测算出土地价格。所以，只要我们管制并稳定住房价，自然也会稳定住地价。

在土地资料如规划用途、容积率和覆盖率等确定下，通过开发项目未来的房价倒推测算出地价公式如下：

$$土地总价 = 建成的房屋卖价 - 建安造价 - 管理费用 - 销售税费$$
$$- 投资利息 - 开发利润 - 购买土地应负税费 \qquad (6.1)$$

假设住宅开发期 T 年，建成后整个住宅项目将来销售均价定为 F，折现率为 i，则房屋现价为 $P = F(1+i)^{-T}$，该地容积率为 v，土地面积为 m，建筑面积则为 vm，建安造价（含专业人员费用）为 C_f，管理费用占建安造价比例为 g，开发成本于开发期 T 年中均匀投入，造价现值 $C = C_f(1+i)^{-T/2}$，销售税费占房价收入的比率为 f，购买土地应付税率为 d，开发利润率为 R，按照国家标准的《房地产估价规范》，计算利润的基数可取开发完成后的房地产价值，则式（6.1）可用数学符号表示为如下，其中土地单价为 L：

$$Lm(1+d)(1+i)^T = Pvm(1-f-R) - Cvm(1+g)(1+i)^{T/2}$$

移项整理后得地价：

$$L = \left[F(1-f-R)(1+i)^{-T} - C_f(1+g)(1+i)^{-T/2} \right] \frac{v}{1+d}$$

$$L = \left[P(1 - f - R) - C(1 + g) \right] \frac{v}{1 + d} \qquad (6.2)$$

通过对式（6.2）的分析可知，土地单价 L 与房价 P 线性正相关，说明住宅地价受制于房价，反过来，地价也会对房价产生成本推动作用。

除了房价外，政府要管制地价，还可通过调节土地容积率 v、房产交易税 f 和土地交易税 d 等经济手段来调控地价。另外，也可改变土地出让方式，加大土地的招标出让方式调控地价，对开发商而言，地价受制于房价 P、建安成本 C、开发利润率 R 和管理费 g 等。当然，各因素对地价的影响程度不同，我们可以进行敏感度分析，即通过改变一个因素并保持其他因素不变的方式进行。例如，容积率 V 增加 10%，其他因素不变，地价 L 就会提高 10%；而房价提高 10%，L 提高的幅度就会超过 10%，这样，我们就可以把各个因素对地价的影响列成表，即各因素增加或者减少 10% 对土地单价 L 的影响如表 6-1 所示。

表 6-1　　　　　　　　　各因素对住宅地价的敏感度分析

影响排序	影响因素	变动幅度	引发地价 L 提高幅度	备注
1	住宅现在销售均价 P	+10%	$\dfrac{10\%}{(1-A)}$	
2	建安造价 C 现值	−10%	$\dfrac{A}{1-A}10\%$	采用单因素变动法研究。下标 0 表示初始值。
3	容积率 V	+10%	+10%	
4	管理费用占 C 的比例 g	−10%	$\dfrac{g_0 A 10\%}{(1+g_0)(1-A)}$	$A = \dfrac{C_0(1+g_0)(1+R_0)}{P_0(1-f_0)}$
5	房屋交易税费 f	−10%	$\dfrac{f_0 10\%}{(1+f_0)(1-A)}$	A 值小于 1，且比较接近 1。
6	土地税率 d	−10%	$\dfrac{d_0 10\%}{1+d_0 90\%}$	

从表 6-1 可以看出，房价是地价的最敏感因素，其次是建安造价和土地容积率，土地出让税费率对土地影响较小。敏感因素排序为房价 > 建安

造价 > 土地容积率 > 土地税率。

房价 P 和开发利润率 R 是影响土地单价的可变因素，其余的为固定项。如果知道了土地面积和地块容积率，则住宅的总建筑面积也就确定了，建安造价也就基本确定了。因此，在式（6.2）中，土地单价主要由房价 P 和开发利润率 R 确定。当 P 越大，R 越小时，土地竞买人愿意出的地价就越高。作为理性经济人假设的房地产开发企业需要保证利润最大化，此时需要将房价 P 提高，开发高价房。在现行土地招拍挂制度下，"价高者得"的土地竞买"逼迫"开发商开发高价房，唯有越来越高的房价，才容得下激烈竞争的高地价。当房价处于稳定状态下，开发企业就不敢高价竞买土地，地价也就能保持平稳。因此，管制地价的核心是管制房价，反之也一样，房价与地价相辅相成。

当前，政府主要采用"竞地价"方式出让土地。作为土地的唯一供给方，地方政府通过拍卖方式出让的土地常常价格高昂，在一定程度上推动房价上升。为了改变这种连锁反应的局面，政府应主动进行土地价格经济管制，从源头上对土地价格进行严格管制。

土地出让方式与地价经济管制可采取"限地价、控房价"的模式，该模式有两种竞拍方式，即"限地价、控房价、竞配建"及"限地价、控房价、竞自持"。竞配建是指政府在土地竞拍中设置合理的上限，当现场竞拍价达到该上限时，转入竞拍无偿提供的住宅面积，提供面积最大者以最高限价获得土地的使用权，且政府限定该项目住房的最高价格。不同于竞配建，竞自持则是竞拍只租不售的商品房面积。

"限地价、控房价"强调在对房屋价格进行限定的基础上，又设置土地竞拍上限，对于稳定楼市预期、抑制价格猛涨具有积极作用。该模式通过对房价的控制，挤压了开发商的不合理利润，有效稳定房价，保障普通工薪阶层的住房需求。通过对土地价格设定合理上限，避免开发商之间不计成本的恶性竞争，保障开发商的合理利润，并确保房屋质量。土地价格经济管制模式具体操作如下：（1）根据拟出让土地所在区位的房地产均价的 25% ~ 30% 作为拟出让土地的拍卖底价；（2）当土地拍卖价格溢价50% 时，就开始设置包括自持比率等的门槛，该自持比率可以作为长租公寓使用，可以在溢价 50% ~ 70% 设置不同自持比率等的门槛或条件；（3）根据土地与市场状况确定土地拍卖价格的最高限价，达到最高限价后地价将不再继续往上拍，若还有两家以上的竞拍者，则采用竞争无偿提供保障性住房建筑面积等方式，加盖的保障性住房无偿给政府，可不断提高保障性住房建筑面积等竞拍条件，直至仅剩一个竞拍者。

在管理组织架构方面，类似于重庆、厦门和青岛城市的土房局，即土地与房屋合并的管理机构模式则比较有利于直接控制土地供给与地价，直接控制房价，减少中间协调环节，这种管理架构从土地出让到房地产价格经济管制进行垂直管理，能够拥有比较强的力度管控房地产市场，调控手段可多样，调控力度也比较大，拥有体制的先天优势。

总之，这种做法在源头上管制住土地价格的快速上涨，对房地产价格上涨预期与上涨幅度有很好的管控作用。

6.4　一手房价格经济管制模式

6.4.1　基于供给方视角的一手房价格经济管制模式

房地产一手房市场属于区位寡头垄断市场。寡头是指只有少数卖者的市场，为了达到行业联合利润最大化，寡头企业之间会相互配合提高价格，它们最常采用的方式就是价格串谋。若是产品差异，则企业间的串谋定价就更为容易，也更为隐蔽，不会被反垄断管制机构与消费者察觉企业间存在哄抬价格的行为，而更多认为是产品差异导致的价格变化。

美国法院对于竞争者之间串谋价格或瓜分市场公开串谋的立场是严厉处置，将其适用"本身违法原则"而不是"论辩原则"，所谓"本身违法原则"即指当一种行为没有任何有益的而只有害的影响时，那么这一行为的"内在本质"就是违法的。串谋定价内在本质就是妨碍性地限制竞争，这意味着只要证明串谋行为存在即可，美国法院不会给被告任何辩护的机会即判其有罪，处罚包括罚款、赔偿和坐牢。我国于 2007 年 8 月 30 日通过的《中华人民共和国反垄断法》第十三条规定禁止具有竞争关系的经营者达成垄断协议，包括限制商品的生产数量或者销售数量；而第十七条规定禁止具有市场支配地位的经营者从事滥用市场支配地位的行为，包括以不公平的高价销售商品；第十九条认定三个经营者在相关市场的市场份额合计达到 3/4 的，可以推定经营者具有市场支配（垄断）地位。

自 1998 年房改以来，福建省许多城市房价持续上涨，近些年涨幅很大，特别是厦门与福州等热点城市涨幅巨大，老百姓要求政府管控房价的呼声日益高涨。以福州为例，福州一手房价格一直居高不下。表 6 - 2 统计了 2016 年 1 月至 2018 年 7 ~ 9 月福州的房价，一手房价格一直保持在高位运行，而要稳定一手房市场的房价，就必须对价格进行有效的指导与经济管制。

表 6 - 2　　　　　福州一手房商品住宅成交量、金额、均价统计

时间	成交量（万平方米）	金额（万元）	单价（元/平方米）	套数
2016 年 1 月	25.87	413 327	15 976	2 272
2016 年 2 月	16.91	254 783	15 067	1 461
2016 年 3 月	35.25	577 736	16 388	3 150
2016 年 4 月	30.25	481 994	15 931	2 719
2016 年 5 月	29.30	473 018	16 146	2 708
2016 年 6 月	28.85	528 986	18 336	2 822
2016 年 7 月	24.61	431 603	17 534	2 593
2016 年 8 月	28.33	547 326	19 318	2 713
2016 年 9 月	36.79	697 121	18 951	3 603
2016 年 10 月	14.47	315 474	21 800	1 379
2016 年 11 月	6.84	143 261	20 930	608
2016 年 12 月	10.19	226 032	22 180	1 132
2017 年 1 月	10.64	197 436	18 554	930
2017 年 2 月	11.27	192 207	17 052	1 100

续表

时间	成交量（万平方米）	金额（万元）	单价（元/平方米）	套数
2017 年 3 月	14.63	279 488	19 100	1 537
2017 年 4 月	5.60	121 548	21 698	609
2017 年 5 月	6.04	128 969	21 344	676
2017 年 6 月	6.97	141 054	20 238	675
2017 年 7 月	12.21	295 042	24 160	866
2017 年 8 月	11.40	289 160	25 375	1 013
2017 年 9 月	13.20	363 499	27 546	1 127
2017 年 10 月	11.02	266 449	24 168	989
2017 年 11 月	10.83	278 253	25 725	1 138
2017 年 12 月	8.54	211 419	24 764	775
2018 年 1 月	17.12	401 661	23 455	1 592
2018 年 2 月	13.70	326 969	23 869	1 531
2018 年 3 月	11.58	262 166	22 632	1 127
2018 年 4 月	7.08	139 787	19 741	674
2018 年 5 月	6.95	157 477	22 674	637
2018 年 6 月	7.84	197 216	25 162	734
2018 年 7～9 月	58.02	1 538 557	26 519	5 363

因此，在考虑开发商的合理诉求下，一手房必须采取指导价格与会审制，即"指导价格＋会审制度"，指导价格与会审制即类似于"成本加成利润"和"会审共商机制"。也就是根据土地出让已经确定的楼面价格、建安造价、税费和预期的开发商利润等数据，确定指导价格，实施一手房指导价格制。

首先确定指导价格。从住宅商品供给方即开发商角度出发，确定的价格是房屋开发生产过程中成本累加而成的价格，也称为供给价格。在马克思政治经济学框架内，生产价格理论深刻揭示商品价值构成的内在逻辑，指出资本家在生产过程中所生产的每一件商品的价值均包括不变资本（c）、可变资本（v）与剩余价值（m）三个基本组成部分。其中，c 代表生产过程中所消耗的生产资料的价值转移，即预付资本中的不变部分；v 则是指转化为劳动力价值的预付可变资本，它体现在工人必要劳动时间内所创造的价值上；而 m 则是由工人在剩余劳动时间内所创造、并被资本家无偿占有的价值，这部分价值在资本主义生产关系下转化为利润。基于此理论，供给方在制定其商品的供给价格时，实际上遵循的是一种成本加成定价策略，即将生产成本（即 $c+v$ 所代表的总成本）与合理预期的利润（即 m 转化而来的利润）相加而得出。将其作为指导价格，其公式为：

住宅商品指导价格 = 总开发成本 + 销售税费 + 开发商合理利润　　（6.3）

总开发成本主要包括：（1）土地取得成本；（2）开发成本（勘探设计、前期工程费、基础设施建设费、建筑安装工程费、公共配套设施建设费和开发过程中的税费等）；（3）管理费用；（4）财务费用。

总开发成本和销售税费再加上开发商合理利润就形成房地产指导价格，即为（1+成本利润率）× 总开发成本 + 销售税费。

其次建立"会审协商机制"。建立区、市两级房价会审机制，房价会审小组由房地产估价师、物价管理人员、专家和房地产管理部门人员等组成。如果开发商报价过高，需要会审协商，开发商必须陈述合理理由，特别是利润数据，为什么卖价超过周边同类楼盘。因走完两级会审流程需要花费一定时间，即使房价定高一点的利润也会被时间利息成本对冲掉，而且会散失市场机会。因此，通过协商，考虑时间成本与市场冷热营销机会，相信开发商会配合合理定价，不会选择走会审流程，这样可确保一手房定价逐步趋于合理，一定要定高价的项目将禁止其预售。只有保持一手房定价与周边楼盘价格的合理匹配，就可确保稳定价格预期及其涨幅。

6.4.2　基于消费者购买能力的有效需求定价经济管制模式

住宅商品有效需求定价经济管制模式是从城市居民消费者角度出发确定的价格，可理解为有支付能力的住宅商品的需求价格。量入为出是消费的基本原则，居民买房时总会根据自己家庭的收入多少来决定是否购房，以及所购房屋位置、户型面积等。当然，一旦决定买房，多采取个人住房抵押贷款方式，而不是等攒够钱到十几年后才买房消费。由此，我国城市居民所能承受的商品住宅定价为：

$$P = \frac{\beta Y\left[(1+i)^N - 1\right]}{12\alpha Mi\ (1-i)^N} \tag{6.4}$$

其中：P——有效需求定价；

　　　Y——居民家庭年可支配收入额；

　　　α——抵押贷款价值比率（贷款成数）；

　　　i——个人住房抵押贷款月利率；

　　　N——个人住房抵押贷款期限内月份数；

　　　β——月收入中可用于偿还个人住房抵押贷款的最高比例；

　　　M——按居民有效需求决定的户型面积。

居民购房能力除了受月收入高低影响外，还受到贷款首付款的制约，若家庭目前可用资产为 H，该资产中用于一次性支付首付款的最高比率为 γ，这主要指变现能力强的流动资产，即房价还受到如下公式的约束：

$$P \leqslant \frac{\gamma H}{M(1-\alpha)}$$

因此，我国城市居民最高所能承受的商品住宅有效需求定价管制模式为：

$$P = 最小值\left(\frac{\beta Y\left[(1+i)^N - 1\right]}{12\alpha Mi(1+i)^N};\ \frac{\gamma H}{M(1-\alpha)}\right) \tag{6.5}$$

在假定城市居民具备首付款支付能力的前提下，我们可以构建并求解住宅市场的有效需求价格。在居民收入水平既定的情况下，住宅选择过程实质上是一个在单价与购房面积之间寻求最优配置的经济决策过程。居民若倾向于选择单价较低的住宅，则可能在预算约束下扩大购房面积，以满足对居住空间的需求；反之，若偏好于更高档次、单价较高的住宅，则有效需求面积将相应缩减，以确保总价款保持在个人的有效需求支付能力范围内。90 平方米面积线也是针对中国广大消费者的目前收入水平定的。政府对一手房的销售价格限制在合理水平，依据收入群体的工资收入水平，确定有效需求价格，可以采用工薪阶层的平均可支配家庭年收入最高不超过 40% 作为月供，按照银行个人住房抵押贷款公式计算房价，确保商品房销售价格的合理性。

6.5 二手房价格经济管制模式

二手房投资者是将买入的新房在短时间内转手加价倒卖，赚取"买"与"卖"价格之间的价格差，因此，二手房投资者有"买"与"卖"二个价格，这一点与一手房不同，一手房只有一个新盘的开盘价格，一手房价格的高低，只能跟周边区位平均价格对比。而在二手房市场，"买"与"卖"价格之间就有一个可以比较的比率，我们可以将其界定为二手房价格涨幅比率 g，可正可负。

随着二手房价格的上涨，一二手房价格之间出现"倒挂"现象，导致一些地方出现排队抢购一手房以及由此带来"摇号"政策的出台，二手房投资性购房增长明显。国际上通常把投资性购房比例达到 20% 视为警戒线，而福建省主要城市住宅市场已经达到或超过该警戒线。抽样调查数据显示，2018 年上半年，福州市五区已交房住宅小区空置率约 24%，出租率约 11%，合计约 35%；闽侯空置率约 45%，出租率约 4%，合计约 49%。

同时，投机炒作是造成房价"二度"上涨的主要原因，这部分投机炒作对房价的上涨不可小觑。另外，许多二手房价格涨幅一年内均超过两位数，大大高于交易营业税与所得税费，造成 5 年内转手交易要全额征收营业税的政策对许多涨幅大的楼盘作用有限。为此，我们有必要对置业投资二手房市场的房价涨幅上限进行经济管制。

住宅投资者是以获取物业高差价的转售收入和租金收入为目的。开发生产的住宅商品被投资（机）者购买后拿去倒卖，而不是自己居住，人为造成垄断性的住宅市场供给紧张。他们利用市场的不完全，进行不合理的投机炒作，操纵市场价格，导致房价非理性地快速上涨，政府必须对其投资收益率或者房价涨幅上限进行管制。投资者所获收益主要包括物业持有期内房价上涨带来的物业差价收益和房屋出租租金收益，扣减还本付息和相关税费后可得税后净现金流量（温茨巴奇等，2001）。正是持有期中的各年还本付息，才有期末住宅转售所获权益差价收益，因此"还本"收益已经在转售差价收益中体现，不再将"还本"作为投资者权益增加值计入到净收益中。在此，我们采用现金流量模型来分析二手房投资税后现金流量状况，并对投资收益率进行管制，以达到管制房价涨幅、抑制房价快速上涨的目的。

假定政府管制机构确定的客观合理置业投资收益率或基准收益率为 i_k，而且假定投资者以按揭方式购买住宅，并进行简单装修出租，持有若干年后出售，获得投资差价收益。该物业持有期为 T 年，若房价年平均涨幅为 g，则投资现金流 $NF(g)$ 由三部分组成：一是期初的权益投资额，包括首付和装修支出，用 PV_0 表示。二是租赁经营期的租金现金流入，其 t 年税后净现金流 = 潜在租金总收入 Z_t − 空置损失及坏账损失 K_t − 物业和维修费用 W_t − 经营期税费 f_t − 按揭的年还本付息 A_t。该现金流的现值用 PV_1 表示。三是持有期结束房屋出售的现金流入，税后出售净现金流 = 出售收入 $S(g)$ − 出售费用 C − 出售的营业税和所得税 C_f − 剩余按揭贷款偿还 D。显然，该现金流大小取决于二手房价格的涨幅 g，因此，其现值用 $PV_2(g)$ 表示。

这样，持有期中任一年 t 的净现金流量为 $NF_t(g)$，在 i_k 下，将各年净现金流量折现并进行代数和的净现值为：

$$\sum_{t=0}^{T} NF_t(g^*)(1+i_k)^{-t} = -PV_0 + PV_1 + PV_2(g)，它与房价涨幅 g$$

相关。

其中：PV_0 = 首付 + 装修；

$$PV_1 = \sum_{t=1}^{T} [Z_t - K_t - W_t - f_t - A_t](1+i_k)^{-t}；$$

$$PV_2(g) = [S(g) - C - C_f - D](1+i_k)^{-t}。$$

若二手房投资的净现值 $\sum_{t=0}^{T} NF_t(g^*)(1+i_k)^{-t} = 0$，意味着投资者的收益率恰好等于二手房市场投资的基准收益率 i_k，因为基准收益率是客观合理的，所以说明投资收益或净现金流 $NF_t(g)$ 也是客观合理的，在净现金流主要取决于二手房价格涨跌的情况下，我们可认定房价涨幅也是客观合理的。因此，可作如下定义：

二手房投资者在物业持有期内第 t 年获得的净现金流入为 $NF_t(g)$，管制机构根据当前住宅市场状况确定的二手房投资客观合理收益率或基准收益率为 i_k，则使 $\sum_{t=0}^{T} NF_t(g^*)(1+i_k)^{-t} = 0$ 的盈亏平衡点二手房价格上涨幅度是客观合理的房价涨幅，这个客观合理的二手房价格上涨幅度我们用 g^* 表示。此时，置业投资者获得的收益率为客观合理的投资收益率 i_k。

客观合理投资收益率 i_k 反映二手房投资市场中正常平均水平的收益率。将具体的数值代入 $NF_t(g)$ 中，可求出置业投资的二手房年平均客观合理房价涨幅 g^*。因盈亏平衡时 $\sum_{t=0}^{T} NF_t(g^*)(1+i_k)^{-t} = 0$，则有：

$$-PV_0 + PV_1 + PV_2(g^*) = 0$$
$$-PV_0 + PV_1 + [S(g^*) - C - C_f - D](1+i_k)^{-t} = 0 \qquad (6.6)$$

在租金收益有限下，二手房投资的主要收益则来自房价上涨收益，这也是目前投机炒作二手房价格的重要原因。可以说，目前住宅市场中只有房价上涨才是二手房投资者的真实投资动机，因此，管制的目标自然指向房价的涨幅和由此带来的收益。由此也可看出，二手房投资不存在生产技术问题，因此其收益与生产技术因素无关。出于激励性管制目的，目前政府管制住宅市场的目的就是引导理性消费，"房住不炒"，减少住宅投资性购房，以避免脱离价值基础的投机炒作导致房价的非理性快速上涨，形成房地产市场泡沫。另一方面，也间接引导开发企业开发价廉物美、品质较高的住宅商品。这一激励性管制目的也为政府价格管制机构制定市场公平或客观合理二手房投资基准收益率指明了方向。

由式（6.6）可看出，要达到平衡，制定的收益率 i_k 值越大，则房价涨幅管制值 g^* 也会跟着提高。因此，为了限制住宅价格的涨幅，其制定的 i_k 就要低。另外，为了激励普通住宅的开发与消费，可在二手房价涨幅激励性管制模型设计时，设置房价上涨最高上限幅度值 h，对二手普通住宅的最高涨幅上限给予适度放松管制。即设计的二手普通住宅年均房价涨幅

激励性管制模型为 $g^* + \beta h$，其中 g^* 为客观合理房价涨幅，β 为管制激励因子，$-1 \leq \beta \leq 1$，h 为房价上涨最高上限幅度值。当然，在当前"房住不炒"的背景下，为了限制房价涨幅，一般不再另设涨幅高限，即将激励性因子 β 定为 0，若完全不鼓励置业投资，可将 β 值设定为负数，这样其现金流在 i_k 下的净现值就为负数，这样投资二手房就会亏损。

应该管制住二手房价格的上涨，没有上涨就没有收益，避免将住宅当作"投资品"，住宅仅仅是大宗消费品，是消费类资产，而且有时间限制。因此，将二手房价格的涨幅比率 g 控制在通货膨胀率范围内是合适的。

对于二手房价格的管制模式，首先，应根据住宅小区与二手房价格分布特征划分城市各二手房区位段，测算城市各区位段二手房价格均价，确定区位段的最高与最低价格，明确价格变动区间，采取超出价格区间的异常交易价格申报审核劝阻制度，从信贷、利率、税收与价格限制等工具延缓、预防并严格限制高价二手房交易行为的产生，以维护房地产市场的稳定与公平。其次，为强化市场透明度与交易规范性，需全面实施并严格执行二手房交易合同的网签备案制度，将贷款审批流程、税收征管环节与网签备案合同紧密衔接，形成闭环管理，从而有效遏制二手房交易中的价格欺诈、骗取信贷资金及偷逃税款等不法行为，保障交易的真实性与合法性。再次，为确保交易资金的安全流转，应全面推进二手房交易资金监管制度。该制度要求对所有二手房交易资金进行第三方托管，直至交易完成且满足既定条件后方予释放，以维护双方的合法权益。最后，为构建统一、高效的房地产市场监管体系，应加大工作强度，确保二手房市场与一手房市场被同时纳入统一的市场监测、监管与调控范畴。通过综合运用现代信息技术手段，加强对二手房市场动态的实时监控与深入分析，及时发现并纠正二手房价格异常波动情况，促进房地产市场的平稳健康发展。

对于学区房，应进行教育资源均等化改革，采取区域合理规划布局与住宅组团开发，每个住宅组团区域都配置教育、医疗与生活等基础设施，同时可以效仿其他城市的成功做法，包括"电脑抽签＋自愿选择学校制"、教师轮校工作制等，从源头上避免学区房的形成。

6.6　限价商品房与共有产权房的价格经济管制

住宅市场是垄断性市场，市场垄断力量为了行业利润最大化，控制住宅市场供给节奏和价格，开发的住宅项目价格越来越高，当市场被控制时，想要通过供求关系来影响价格显然行不通，供求关系决定价格只适合完全竞争市场，不适合垄断市场。作为土地市场中的垄断供应者，地方政府肩负着规划与管理土地资源的重要职责，应当秉持前瞻性与规划性，精心制定既具长远发展又兼顾年度执行性的土地供应计划。这些计划应紧密围绕城市发展的总体蓝图与战略规划，确保土地资源的开发与建设严格遵循城市规划的既定要求与导向。在此过程中，地方政府应特别关注并保障中低收入阶层的住房需求，保证面向中低收入阶层的限价商品房、共有产权房、公租房和拆迁安置房的土地供给力度，建立与完善住房保障体系。

住宅作为一个关系国计民生的必需品，不能因为市场结构的垄断性而导致价格操纵现象的存在，政府对这样的市场进行价格经济管制应成为一种常态，管制是对市场经济不足的弥补与完善。因此，政府应积极介入经济管制住宅市场，实行供给侧改革，包括解决住房供给结构矛盾，加大限价商品房、共有产权房、新配售型保障性住房（见6.8节）等的供给力度，把解决中低收入阶层居住问题作为促进社会和谐的重要手段，实现"居者有其屋"计划。甚至可借鉴新加坡的经验，由政府控制的建设局或大型国有房企向广大居民提供普通限价商品房等，建设与储备经营一定数量的普通限价商品房，以解决老百姓的居住问题。这些普通商品房的回报率可以控制在较低水平，以确保国有房企的正常运转。

6.6.1　住房分类供应制度的设想与限价商品房

作为差异性显著的住宅商品，其供给滞后于需求，存在市场垄断性。

针对垄断性的住宅市场，从世界各国住房市场发展历史与成功经验来看，政府并非放任不管，而是积极介入，以解决中低收入群体的支付能力不足问题。住宅问题的本质可归结为中低收入群体经济收入水平与房地产市场价格之间存在的深刻矛盾问题。大部分国家通过建立住房分类供应体系，从法律与相关政策制度设计上有效地解决中低收入群体的居住问题。解决住房问题，需要提供适应中低收入群体的住宅产品，政府再辅之以财政、金融、税收等的政策支持，中低收入者的低收入与市场高房价的矛盾会得到缓解。相对而言，因市场投机行为导致的高房价泡沫问题解决起来就比较有针对性了。

1998年7月，国务院发布《关于深化住房制度改革加快住宅建设的通知》，决定实行分类的住房供应体系，对不同收入人群实行不同的住房供应政策。其中，商品住房主要针对高收入人群，经济适用房针对中低收入群体，廉租房供应最低收入人群。推行住房分类供应体系是合理地解决中国中低收入阶层住房问题的重要保证，但从目前执行情况看效果并不是非常理想。主要是在于各类住房的供给比例存在结构问题，商品房供应偏多，而面向中低收入者的经济适用房（暂停）、公共租赁住房、人才房、限价商品房、新配售型保障房等规模还有待增加。

针对目前房地产市场价格不断攀升的现象，有必要进一步完善与细化我国的住房分类供应体系，对于既买不起市场价商品房又满足不了购买保障房条件的中等收入者，政府必须大力推广供应中国的限价商品房和新配售型保障房。限价商品房是市场价格受到政府管制、价格适中、符合中等收入阶层的普通商品住房。可以说，限价商品房是最符合目前中国中等收入阶层占多数的现实状况，用以解决广大中等工薪阶层住房问题的普通商品住房。只有这样，中国住房分类供应体系才会得到完善，房地产市场健康稳定发展的长效机制才能得到建立。

我国未来的住宅市场房源应出现如下供给形式：公租房、拆迁安置房、限价商品房、人才（限价）房、共有产权房、新配售型保障房和高端住房，而且限价商品房应该占主流，普通限价商品房和产权型保障房将是中国住房分类供应体系的核心，是满足中低收入阶层的住宅，特别是作为满足广大中等收入阶层的限价商品房和产权型保障房应大量供应。

实际上，与其他国家一样，中国住房分类供应体系是政府、机构、企业、民间与个人共同参与全面解决住房问题的好办法，是一种从高中低收入者不同的经济承担能力出发，在住房建设、消费、租赁方面，让高中低收入者各尽所能地各居其屋。

6.6.2　限价商品房出台的背景

中国限价房管理办法最先在宁波市颁布，2003年12月宁波市出台了《宁波市市区普通（限价）商品住房销售管理办法（试行）》，并于2004年推出了5 012套限价普通商品住房，以满足该市中低收入家庭的购房需求，缓解市场供需结构矛盾。大连市2005年8月也推出限价商品房，并制定了《限价商品房建设和销售管理暂行办法的通知》。而真正把限价房归入中国房地产调控政策之中是在2006年5月29日国务院办公厅转发的建设部等九部委《关于调整住房供应结构稳定住房价格的意见》（即"国六条"），其中第二条第六款称"土地的供应应在限套型、限房价的基础上，采取竞地价、竞房价的办法，以招标方式确定开发建设单位"，即所谓的"两限两竞"政策。套型建筑面积限制为90平方米以下，这种住房（含经济适用住房）面积所占比重，必须达到开发建设总面积的70%以上，"国六条"中的"两限"房子也就成为了"限价房"，并规定要优先保证限价商品住房、经济适用住房和廉租住房的土地供应，其年度供应量不得低于居住用地供应总量的70%。

中国限价商品房是一种价格介于市场商品房和保障性经济适用房之间的普通商品住宅。市场商品房价格太高，中低收入家庭买不起；经济适用房尽管价格低，但是近几年开发量逐年萎缩，且准入门槛太高、管理失序，不容易购买。中国限价普通商品房作为政府管制住宅市场供给政策的出台，其目的在于消除市场供给垄断，缓解住房供应结构性矛盾带来的房价上涨过快矛盾，满足中低收入阶层的购房需求，实现房价的平稳发展，给中国式住宅分类供应体系增添新的一员。

6.6.3　限价商品房的含义与本质

限价商品房对中国住宅市场而言是新生事物，其含义还没有统一界定，介于商品房与产权型保障房之间的住房。各城市在具体实践中，有各自不同的理解和做法，并设置不同的申购条件，许多城市都把住房困难和拆迁户作为购买限价商品房的基本条件。从"国六条"配套细则和一些城市的规定看，基本是从土地出让方式和对房屋价格等设限方面来界定限价商品房，如《大连市限价商品房建设和销售管理暂行办法的通知》规定"本办法所称限价商品房，是指政府通过组织监管、市场化运作，以直接定价招标方式出让国有土地使用权，并限定房屋销售价格、建设标准和销售对象的普通商品房"，"国六条"中的"两限两竞"政策也是如此。

实际上，限价商品房是政府与开发企业之间存在的住宅开发委托代理关系。政府从解决中等收入阶层的住房困难角度出发，将市场中的部分商品住宅最高价格的制定时间前置，不由开发企业在开发建成后定价，在土地出让环节中设定各种房屋限制条款委托开发企业参与开发的过程。中国限价商品房是政府与合意开发商订立特许建设限价商品房的特许开发契约，特许契约规定了房价、户型、质量以及销售对象等政府规定的受限条款，中标开发商要按契约规定的条款来开发销售普通商品住房。若是作为商品房，其面积没有被经济管制，只不过是价格受到经济管制的普通限价商品房；若是作为保障房，其价格与面积都受到经济管制，所以，各地可以根据政府管制条件的不同，采取不同的做法。但其本质都是为了满足工薪阶层对普通住房的需求。

6.6.4　限价商品房的购买群体与申购程序分析

地方政府是现价商品房土地的唯一供给者，在土地使用权出让中，可以依据法规对出让条件设置限制性条款，比如在住宅售价、户型以及具体销售对象等方面进行限制。对价格而言，部分地方如福州、宁波等地直接限定最高价格；一些地区则规定现价商品房的基准价格，比如以同期同地段商品房评估市场价格的一定百分比作为基准；也可以核算开发成本后，限制利润率和管理费的比例。在对户型的限制上，现价商品房的户型基本在 90 平方米以下，如福州规定限价房全部建成 90 平方米以下的户型；大连则细化户型类型及比例，建筑面积 85 平方米以下的中户型占 70%。实际上，限价商品房也是一种住宅，是用于满足广大中等收入阶层的普通商品房，其经济管制的应该是价格和销售对象，其他方面的限制可以尽量放宽，最大限度地达到满足住宅需求的要求。

限价商品房的申购流程为：（1）住房和城乡建设部门事先设计并公开限价房购买资格审定标准条件。（2）申购者向房管部门提出申请。此申请需要经过户口所在地街道或单位对申请者的收入情况和住房状况审核加盖公章。（3）房管部门、公积金管理中心等单位进行审核，将结果对外公示。申请人必须实名登记，不得转让，不得代登记，并明确申购的住宅面积。当限价商品房供不应求时，可以采用公开摇号的方式确定认购者。摇中者应该按照申请顺序，办理销售登记手续，在取得房地产权证后 5 年内不得对外出售，且不得再次申购现价商品房。

6.6.5 共有产权房建设

共有产权房是未来需要常态化供应的新型保障性住房类型。共有产权房是配售给符合条件的保障对象家庭所建的房屋，产权由政府和购房人共享。2017 年 10 月，福建省出台《关于进一步加强房地产市场调控的八条措施》中明确要求各地的共有产权房常态化供应，主要解决本地户籍无房户、符合购房条件的外来人口及重点人才的居住需求。

福建省福州、厦门已经启动了共有产权房建设工作。2018 年，福州计划新开工共有产权住房 1 000 套、新增供应 500 套，截至 6 月底，已开工 500 套，新增供应 503 套。厦门计划新开工共有产权住房 4 500 套、新增供应 1 000 套，截至 6 月底，已开工 497 套，新增供应 1 036 套。10 月，福州已有 893 套共有产权房进入申请阶段，具体情况见表 6 - 3。

表 6 - 3　　　　　　　　　　　2018 年福州共有产权房供应情况

项目名	套数	均价 （元/平方米）	首付比例 （%）	政府产权 （%）	申请对象
金城湾	393	29 200	18	40	本市户籍及在本市缴纳社保满 3 年的外来人口
钱隆府	500	28 100			

　　《福州市人民政府办公厅关于印发开展共有产权住房试点工作实施方案的通知》《福州市人民政府关于印发福州市人才共有产权住房实施方案的通知》对共有产权房的房源筹集、产权比例、日常管理、退出机制作出了具体规定。

　　共有产权房的房源筹集以新建住宅项目配建为主。《关于进一步加强房地产市场调控的八条措施》中明确要求将共有产权住房用地纳入地方年度住宅用地供应计划，并明确规模比例。福州市对 2017 年出让的宗地 2017 - 36 号地块要求配建共有产权住房 500 套，销售均价 28 100 元/平方米。除了针对本市户籍及外来人员的一般共有产权房外，福州市还针对引进的高层次创新创业人才推出了人才共有产权房，福州市范围内的商品住房项目（不含二手房）均可作为人才共有产权房的房源。产权比例方面，针对福州本市户籍及在本市缴交社保满 3 年的外来人口，政府所占产权比例为 40%；针对高层次创新创业人才的共有产权房，政府产权部分由福州市财政根据创新创业人才的不同层次提供的 100 万元、130 万元和 180 万元的购房经费与网签总价的比例确定政府所持有的产权比例。日常管理方面，无论是一般的共有产权房还是人才共有产权住房，政府部门不收取政府产权部分的租金。人才共有产权房仅能由本人及直系亲属居住，不得转租、转借，一般共有产权房的出租需要优先满足符合保障性住房对象的家庭，租金的收益与政府代持机构按照份额进行共享。在退出机制上，北京等地原先规定一般共有产权房的所有人按照市场价政府产权转为商品房。后为保证共有产权房的稳定，规定政府产权部分不再出售。福建省关于一般共有产权房退出的机制尚未明确。福州的人才共有产权房的购房人在福州工作 12 年即可获得政府部门产权，也可以优先申请购买政府产权将房屋权属性质转移为完全产权商品住房。如果购房人才共有产权房的引进人才在福州工作不满 12 年或提前转让所持份额的，由市国有房产管理中心赎回人才所持有的所有产权份额，收回住房。

共有产权房使购房人以部分价格获得了住房的全部使用权，为购房人提供了"相对较低价位"的普通商品房，使其"买得起，住得上"，改善和优化了福州、厦门等热点城市商品住房供给结构。

6.6.6　限价商品房与共有产权房多维度目标的组合价格经济管制

限价商品房与共有产权房的土地使用权价格、房价、建筑质量等都受到政府经济管制，属于多维度的组合经济管制。这样，采用供给侧改革的竞标制就面临多维目标竞标问题。在竞争土地价格时，由于政府要管制它，确保出让时地价不能太低，而在竞房价时候，则要求越低越好。竞地价和竞房价的方向是相反的。使用往价高者得的英式拍卖法可拍出愿出最高地价的开发企业。但无论是先拍地价后拍房价或者相反，都会出现愿出最高地价者不一定愿出最低房价，愿出最低房价的企业不一定愿出最高地价的情况。也就是说，使用竞拍制可确保按照地价达到最低要求，但是即使拍出最高地价，增进了地方政府财政收入，但限价商品房与共有产权房价格也"水涨船高"，无法达到限价的政策目标。

针对此问题，我们提出基于供给侧改革的竞标制限价商品房与共有产权房"限房价＋竞地价＋竞项目方案"，或者采用"限地价＋控房价＋竞项目方案"的三段式组合价格经济管制模式（见图 6－1）。我们以"限房价＋竞地价＋竞项目方案"为例，第一阶段为限房价，可以根据前面一手房价格经济管制模式中的基于消费者购买能力的有效需求定价经济管制模式，即式（6.5）来确定普通工薪阶层有能力购买起的房价作为限价房或共有产权房的房价。第二阶段为竞争土地价格，即在第一阶段得出限价房房价基础上再按照"招拍挂"方式进行限价商品房或共有产权房项目特许开发权竞标土地价格。若是经过第二阶段竞争后，仍然还有几家合意开发企业存在，未决出胜负，则可以进入第三阶段竞争开发项目方案，企业应详细提出限价房开发建设方案。由于开发成本信息不对称，为达到激励企业的目的，可允许企业自行在投标书中提出并标明开发的成本、利润数据以及住宅质量标准、套型面积与小区配套建设标准等。由专家给各个企业申报的开发建设方案打分，由最高分者得到该限价普通商品房的特性开发权，该中标企业必须按照第一阶段和第二阶段竞标的房价与土地价格开发销售限价商品房或共有产权房。

图6-1　限价房三段式经济管制竞争模式

6.6.7　限价商品房或共有产权房质量等目标的经济管制分析

限价商品房或共有产权房的价格受到经济管制，价格比市场商品房价格低，是面向广大中等收入者或引进人才的住宅消费用房。限价商品房或共有产权房尽管价格受到经济管制，但它毕竟是商品房，价格也不是非常低。所以限价商品房的户型、面积等指标必须要走市场需求路线，根据市场需求实际来决定。另外，住宅产品的质量指标包括其耐久性、安全性和可靠性，在地基、结构、墙体、防水、保温等施工方面要求质量优良，分部分项工程竣工的优良比率不低于90%。住宅产品的质量与投入的成本存在正相关关系。如果投入成本减少，则住宅产品就会因为成本减少而产生质量问题。限价商品房和共有产权房的竞标会使得最低开发成本的企业有机会获得限价商品房或共有产权房的开发权，注重企业内部成本核算管理的有实力开发企业更有竞胜的把握。过度的竞争或者监督不到位，会使得房价降低的同时，住宅产品质量也随之下降。由于产品质量涉及更多的指标，且软性因素多，质量比房价更加难以竞标。将质量作为竞标标的，可以考虑在限价商品房和共有产权房开发权竞标中加入组合经济管制，提高开发企业的资质要求，将住宅产品质量要求写入合同条款中。同时，加强监督，提高工程质量建设建立的标准，确保住宅产品的质量。

综上所述，基于供给侧改革的限价商品房或共有产权房价格等目标组合经济管制，采用竞标模式得出的结果中地价、房价、住宅质量标准和开发方案均应在限价商品房或共有产权房开发权经济合同条款中予以明确。

6.6.8 基于供给侧改革的限价商品房或共有产权房三段式竞价步骤

限价商品房或共有产权房基于供给侧改革的三段式竞价模式，其具体竞价运作程序如下：

步骤一，地方政府管制机构明确限价商品房"限房商品价＋竞地价＋竞开发项目方案"或"限地价＋控房价＋竞开发项目方案"的三段式竞标，委托职能部门具体执行。职能部门根据政府委托文件及限价商品房或共有产权房项目的相关资料等对项目立项。

步骤二，职能部门对市场进行调研分析，明确限价商品房或共有产权房项目的占地面积、建设规模、基于有效需求的房价与开发企业资质准入条件等，并制定项目的《限价商品房或共有产权房竞标工作方案》，报请政府管制机构审批。

步骤三，根据审批后的工作方案，职能部门成立限价商品房或共有产权房竞标工作领导小组，制定《限价商品房、共有产权房竞标文件》，报请同意后转入限价商品房、共有产权房开发项目竞标程序。

步骤四，通过网络、电视、报纸等媒体渠道发布限价商品房、共有产权房竞标公告。职能部门须对限价商品房、共有产权房招标竞拍项目进行市场推广，并提供招标竞拍咨询服务。

步骤五，接受参与开发企业关于限价商品房、共有产权房及其开发方案的竞标文件及竞标保证金，开具回执单据。

步骤六，通知资格审查合格的入围企业在规定时间、地点参加限价商品房、共有产权房竞拍地价活动。出价最高的合意企业仅剩一家将获得限价商品房、共有产权房开发权，若出价最高的合意企业多于一家以上，则转入第三阶段竞争项目开发方案阶段。

步骤七，进入第三阶段竞争的企业应详细提供限价商品房、共有产权房开发建设方案及其小区配套。由于开发成本信息不对称，为达到激励企业的目的，可允许企业自行在投标书中提出并标明开发的成本、利润数据以及住宅质量标准、套型面积与小区配套建设标准等。由专家给各个企业申报的开发建设方案打分，由最高分者得到该限价商品房或共有产权房的特许开发权，该中标企业必须按照第一阶段和第二阶段竞标的房价与土地价格开发销售限价普通商品房。

步骤八，限价商品房特许开发权授予企业须在规定时间与授权甲方签订《某地块限价商品房、共有产权房特许开发权项目合同》，合同中应明确价格、质量标准等条款。

步骤九，限价商品房、共有产权房竞标项目工作组向落标方退还竞标保证金，竞标工作结束。

6.7　保障性住房租金价格管制模式

6.7.1　租金定价方法及其管制模式

目前配租型保障性住房主要指公共租赁房（与廉租房并轨），其租赁价格即租金必须受政府管制，以保障低收入者有房住。2017年底，福建省物价局、住建厅、财政厅联合颁布《福建省公共租赁住房租金管理办法》，强调对公租住房租金价格管制必须规范，完善其价格制定标准，按照不超过同地段、同类型住房市场租金水平的70%的基础上考虑当地困难家庭的具体收入情况制定具体的合理比例。而政府投资建设并运营管理以外的公共租赁住房租金标准，必须按照同地段、同类型住房市场租金水平的80%（约）以下确定。

原《城镇廉租住房租金管理办法》和《公共租赁住房管理办法》都规定因收入变化等不再符合保障性住房条件的，应当退出；继续租住的，应当按照保障性住房租金标准与市场租金的差额进行补缴。保障性租赁住房的租金构成因素是少于市场租金的，其定价方法也与市场租金的定价方法有所差异。从具体时间来看，保障性租赁住房租金的经济管制主要采取了租金补贴、租金减免和实物配租三种形式，各种管制租金的定价方法也是不同的。租金补贴是最常用的定价方法，政府按照符合条件的家庭收入情况确定不同的配租标准发放租金补贴，由其到市场上自行租赁商品房。租金补贴起源于美国的廉租房制度，美国于 1965 年和 1986 年两次修订《住宅法》，规定符合政府标准的低收入家庭，只需要支付家庭收入 25% 的租金，其余的由政府进行补贴。实物配租是由政府提供保障性住房，低收入家庭支付的租金标准一般参照维修费、管理费等进行确定。租金减免使用得较少，主要针对的是城镇低保户以及优抚对象，这些保障对象基本不需要支付租金。总之，在政府经济管制下，保障性租赁住房的租金定价以福利租金为参照，按照"两要素原则"定价，参照地方经济发展以及房屋状况进行修正后确定。

与保障性住房福利租金不同的是，市场租金的定价则参照投资收益原则进行确定。保障性租赁住房价格经济管制模型设计的脉络应坚持福利，不偏向市场定价的轨道。市场租金定价的方法主要有置业投资收益法、市场租金比较法、市场租售比率法、百分比租金法、平均偿还本金法、银行复利法和住宅租赁率法。

1. 置业投资收益法

它是将保障性租赁住宅未来的租金收益按一定的折现率贴现到当前，使租金收益的现值总额等于住宅投入成本现值的方法。住宅整个寿命期可以分成多个租赁期，每个租赁期内需要确定起初住宅的价值、剩余的经济寿命。根据租赁期的长短，计算市场租金。若租赁期间房价变动较大，可重新确定房屋价值，依次计算相应的租金。

2. 市场租金比较法

市场租金比较法的理论依据是住宅租金价格形成的替代原理，是收集现有市场上的类似成交实例，将该住宅与实例对象进行比较后，对成交实例的租金标准进行比较修正后确定租金。随着住宅租赁市场的不断发展，租赁实例越来越多，市场法的数据基础得以不断增强，市场法得到了大规模应用。市场法的步骤是：（1）收集租赁住宅的交易实例。（2）选取可比租赁实例，一般不少于3个。可比实例应该是与租金估价对象类似，主要考虑的因素有区位、用途、使用面积、装修、内部家具配置，实例交易日期与租赁价格估价时点接近，且租赁期也相近；租赁价格是正常的成交价格或可以修正为正常价格。（3）建立租赁价格的比较基础，需要在付款方式、单价、面积内涵和面积单位等方面达到一致。（4）交易情况修正，剔除影响价格偏差的因素，修正实例租金为正常租金。这些因素包括带抵押权的住宅租赁，其存在业主资不抵债处置住宅时租户被赶出门的租赁风险等。（5）成交日期与租赁期修正。假设从成交日期到租赁价格估价时点，可比实例租金价格涨跌的百分率为 a，则修正到估价时点的租赁价格 = 成交日期租赁价格 × $(1+a)$。（6）住宅状况修正，包括住宅所处区位情况修正：繁华程度、交通便捷度、环境景观、公共设施完备度、临街状况、楼层、朝向等；以及住宅实物状况修正：新旧程度、建筑规模、面积、设备、装修、家具配备、平面布置、工程质量等。（7）求取租赁比准价格，就三个可比实例分别进行上述三种修正，公式为：

$$\frac{城市住宅}{租赁价格} = \frac{可比实例}{租赁价格} \times \frac{正常市场租金}{实际成交租金} \times \frac{对象时间租金}{成交时间租金} \times \frac{对象状况租金}{实例状况租金} \tag{6.7}$$

实际确定租金时，以正常市场租金、成交时间租金、确定对象状况租金为基准，用100表示，则式（6.7）又可表示为：

$$\frac{城市住宅}{租赁价格} = \frac{可比实例}{租赁价格} \times \frac{100}{(\ \ )} \times \frac{(\ \ )}{100} \times \frac{100}{(\ \ )} \tag{6.8}$$

3. 市场租售比率法

市场租售比率法是根据类似住宅的月租金与售价的一定比例来推算待估住宅租金的方法。采用市场租售比率法，需要先找到类似的租赁住宅实例，且租赁实例数要达到一定量。根据以下公式得到市场平均水平的租售比率 R。

$$R = \frac{1}{N} \sum_{t=1}^{N} \frac{Z_t}{V_t} \tag{6.9}$$

其中，Z_t 和 V_t 分别表示第 t 例住宅的月租金和房价，N 表示租赁实例的个数。若是计算出某类住宅月租金与房价市场比率为 0.64%，则房价为 50 万元的住宅月租金为 3 200 元。采用市场租售比率法，要将实例住宅影响租金的其他因素统一修正为与待估住宅一致。

4. 百分比租金法

当住宅销售价格波动较大时采用百分比租金法可以使得住宅租金价格保持在一定的合理范围内。此时的市场租金以一个初始的固定租金为基础，外加超过售价给定定额部分一定百分比的附加租金。使用售价而不是净利润作为计算附加租金的基数，可以避免净利润计算的争议，也可以保护出租人不因通货膨胀而遭受租金的损失。

5. 平均偿还本金法

平均偿还本金法是指承租人在租赁期间内分期平均偿还出租人投入房屋建设的成本及其当期利息的方法。第 t 期租金的计算公式为：

$$R_t = \frac{P_t}{N \times 12} + P_t \left(1 - \frac{t}{N \times 12}\right) \times i \tag{6.10}$$

P_t 为住宅现有价值，N 为住宅剩余寿命年限，i 为月利率。

例如寿命期 70 年，价值 50 万元的住宅，在年利率为 8% 时。

第一期租金：

$$R_1 = 50 \text{万} \times \frac{8\%}{12} + \frac{50 \text{万}}{70 \times 12} = 3\,929 \text{（元/套·月）}$$

第二期租金：

$$R_2 = \left(50 \text{万} - \frac{50 \text{万}}{70 \times 12}\right) \times \frac{8\%}{12} + \frac{50 \text{万}}{70 \times 12} = 3\,925 \text{（元/套·月）}$$

依此类推。

6. 银行复利法

银行复利法指按照银行复利计息的方法来计算租金，公式为：

$$\sum R_i = P_t (1 + r)^R \tag{6.11}$$

其中 P_t 为住宅产品的建设成本，R_i 为每期租金，r 是每期折现率，n 是从租赁期初起算的住宅剩余经济寿命中可支付租金总期数，P_t 的本利和等于租金总额。该法中本金 P_t 的偿还可以有不同的方式，可以选择等额本金方式，也可以选择等额本息方式。

7. 住宅租赁率法

住宅租赁率法是以住宅租赁期内承租人应支付的全部利息占租赁期初住宅建造成本的比率来计算租金。双方需要在某租赁期中选取一个合理的租赁率，并通过建造成本来推算全部利息，进而计算租金。

总之，市场租金定价方法是从住宅置业投资者的投资收益角度来确定租金，而不是从社会最低收入者的支付能力角度来确定租赁价格的，我们在进行租赁房租金经济管制定价模型设计时，显然不能采用市场租金的定价模式。

对租赁住房租赁价格进行经济管制的核心是要解决家庭收入与租金标准之间的关系问题。美国规定享受租赁住房的家庭每月支付的最高租金不超过家庭月收入的 25%，超出部分由政府补贴。中国的恩格尔系数高于美国，且全国各地经济发展水平差异大，可将中国的租赁住宅租金支付标准定在家庭月收入的 5%～25%。

《城镇廉租住房租金管理办法》和《公共租赁住房管理办法》中规定的租金都不是市场租金。廉租住宅租金标准管制为维修费和管理费两项因素构成，而公租房租金也属于成本租金。假定其每月每平方米的租金单价值为 Z_0，若当地最低人均住宅使用面积为 S_0，租赁家庭人口数为 N，家庭实际租赁住房面积为 S。另外，假定三项因素构成的准成本租金月单价值为 Z_1，五项因素构成的成本租金月单价值 Z_2，则租赁房租金 Z_L 经济管制定价模型如下。

$$Z_L = \begin{cases} \beta M & \text{若 } \beta M < Z_0 S_0 N \\ Z_0 S & \text{若 } Z_0 S_0 N \leqslant \beta M < Z_1 S_0 N \\ Z_1 S & \text{若 } Z_1 S_0 N \leqslant \beta M < Z_2 S_0 N \\ Z_2 S & \text{若 } \beta M \geqslant Z_2 S_0 N \end{cases}$$

当然，模型中若家庭实际租赁住房面积 S 大于规定的 S_0N，则多出部分面积应按照"有保有别"的原则，将租金单价适当提高，以达到经济管制目的。各地政府对每套租赁住房还要根据该住房的相关影响因素进行修正后最终确定。

6.7.2 公共租赁住房成本租金测算

公共租赁住房的租金标准，可采用市场租金比例法测算确定，也可采用成本租金法测算确定。成本租金法主要参照住房成本的构成因素确定，也参考市场供求状况。公共租赁住房的成本包括折旧费、维修费、管理费、贷款利息。

1. 折旧费

折旧费是公共租赁住房建设成本的折旧。建设成本包括土地使用权费用、建造成本两块。虽然公共租赁住房的土地是划拨的，但是仍然需要支付征地费用。建造成本包括前提工程费、基础设置配套费、建筑安装工程费、利润及税金等。征地费用按照实际支出进行计算，建造成本按照当地造价管理站公布的类似项目进行比较估算，将建设成本按照 50 年进行折旧，残值率为 0 计算折旧费。

2. 维修费

维修费是指维持公共租赁住房在预定使用期限内正常使用所必需的修理、养护等费用。参照国内关于保障性住房的管理费用测算依据，考虑中低收入家庭的实际，房屋年维修费按不高于房屋原值年折旧费的 50% 计算。

3. 管理费用

在公共租赁住房的租金构成体系中，明确排除了承租人在租赁期间实际产生的一系列生活与服务性费用，这些费用包括水费、电费、燃气费、有线电视服务费、通信费、卫生清洁费以及物业管理服务费等。此设计目的在于清晰界定租金支付范围，确保公共租赁住房租金仅覆盖房屋使用权的基本成本，而不涉及因居住活动而产生的额外日常开销。物业服务费由承租人负责，不包含在租金里。这里所说的管理费用不是物业管理费用，而是指实施公共租赁住房管理所需的人员、办公等正常开支费用。管理费按不超过房屋年维修费的18%计算。

4. 利 息

自2011年7月7日起，针对参与利用住房公积金贷款支持保障性住房建设试点工作的城市，为有效调控资金流向、平衡住房保障与资金安全之间的关系，特实施了差异化的贷款利率政策，即此类贷款的利率被设定为在原有5年期以上个人住房公积金贷款利率的基础上，上浮10%执行。目前5年期以上公积金贷款的年利率为4.5%，因此按照4.95%的利率计算年租金成本。

5. 公共租赁住房成本租金

根据折旧费、管理费、维修费和利息，可以计算出各地公共租赁住房的成本租金，结果如表6-4和表6-5所示。

表6-4　　　　　　　　　福建各地公共租赁住房开发成本　　　　　　单位：元/平方米

地区	楼面地价	前期工程费	建安工程费	基础设施费	公共配套设施费	公共租赁住房成本
福州市	3 063	95	1 900	60	20	5 138
厦门市	3 207	115	2 300	73	24	5 719
泉州市	2 269	90	1 800	57	19	4 235
漳州市	1 070	75	1 500	47	16	2 708
莆田市	1 373	80	1 600	51	17	3 121
龙岩市	1 913	70	1 400	44	15	3 442
南平市	1 515	65	1 300	41	14	2 935

地区	楼面地价	前期工程费	建安工程费	基础设施费	公共配套设施费	公共租赁住房成本
三明市	1 374	68	1 350	43	14	2 848
宁德市	1 865	73	1 450	46	15	3 449

资料来源：公共租赁住房开发成本数据取自当年建成时期的成本，楼面地价为 2011 年各地市非工业用地土地出让的楼面地价，建安工程费参照各地市造价管理部门公布的钢混结构小高层住宅的建安费用确定，前期工程费、基础设施费用和公共配套设施费用分别取建安工程费的 5%、3.16% 和 1.05%。

表 6-5 　　　　　　福建各地公共租赁住房成本租金　　　　单位：元/平方米

地区	公共租赁住房价格	折旧费	维修费	管理费	利息	成本租金
福州市区	5 138	8.6	2.6	0.5	21.2	32.8
厦门市区	5 719	9.5	2.9	0.5	23.6	36.5
泉州市区	4 235	7.1	2.1	0.4	17.5	27.0
漳州市区	2 708	4.5	1.4	0.2	11.2	17.3
莆田市区	3 121	5.2	1.6	0.3	12.9	19.9
龙岩市区	3 442	5.7	1.7	0.3	14.2	22.0
南平市区	2 935	4.9	1.5	0.3	12.1	18.7
三明市区	2 848	4.7	1.4	0.3	11.7	18.2
宁德市区	3 449	5.7	1.7	0.3	14.2	22.0

6.7.3　公共租赁住房项目市场租金分析

上述对公共租赁住房成本租金的测算根据的是市场平均情况。现以一些具体项目为例将公共租赁住房租金与市场实际租金作一对比。

2006 年，厦门建立了公共租赁住房制度，规定厦门市公共租赁住房的租金标准以市场租金标准为参照物，承租者按照市场租金标准的 10% ~ 30% 缴交。具体缴纳比例按承租者的家庭收入情况而定。缴纳 10% 标准的为城市低保户的，90% 部分由政府财政补贴；家庭年收入在 2.5 万元以下的，缴纳20%；家庭年收入在2.5万~5万元的，缴纳30%。以高林居住小区为例，如果公共租赁住房的建筑面积为62.1平方米，市场租金为1 021.4元/月，按照30%的较高比例为306元/月。福州省直单位屏西住宅小区，建筑面积为35平方米的房子面向有住房困难的干部职工出租，租金为175元/月。建阳市公共租赁住房户型为30~50平方米的小户型，包括大潭印象、曼山别院以及人民路的彩虹楼附楼等项目，租金标准按照市场租金的60%，每平方米6~9元不等（见表6-6），租赁对象为大中专毕业生。福州大学2018年制定的《福州大学公共租赁住房管理暂行规定》对产权属于学校且用于租赁的公有住房统一租金标准为9元/平方米。

表6-6　　　　　　　三个公共租赁住房租金标准的比较

项目	面积（平方米）	市场月租金（元/平方米）	公共租赁住房月租金（万元/平方米）	公共租赁住房租金与市场租金比例（%）	建成时间（年）
福州省直屏西小区	35	35	5	15	2011
厦门高林居住区	62	40	6	15	2009
福大怡园小区	60	30	9	33	1995
建阳大潭印象	32	15	9	60	2013
厦门洋唐居住区	40	28	20	70	2020

《福建省公共租赁住房租金管理暂行办法》采用市场租金比例法测算租金，原则上按同地段或同区域、同类别住房市场租金50%~70%的比例确定。福州、厦门两地公租房因为建设时间早，省直屏西小区2011年建设，保障对象为省直单位住房困难人群，其补贴标准较高；厦门高林居住区2009年建设，执行的厦门市保障性租赁住房标准，两者更多带有廉租房的属性。后续建设的公共租赁住房项目，如2013年竣工的建阳大潭印象则租金标准参照2015年的《南平市公共租赁住房租金管理暂行规定》规定，为市场租金标准的50%~70%。厦门洋唐居住区公共租赁住房租金标准为市场租金的70%。

6.8 产权型保障房价格经济管制分析

6.8.1 产权型保障房价格经济管制缘由

2023 年 8 月国务院常务会议审议通过《关于规划建设保障性住房的指导意见》（以下简称《意见》）明确了加大保障性住房建设和供给与推动建立房地产业转型发展新模式的两大目标。《意见》指出保障房应按照"工薪收入群体可负担、项目资金可平衡、发展可持续"的原则，按保本微利原则配售[①]。由于保障性住房地位提升空前且按照成本价原则配售，因此该指导意见被业界称为"新房改方案"，而该保障房也被称为"新配售型保障房"，这是相对于旧配售型的经济适用住房（暂停）、人才限价房等而言的。

在住房保障体系中，保障房分为产权型（配售）保障房和租赁型（配租）保障房。公共租赁住房属于租赁型保障房，而经济适用住房（暂停）、人才限价房、拆迁安置房、共有产权房以及《意见》中所指的"新配售型保障房"均属于产权型保障房。目前我国产权型保障房常见的定价方式是成本加成定价法或商品房价格折扣法，这种定价策略旨在确保保障性住房的价格能够覆盖其成本，并在此基础上加入一定的合理利润，以维持项目的可持续运营。但是，随着土地价格等开发建设成本的不断上涨，许多城市的产权型保障房平均价格与商品房价格相比，优惠幅度已大大低于30%，一些产权型保障房的价格甚至与同等位置的商品房价格相差无几。为了降低土地成本，不少城市只好将保障房建在远离市中心，造成受惠家庭通勤成本和生活工作成本的提高。因此，从中低收入家庭的收入水平视角出发，探讨与其住房支付能力相适应的保障房有效保障价格显得尤为重

[①] 李强主持召开国务院常务会议审议通过《关于规划建设保障性住房的指导意见》，中国政府网，https：//www. gov. cn/yaowen/liebiao/202308/content_6900133. htm，2023 年 8 月。

要和必要。本节我们将运用灰色系统理论在对中低收入家庭居民收入精确预测基础上，通过构建有效保障价格管制模型来测算产权型保障房的合理定价，为政府部门实行价格管制提供具体的量化依据。

6.8.2　产权型保障房价格经济管制的理论分析

前面章节已经分析过政府经济管制的理论基础。所谓经济管制主要指政府对企业在价格、产量、进入和退出等方面的决策进行限制。政府经济管制一般针对的是非竞争性产品或公共产品，保障性住房自然属于此范畴。产权型保障房作为面向中低收入家庭的住房政策，其价格经济管制直接关系到住房保障的公平性和有效性。合理的价格经济管制可确保中低收入家庭能够负担得起住房，从而实现社会公平和稳定。

首先，政府对产权型保障房价格进行经济管制，主要是为了解决住房市场在保障性住房供给领域的失灵问题，维护社会公平与效率均衡①。价格经济管制作为保障房管理的重要环节，直接关系到住房困难群体的基本居住权益和政府的公共管理能力。通过价格经济管制，政府能够产生净福利收益，满足公众对产权型保障房价格经济管制的需求。

其次，保障房价格经济管制的标准应使保障房价格与中低收入阶层的收入水平相适应，因此房价收入比成为重要的研究指标。目前，部分学者运用系统动力学模型模拟预测中低收入家庭人均年收入基础上，指出现有房价收入比定义的不足，并以重庆市为例，按照重新定义的房价收入比对经济适用房的合理价格进行测度②。

再次，在定价方法方面，目前主要是两条线路，一是成本线，二是收入线。在对保障房受惠群体年收入预测方法上目前文献大都采用多元回归方法。而由于住房开发成本存在刚性，加上土地价格处于高位，因此各个

---

①　王吓忠：《中国限价房定价博弈与激励规制的经济分析》，载《经济学动态》2007 年第 9 期。

②　傅鸿源、陈煜红、梁怀庆：《经济适用房合理价格测度研究》，载《消费经济》2008 年第 5 期。

城市在确定保障房价格时都在寻求开发成本与中低收入阶层收入的平衡点。比如从住房供需关系入手，核算保障性住房受惠群体的平均家庭总收入范围，以适宜的房价收入比为约束，运用利润空间拟合供需函数，模拟房屋交易最优的供给与价格[1]。当然，在运用综合方法方面，通过梳理我国保障性住房定价体系现状，并对比成本、市场和居民收入定价模式及原理，来重构我国保障性住房定价体系[2]也极为重要。

最后，在产权型保障房类型上，目前研究主要涉及经济适用房（暂停）、人才限价房和共有产权房定价问题。由于中低收入阶层居民收入较低，在对共有产权住房试点的六大城市定价的研究中，构建基于供应方建设成本和居民住房负担能力的双赢定价机制，提出保障房价格应符合保障对象的支付能力[3]。另外，因共有产权房价格更趋向于市场价格，受惠群体只是按照市场价格的折扣比例拥有产权，所以其定价方法也更市场化、复杂化，如研究采用贝叶斯博弈模型对共有产权住房进行定价分析，试图得出该类保障性住房的合理价格区间，同时结合各地区具体的经济发展指标，来设计符合地区特色的共有产权房定价方案[4]；或研究运用多目标规划定价模型分析开发商、政府部门及保障对象三个利益主体的合理定价区间，并以北京市共有产权住房项目为例，来论证多目标规划定价模型的可行性[5]等；通过对我国保障房建设发展历程及保障房定价等进行全面经验总结基础上，深入分析共有产权房定价影响因素与定价方法，认为保障房定价应以收入法为主，兼顾市场和成本[6]。

当前，由于《意见》规定探索实践城市人口应在300万人以上，这些城市的经济发展水平良好，土地价格基本都处于高位，即使按照成本加成

---

① 陈军：《基于利润空间模型的保障房政策建议——以北京市为例》，载《技术经济与管理研究》2014年第3期。

② 王德响：《保障性住房定价缺陷及其重构研究》，南京农业大学博士学位论文，2013年。

③ 邓宏乾、王昱博：《我国共有产权住房定价机制问题探讨》，载《价格理论与实践》2015年第7期。

④ 胡吉亚：《共有产权房中的博弈分析》，载《湖南大学学报（社会科学版）》2019年第6期。

⑤ 张燕：《共有产权住房定价机制研究》，中南大学博士学位论文，2022年。

⑥ 易成栋、赵鹏泽、陈敬安：《共同富裕视域下共有产权住房的定价政策》，载《学习与实践》2023年第3期。

法定价，保障房的开发成本也不低。因此，要研究包括"新配售型保障房"等的产权型保障房定价经济管制问题，最为关键的就是要精准预测未来中低收入阶层的收入，并以此为基准，寻求成本法与受惠群体收入之间的管制利益平衡点，来经济管制产权型保障房的价格。居民收入预测现有文献大都采用多元回归等方法，这种方法对数据的要求较高，强调各要素之间呈线性、显性、确定型的关系[1]。而实际上，各影响因素内部往往是呈非线性、隐形及不确定型的关系，在运用传统的回归模型进行预测分析时，我们发现该模型面临误差显著、预测精度欠佳的挑战。相比之下，灰色系统理论中的 GM（1，1）模型展现出独特的优势，其建模过程对信息量的需求较少，能够在有限的信息资源下运作。该模型确保预测系统原始条件的相对稳定性和相似性，有效应对数据不完备或不确定性高的情境。尤为重要的是，GM（1，1）模型能够精准捕捉并反映系统的短期内部动态规律，从而实现对系统未来行为的高精度预测，这可显著提升预测结果的准确性和可靠性[2]。为此，这里将采用灰色 GM（1，1）模型来预测中低收入家庭的年收入状况。

6.8.3　中低收入家庭收入预测与价格经济管制的理论模型

1. 灰色 GM（1，1）收入预测模型的构建

假设指标数列 $X^{(0)}$ 共有 n 个观察值 $x^{(0)}(1)$，$x^{(0)}(2)$，$\cdots$，$x^{(0)}(n)$，将其称为原始数列。对原始数列作累加得到新的数列 $X^{(1)}$，则其元素为：

$$x^{(0)}(k) = \sum_{i=1}^{k} x^{(0)}(i), \, k = 1, 2, \cdots, n \tag{6.12}$$

称 $x^{(0)}(k) + ax^{(1)}(k) = b$ 为 GM（1，1）模型的基本形式，其微分方程为：

$$\frac{dx^{(1)}}{dt} + ax^{(1)} = b \tag{6.13}$$

---

① 朱建平等：《基于家庭收入的保障性住房标准研究》，载《统计研究》2011 年第 10 期。

② 刘思峰、郭天榜、党耀国：《灰色系统理论及其应用》，科学出版社 1999 年版，第 41～60 页。

方程解为：

$$\hat{x}^{(1)}(k+1) = \left(x^{(0)}(1) - \frac{b}{a}\right)e^{-ak} + \frac{b}{a} \qquad k = 1, 2, \cdots, n \quad (6.14)$$

本文采用后验差检验方法，具体为：

$$P = p\left\{\left|\varepsilon(k) - \bar{\varepsilon}\right| < 0.6745 S_1\right\} \quad C = \frac{S_2}{S_1} \qquad (6.15)$$

C 越小越好，一般要求 $C < 0.35$，最大不超过 0.65；而 P 要求大于 0.95，不得小于 0.7。[1]

2. 基于受惠家庭收入视角的产权型保障房价格经济管制模型构建

模型的基本假设。居民买房时会根据自己家庭收入的多少来决定是否购房[2]。另外，由于住房价值量大、一次性投入高、中低收入阶层购房能力弱等特性决定产权型保障房一般要采用融资按揭方式购房。近年来，国家和地方政府出台了一系列关于住房按揭贷款的政策，这些政策包括调整首付比例、贷款利率、贷款额度等方面，旨在满足不同购房者的需求。

基于受惠家庭收入视角的价格经济管制模型公式推导。等额本息还款法意味着每个月购房家庭的还本付息额是相同的，通过对等额分付现值公式的推导，可以推算出基于受惠家庭收入视角的经济管制价格。假设产权型保障房有效保障的经济管制单价为 P，家庭年可支配收入为 W，保障房面积为 M，月可支付还款比例为 β，月利率为 i（等于年利率除以 12），贷款月份数为 n，按揭成数为 η（陈湘闽，2010），第 j 月还款后剩余金额为 $D_j(j = 1, 2, 3, 4, \cdots, n)$，可以利用等比数列求和整理得：

$$\frac{W\beta}{12} = \frac{PM\eta i(1+i)^n}{(1+i)^n - 1} \qquad (6.16)$$

因此，得到产权型保障房有效保障价格经济管制模型：

$$P = \frac{W\beta\left[(1+i)^n - 1\right]}{12M\eta i(1+i)^n} \qquad (6.17)$$

---

[1]　陈湘闽：《重构我国经济适用房的定价方式研究》，福州大学博士学位论文，2010 年。

[2]　王吓忠：《房地产市场政府管制的理论与实践》，经济科学出版社 2017 年版。

6.8.4　我国产权型保障房有效保障价格经济管制的测算——以海南省为例

1. 中低收入家庭可支配收入预测

这里以海南省为例，利用 2011～2021 年《海南统计年鉴》中的低收入家庭、中等偏下收入家庭年可支配收入数据（将户均人口数与人均年可支配收入的数值相乘），运用灰色 GM（1，1）模型对未来三年这两类家庭可支配收入进行预测。由于此处研究的是我国中低收入群体，其隐性收入基本没有，这里暂不考虑。

（1）我国低收入家庭年可支配收入预测——以海南省为例。

预测模型为：$\hat{x}^{(1)}(k+1)=\left(x^{(0)}(1)-\dfrac{b}{a}\right)e^{-ak}+\dfrac{b}{a}=632\,320e^{-0.0693k}-608\,435$。

计算得到：$S_1=7\,109$，$S_2=3\,150$，$C=0.3431$，$P=0.95$。原始数据和拟合数据见图 6-2。

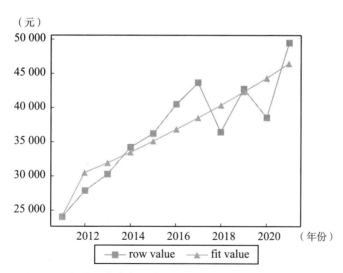

图 6-2　低收入家庭年可支配收入拟合图——以海南省为例

按照标准：当 $P > 0.95$，$C < 0.35$ 时，预测精度等级为"好"，因此该预测模型精度较好，较可信。根据预测模型对海南省低收入家庭 $2024 \sim 2026$ 年家庭可支配收入进行预测，结果见表 6-7。

表 6-7   低收入家庭 2024～2026 年家庭可支配收入预测——以海南为例

	2024 年	2025 年	2026 年
低收入家庭年可支配收入（元）	53 464	56 036	58 732

（2）我国中等偏下收入家庭年可支配收入预测——以海南省为例。

预测模型为：$\hat{x}^{(1)}(k+1) = \left(x^{(0)}(1) - \dfrac{b}{a}\right)e^{-ak} + \dfrac{b}{a} = 788\,143e^{-0.0605k} - 747\,166$。

计算得到：$S_1 = 13\,527$，$S_2 = 3\,708$，$C = 0.2741$，$P = 1.0$。原始数据和拟合数据见图 6-3。

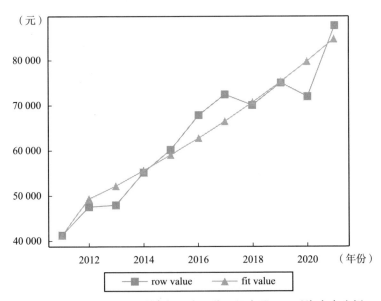

图 6-3 中等偏下收入家庭年可支配收入拟合图——以海南省为例

　　按照标准：当 $C < 0.35$，$P > 0.95$ 时，预测精度等级为"好"，因此该预测模型精度较好，较可信。根据预测模型对海南省中等偏下收入家庭 2024～2026 年家庭可支配收入进行预测，结果见表 6 - 8。

表 6 - 8　　　中等偏下收入家庭 2024～2026 年家庭可支配收入预测

	2024 年	2025 年	2026 年
中等偏下收入家庭年可支配收入（元）	101 583	107 918	114 648

2. 产权型保障房有效保障价格经济管制测算——以海南省为例

（1）测算模型参数的确定。

　　家庭年可支配收入 W 由灰色 GM（1，1）模型预测得到。从统计数据指标可以看出，我国城镇居民的正常基本消费包括 8 个项目，即食品、衣着、居住（租金等）、交通通信、教育、医疗、生活用品及服务、其他用品及服务（金银玉器、美容美发等）。一个中低收入家庭若决定买房，在资金紧张情况下，就会相应减少其他方面的消费，而在包括食品、衣着、交通等基本消费必须得到保证之下，首先减少的应是居住（租金等）和其他用品及服务的消费。中低收入家庭扣除食品、衣着、交通通信、教育、医疗、生活用品及服务这 6 项基本消费之外，将剩余的可支配收入中用于偿还保障性住房贷款的比例值设为 β_1；中低收入家庭扣除基本消费 8 个项目外，将剩余的可支配收入用于保障房还款的比例值设为 β_2，将 β_1 和 β_2 作为关键参数纳入考量，这样 $[\beta_2，\beta_1]$ 构成了可支付还款比例的合理区间。如果保障房还款的比例值超过这个区间的上限 β_1，则会影响到中低收入家庭最基本的 6 项消费支出。若还款的比例值低于下限 β_2，则对中低收入家庭消费支出结构没有任何影响。以 2020 年《海南统计年鉴》中家庭消费支出的统计数据，用以计算基于不同消费支出组合与可支配收入水平的中低收入家庭在保障性住房贷款方面的合理月还款额区间，以此量化家庭在维持基本生活水准的同时，测算住房贷款偿付能力的实际边界。计算得到低收入家庭月可支付还款比例为 $\beta \in [0.17，0.22]$，中等偏下收入家

庭 $\beta \in [0.19，0.38]$。

我国住房贷款期限一般为 20 ~ 30 年，但考虑到这里要界定政府经济管制价格，也就是最高有效保障价格，产权型保障房定价不能超过该价格，否则中低收入家庭就负担不起。因此，低收入家庭贷款年限取 30 年，中等偏下收入家庭贷款年限取 20 年。另外，根据 2024 年央行公布的 5 年期以上商业贷款基准年利率为 3.95%，其月利率为 0.329%。个人住房抵押贷款按揭乘数 η 取为 0.8。

此外，鉴于当前确立的人均建筑面积为 35 平方米的小康住房标准，考虑到保障性住房性质与受制于住房支付能力的价格经济管制问题，其面向受惠家庭的住房面积标准理应设定于更为紧凑的区间内，具体而言，保障性住房的建筑面积中位数应位于小康住宅面积标准的 60% ~ 80% 这一合理区间内。进一步地，考虑到产权型保障房在性质上倾向于促进居住权而非过度扩张产权面积，因此，此处特将此类住房的户均建筑面积设定为 80 平方米。

（2）我国产权型保障房有效保障价格经济管制的测算——以海南省为例。

根据保障性住房有效保障价格测算模型及设定的模型参数，得到海南省 2024 ~ 2026 年保障性住房有效保障价格。表 6 - 9 显示了未来三年，当低收入家庭年可支配收入在 53 464 ~ 58 732 元之间，月还款比例在 0.25 ~ 0.30 范围内，月利率为 0.329%，贷款年限在 30 年的情况下，低收入家庭以八成按揭的方式购买 80 平方米的保障性住房，可承受的价格为 2 494 ~ 3 545元/平方米，这就是与低收入家庭未来三年的收入相匹配的保障性住房价格的合理区间。从表 6 - 10 可以看出，未来三年，当中等偏下收入家庭年可支配收入在 101 583 ~ 114 648 元之间，月还款比例在 0.35 ~ 0.40，月利率为 0.50%，贷款年限在 20 年的情况下，中等偏下收入家庭以八成按揭的方式购买 80 平方米的保障性住房，可接受的价格是 7 324 ~ 9 402 元/平方米，这就是与中等偏下收入家庭未来三年的收入相匹配的保障性住房价格经济管制的合理区间。

表6-9 海南低收入家庭2024～2026年产权型保障房有效保障价格

单位：元/平方米

年份	月还款比例	
	$\beta = 0.17$	$\beta = 0.22$
2024	2 494	3 227
2025	2 614	3 383
2026	2 740	3 545

表6-10 海南中等偏下收入家庭2024～2026年产权型保障房有效保障价格

单位：元/平方米

年份	月还款比例	
	$\beta = 0.33$	$\beta = 0.38$
2024	7 324	8 331
2025	7 686	8 850
2026	8 165	9 402

此处分析基于受惠家庭收入视角构建的我国产权型保障房价格经济管制模型，为确保相同条件下其他地方测算的可重复性，我们实施严谨的参数设定，旨在精确量化并评估某特定城市中低收入群体产权型保障房的有效价格经济管制机制。具体而言，通过精细调控一系列参数变量，包括中低收入家庭可支配收入、合理的可支付还款比例、保障性住房的建筑面积标准、按揭贷款的首付比例（按揭成数），以及贷款偿还的期限和利率等，可以系统分析这些参数变量变动对有效保障价格经济管制区间所产生的具体影响。

可以预见，随着中低收入阶层年可支配收入的增加，住房支付能力也在增强。我们有必要通过技术创新、管理优化和政策扶持等措施对保障房价格经济管制加以动态监管。本书测算的未来三年中低收入家庭有效保障经济管制价格可确保产权型保障性住房的价格在受惠家庭可承受范围内，此举不仅从理论上丰富已有的保障房政府价格经济管制方法研究，实践上也将增强政策制定的精准性与针对性，还促进社会公平的实现，为构建完善的住房保障体系奠定更加坚实的理论基础与实践指导。

第7章　基于楼市平稳健康发展的房地产税费改革研究

7.1　房地产税费问题及改革意义

　　房地产税是指以房地产或者与房地产有关行为和收益作为征税对象的税[①]。纵观当前我国房地产税费体系，在土地交易、房屋交易与持有等环节存在着增值税、所得税等多个税种，房地产税存在"重流转、轻保有、税基窄"问题，在房地产开发、二手房转让等环节的税收种类较为繁杂，但在自用保有等环节只包括房产税、城镇土地使用税等税种。同时，由于当前我国房产税征收范围只局限于经营性房产，非经营性房产尚未纳入，导致房地产税的税收调节作用难以有效发挥。因此，有序推进我国房地产税制改革，增加对房产保有环节的税收征收，利用房地产税替代土地出让收入，减轻地方财政对土地出让的过度依赖，促进税收对市场的调节作用，具有十分重要的意义。

　　自 2010 年以来，推进房地产税改革在各级各部门的规划与报告中频繁出现，其中上海、重庆等城市已率先开启了房产税征收试点；2019 年国务院政府工作报告明确将稳步推进房地产税立法工作；2020 年出台的《中共中央　国务院关于新时代加快完善社会主义市场经济体制的意见》中继续提出要稳妥推进房地产税立法。2021 年 10 月，全国人大常委会批准了

---

①　李振伟：《我国房地产税制改革研究》，中共中央党校博士学位论文，2014 年。

《关于在一些地区进行房地产税改革试点工作的决定》。接着，2022 年 3 月，财政部发布了关于"今年（2022 年）内不具备扩大房地产税改革试点城市条件"的声明。尽管社会对房地产改革的关注度很高，但目前为止，我国尚未推出房地产税改革方案。同时，考虑到我国房地产市场进入下行周期以及房地产税改革对楼市的冲击，短时间内取得重大突破的可能性不大。

7.2　房地产税改革主要思路和功能定位

7.2.1　主要思路

从现代税收制度构建的核心要义出发，房地产税应当聚焦于对非经营性房产当前市场价值进行合理调节，此举体现纳税人的受益原则，即纳税人根据其从公共服务与资源中获取的实际利益来承担相应税负，同时响应现代税制对于公平性、效率性及经济调节功能的深层次要求[①]。在目前房地产税制改革的众多呼声中，对居民非经营性住宅征收房地产税已成为主流思想，因此，本章主要研究房地产税改革的核心为居民住宅房地产税改革。

尽管实施房地产税改革已是大势所趋，但政府、学术界对于房地产税改革时间点与具体方案尚未达成统一意见，经过对相关文献与报告的梳理，大致可以将我国房地产税改革内容分为以下三个方面：

一是率先开展房产税征收工作。现存房地产的土地税费已在土地出让环节被地方政府以土地出让金的形式收取，因此仅先针对房屋部分征税，在充分考虑人均居住面积与房价的基础上，既保护居民的基本居住需求，又能有效抑制"炒房"等投机行为。同时，在征收房产税之前，需要加强

---

① 李建军、范源源：《地方财政可持续视角下房地产税改革与收入测度》，载《地方财政研究》2019 年第 6 期。

对公众的教育和宣传工作，提高他们的税收意识，帮助他们了解房产税的征收对象、税率、征收方式等相关信息，以便他们能够积极配合税收征收工作。

二是合并与清理房地产相关税费。可考虑将房产税、耕地占用税以及土地出让金等税收合并成房地产税，改变现行的国有土地批租制，代之以年金制的房地产税，利用房地产税分年度收回国有土地收益。此外，还应清理房地产领域各项收费，除有偿使用或者工本费性质的费用予以保留外，其他杂费应尽可能取缔。当然，合并与清理房地产相关税费是一个复杂的改革过程，需要循序渐进，稳步推进。可以先从一些小范围、试点性的税费开始整合和清理，逐步扩大范围，直至形成全面的税费改革方案。

三是确定房地产税的征收对象。改革后，房地产税将成为我国的重要税种之一，但关于农村房地产、城市小产权房是否征税、税率设置、免征面积设置等问题需要进行充分明确，实施差异化征收要求对房地产税改革方案进行细致化、全面化的调研与设计。此外，还应建立权威的房地产评估机构和仲裁机构，为解决房地产税开征后可能引发的相关问题提供帮助。

7.2.2 功能定位

根据对国外房地产税征收经验以及相关学术研究成果的梳理，开征房地产税具有以下两方面的作用：一方面，房地产税将作为地方税的重要种类，是地方政府收入最主要来源。通过循序渐进的方式推进房地产税改革，从财产税改革开始，通过将房产税、耕地占用税、城镇土地使用税、土地附加税和土地出让金纳入统一的房地产税，这将对改变"土地财政"的依赖以及提高地方财政收入发挥重要作用；另一方面，房地产具有调节收入分配和促进资源节约的功能，通过设置免税面积和差额税率实现差异化征收，能有效打击囤房、炒房等投机现象，分化与调节别墅、大户型或超大户型房产的建造和消费，促进社会效率与公平的再平衡。此外，房地产税的征收对社会公平起到了促进作用，房地产税征收的过程中，可以通过合理的税收政策和税收调节措施，实现对不同群体和不同地区的税收差异化管理，促进社会公平和财富分配的合理性，减轻低收入群体的税收负担，促进社会公平和稳定。

7.3 房地产税改革的分段方式

我们应改变房地产现行的"重流转、轻保有、税基窄"税收格局，促进房地产市场稳定健康发展，增强税收对市场的调节作用。在房地产立法下，研究分阶段逐步推行房产税改革方案，减缓其对市场的影响，最终实现将土地出让金与房产税合并成为房地产税。实施房地产税改革，将对我国财政税收体制、房地产市场发展造成巨大的影响，因此，在改革过程中，必须采取"分阶段、分重点"的改革方式分阶段逐步推进，在保障地方政府收入和房地产市场稳定的基础上，按照征收住宅房产税、改革土地出让制度、统一合并征收房地产税等分阶段稳步进行。

7.3.1 第一阶段：率先开征住宅房产税

由于土地出让费用已经收取，所以房地产税改革第一阶段，应针对居民住宅房屋部分开征房产税，通过合理设置房产税的征收范围、计税依据、税率等制度，以充分发挥房产税的税收调节作用，遏制房地产投机行为，拓展地方政府的税收来源。

1. 房产税相关制度设计

（1）课税范围。

关于房产税的征收范围，由于当前我国城乡二元结构的存在，农村土地不能入市交易，将农村家庭住宅纳入房产税征收范围尚不现实①。此外，当前经常受到热议的小产权房，由于产权问题较为复杂，本章的研究也不

---

① 朱立宇：《推动土地财政向房地产税转型的方案设计及其模拟研究》，福建师范大学博士学位论文，2018 年。

纳入讨论。因此，本章研究的房产税课税范围仅限于城镇居民商品住宅。

（2）计税依据。

关于计税依据（税基选择），目前学术界中提出了宽税基（不扣除任何免税面积）和窄税基（设定免税面积、免税额或免税套数）两种计税依据，基于保障社会民生和维护房地产市场稳定性考量，并结合重庆和上海房产税试点有关经验，应采用宽税基的计税方式，根据城市居民的住房需求与实际情况，参考相关地区成功经验，合理设置免税面积。

（3）税率。

比照当前主要国家的房产税制度，房产税率一般采用比例税，针对工业、商业、住房等不同类型的房产设置不同的税率。我国开展居民住宅房产税试点的上海、重庆也采用比例税的方式。同时，根据成交单价的不同，实行差别化的比例税率，以重庆为例，该市分别设置了0.5%、1%、1.2%三种税率。由于现有统计很难获取不同单价住房的销售数据，无法精确计算差别化比例税下的房产税征收情况。因此，本章分别设定了0.5%、1%和1.2%低中高三档税率方案，并在后文分别预测不同税率下的房产税税收总额，并评估征收房产税后对地方财政收入的影响。

2. 房产税数量估算——以福建省为例

在确定了房产税的课税范围、计税依据、税率等相关制度后，本章将构建房产税计算公式，并根据近年来福建省相关数据为研究样本，估算福建省及其地市的房产税数量，评价房产税征收后对当地财政的影响程度。

（1）居民住宅房产税测算。

从世界房地产税实践来看，都是以房地产评估价值为税基进行征税[①]。因此，我国房地产税改革也应建立在房地产价值评估的基础上，本章参考了李建军（2019）等的研究成果，将非经营性房地产即居民住宅的房产税征收公式设置为：

居民住宅房产税收入 = 城镇住房面积 × 非豁免比率 × 单价 × 评估率 × 税率

[①] 李建军、范源源：《地方财政可持续视角下房地产税改革与收入测度》，载《地方财政研究》2019年第6期。

其中，城镇住房总面积根据《福建统计年鉴》中城镇居民人均建筑面积与城镇常住人口总数数据计算得出；单价，一般指的是存量房房价，根据胡洪曙（2008）等的研究，全部住宅存量房的平均市场价约为当年新住宅商品房平均售价的68%①。当年新住宅商品均价根据福建省统计局公布的当年商品住宅销售额除以当年商品住宅销售面积得出；非豁免比率，引用李建军（2019）等测算出的当前全国居民住宅非豁免比率为48.51%的结果；评估率则参照上海市房产税征收试点中所采取70%的评估率；税率则按照前文构造的0.5%、1%、1.2%低中高三档方案。

（2）福建省居民住宅房产税模拟结果。

根据前文构建的居民住宅房产税测算公式，利用福建省统计局公布的相关数据，本章估算了在0.5%、1%、1.2%三种税率下2015～2022年福建省居民住宅房产税的规模，详见表7-1。其中，以2022年为例，在低中高三档房产税税率下，福建省居民住宅房产税规模分别达到182.5亿元、365亿元、438亿元。

表7-1　　　　福建省2015～2022年居民住宅房产税模拟测算结果

年份	城镇住房总面积（万平方米）	存量房均价（元/平方米）	住宅房产市值（亿元）	0.5%税率（亿元）	1%税率（亿元）	1.2%税率（亿元）
2015	102 127.5	5 823.94	59 478.41	100.99	202.00	242.40
2016	105 212.8	6 239.07	65 643.01	111.45	222.90	267.50
2017	109 975.6	6 313.03	69 427.94	117.88	235.80	282.90
2018	111 758.3	7 216.60	80 651.46	136.93	2739.00	328.60
2019	114 927.0	7 619.58	87 569.57	148.68	297.40	356.80
2020	125 311.8	8 279.17	103 747.74	176.15	352.30	422.76
2021	128 100.2	8 603.96	110 216.90	187.13	374.26	449.12
2022	130 402.8	8 242.92	107 490.04	182.50	365.00	438.00

---

① 胡洪曙、杨君茹：《财产税替代土地出让金的必要性及可行性研究》，载《财贸经济》2008年第9期。

同时，为了衡量征收居民住宅房产税对地方财政的影响程度，本章还整理了近年来福建省地方财政收入、增值税、企业所得税、个人所得税、房产税等数据，详见表7-2。根据表中数据可测算出，2015~2022年，在低中高三档税率下，福建省房产税收入占地方财政收入比重分别达到4.9%、9.7%、11.7%。同时，居民住宅房产税也比现行房产税分别高出504.1亿元、1 665.9亿元、2 130.4亿元。在实行1%和1.2%税率方案下，居民住宅房产税规模将超过土地增值税和个人所得税规模。

表7-2 　　　　　　　2015~2022年福建省相关财政收入 　　　　　　单位：亿元

年份	地方财政收入	增值税	企业所得税	个人所得税	土地增值税	房产税（现行）	0.5%税率	1%税率	1.2%税率
2015	2 544.2	271.8	341.7	94.9	196.4	63.2	101.0	202.0	242.4
2016	2 654.8	545.7	350.0	123.5	215.9	63.7	111.5	222.9	267.5
2017	2 809.0	751.8	381.8	150.6	274.2	79.0	117.9	235.8	282.9
2018	3 007.4	838.7	411.8	178.0	262.4	87.2	136.9	273.9	328.6
2019	3 052.9	850.0	399.0	168.9	254.5	87.5	148.7	297.4	356.8
2020	3 079.0	839.4	368.5	192.8	229.7	81.7	176.15	352.3	422.76
2021	3 383.8	929.1	454.5	218.3	256.8	93.6	187.13	374.26	449.12
2022	3 339.2	675.8	448.1	137.3	239.9	101.8	182.5	365.0	438.0
总和	23 870.3	5 702.3	3 155.4	1 264.3	1 929.8	657.7	1 161.8	2 323.6	2 788.1

当然，在未来推行住宅房产税改革时，大概率对中低档住宅实行低税率，对中高档住宅实行中高档税率，但目前房地产市场中，中低档住宅还是占据多数，因此，居民住宅房产税的征收规模应该大于0.5%方案下的税收总额，而少于1.2%方案下的税收总额，开征居民住宅房产税将为地方财政收入的增加提供重要的支撑。

3. 推进居民住宅房产税改革的政策举措

在房地产税改革第一阶段率先开征居民房产税，需要对房产税各项制度进行明确安排，出台针对性举措并做好相关配套。

一是明确房产税征税范围和对象。要制定专门的法律法规，对农村房产与小产权房是否征收、向房产所有人还是使用人征收等问题加以明确。在确定房产税的征税范围和对象时，要保障税收政策的公平性和合理性，充分考虑各类纳税人的承受能力和利益。同时，应利用现有的房地产登记信息和交易数据，对房产税的征税范围和对象进行调查和分析。最后，要广泛征求各方意见，包括政府部门、行业协会、专家学者和社会公众等，形成广泛共识。

二是要明确房产税的计税依据。依据现有的房产登记信息，充分调查城镇居民商品住房情况，准确把握包括房产的所有权、使用权等情况，为计税依据的设置提供重要参考。进一步地，通过法律法规明确规定房产税的征税标准和计算方法，对房产税的税率、起征点、免征额等内容进行详细规定，既确保征税规定的透明度和公平性，还能有效保障民生、发挥房产税的税收调节作用。

三是明确房产税税率。在充分总结上海、重庆房产税改革经验的基础上，参考其他国家或地区的房产税税率水平和调整机制，加强房地产市场调研，了解不同地区、不同类型房产的市场情况和价值水平，采取差别化比例税，合理设置各档税率，特别是要明确是否以省级为单位设置差别化税率，使房产税的推行更符合地方实际。此外，考虑税率调整对房地产市场、经济发展和社会稳定的影响，避免税率调整对房地产市场造成过大冲击。

四是强化房地产税基评估。建立完善的房地产市场数据信息系统，收集、整理和更新相关数据，包括房产市场交易数据、土地利用情况、基础设施配套情况等，为评估提供可靠的数据支持。同时，房产税的征收有赖于构建科学合理的房地产批量评估体系，应充分学习借鉴先进国家和地区的楼市批量评估经验，使用科学的房地产价值评估方法，如房地产税基批量评估法等，为房产税的开征提供帮助。此外，设立专门的法定评估机构，负责对房产进行评估，并提供评估报告作为计税依据，确保评估结果的客观、准确和公正。

7.3.2 第二阶段：改革土地出让方式

房地产税改革的第二阶段，即在对居民住宅征收房产税的基础上，改革现有土地出让方式，将当前地方政府一次性收取巨额土地出让金的土地批租制度改变为土地年租制，并在一定时期内形成两种制度并存的局面。

1. 现行土地批租制的弊端

自 20 世纪 90 年代开始，我国在土地使用权有权出让的前提下，发展出了以"招拍挂"为主的国有土地出让方式，该方式本质上是一种土地批租制度，地方政府以拍卖等方式一次性出让土地使用权并收取土地出让金。在该模式下，土地出让金成为地方政府的重要收入来源，2019 年，全国主要城市合计土地出让金超过了 4 万亿元，其中，包含了超过 15 个土地出让收入破千亿元的城市，刷新历史同期纪录①。从这个方面看，土地批租制既可以让土地出让金成为政府的重要财政收入来源之一，以应对日益增加的城市建设、产业发展、社会福利等公共事业支出，又可以激励地方政府促进土地供应，避免土地过度开发或浪费，保护土地资源，推动城市建设和经济发展。

但是在该制度下，土地出让金成为地方政府财政的重要来源之一，可能导致地方政府过度依赖"土地财政"收入，影响了地方政府财政的稳定性和可持续性。以福建省为例（见表 7-3），该省 2005~2022 年的土地出让收入总体上呈现不断上升的趋势，全省土地出让金额从 2005 年的 240.19 亿元增加到 2020 年最高点的 3 278.86 亿元，15 年间增长超过 12 倍。同时，在此时间内，福建省土地出让金与地方财政收入的比值均值超过了 50%，其中最低值为 2008 年的 27.95%，最高值为 2020 年的 106.49%。值得一提的是，在 2020 年土地出让金规模创下新高后，由于我国房地产市场进入下行周期，2022 年土地出让收入仅为 2 492.79 亿元，较

---

① 林小昭：《2019 年土地出让金创新高，这 16 个城市超 1000 亿》，中新经纬，http://www.jwview.com/jingwei/html/01-01/284790.shtml，2020 年 1 月 1 日。

2020 年下跌了 23.97%，尽管如此土地出让金与地方财政收入的比值仍高达 74.65%。上述情况表明，实行房地产税改革理所应当，而且也绕不开对土地出让制度的改革。

表 7-3　　　　2005~2022 年福建省土地出让金与地方财政收入情况

年份	土地出让金 （亿元）	地方财政收入 （亿元）	土地出让金与地方财政收入比值 （%）
2005	240.19	432.60	55.52
2006	519.79	541.17	96.05
2007	711.89	699.46	101.78
2008	232.90	833.40	27.95
2009	659.89	932.43	70.77
2010	1 138.42	1 151.49	98.87
2011	1 122.28	1 501.51	74.74
2012	1 033.21	1 776.17	58.17
2013	1 579.61	2 119.45	74.53
2014	1 085.18	2 362.21	45.94
2015	1 186.87	2 544.24	46.65
2016	1 389.33	2 654.83	52.33
2017	1 839.28	2 808.70	65.49
2018	2 422.62	3 007.41	80.56
2019	2 425.66	3 052.93	79.45
2020	3 278.86	3 079.04	106.49
2021	3 193.14	3 383.38	94.38
2022	2 492.79	3 339.21	74.65

资料来源：地方财政收入主要源于历年《福建统计年鉴》，2000~2014 年土地出让金数据来源于历年《中国国土资源统计年鉴》，2015~2022 年土地出让金数据来源于福建省财政厅。

在地方政府财政收入对土地出让依赖程度居高不下的情况下，地方政府在土地出让环节抽取了大部分资金，而这部分资金则以高房价的方式转嫁给了购房者，对经济社会的平稳健康发展、居民住房需求的满足以及社会公平造成了不良影响。如表4－11所示，我国的房价收入比远超国际认可的3~5倍房价收入比数据，特别是我国一二线城市，如北京、上海、广州等城市该数值则更高，这表明我国在现行土地批租制度下，居民购房将面临巨大的经济压力。此外，土地出让金的高低还可能对开发商的准入造成影响，大型开发商可能更容易承担高额的土地出让金，而小型开发商则可能因为负担不起土地出让金而难以进入市场，加剧了市场竞争的不公平性。

2. 土地年租制的优势

土地年租制，即与土地批租制一样，房地产开发商通过招拍挂等方式支付土地使用费以获取一定时期内的土地使用权，但批租制是一次性付清费用，而年租制则是在租期内按年交付租金①。目前，土地年租制在深圳、青岛、杭州等城市已开展试点，也取得了一定的成果。具体来说，该制度具备了以下几方面的优势。

一是减轻地方政府对"土地财政"的依赖。通过土地年租制以年租金的方式出让土地使用权，地方政府在一定时间内可以稳定获得土地租金收入，相较于一次性收取土地出让金，年租金收入更加平稳，减少了对土地出让金等独立渠道的依赖，有助于地方政府规划财政预算和项目投资。同时，土地年租制将土地使用权租期延长至数十年甚至更长时间，地方政府能够更加长远地规划土地利用，减少短期经济利益对土地资源开发的影响，增进土地资源的长期利用效益。此外，土地年租制的实行还能降低地方政府与开发商之间因土地出让而带来的一次性交易，减缓了土地市场的不稳定和不确定性，提高了土地资源配置的效率和公平性。

二是有助于遏制房价的过快上涨。通过采用年租金的方式出让土地使用权，土地年租制有助于减轻开发商的经济压力，降低了他们对土地成本一次性高额支付的依赖，从而稳定了房地产开发的成本，避免了完全将土

---

① 赵海明：《我国国有土地出让方式的思考》，西南财经大学博士学位论文，2012年。

地成本转嫁到房价上的情况，进而抑制了房价的快速上涨。同时，土地年租制延长了土地使用权的租期，减少了土地市场的投机行为。因为土地使用权不再是永久性的，投机者面临更大的风险，因此投机行为减少，有利于稳定房价。最后，土地年租制可以激励地方政府主动提供土地资源，延长土地使用权期限，增加土地供应，从而缓解土地短缺问题，稳定土地价格，进而影响房价的稳定性。

三是有利于促进社会公平。一方面，通过以年租金的方式出让土地使用权，土地年租制减轻了开发商一次性支付土地出让金的负担，降低了开发成本。这样可以使得开发商更容易获得土地使用权，降低了房屋的建设成本，从而减轻了购房者的负担，促进了房屋资源的公平利用。另一方面，土地年租制将土地使用权的租期延长至数十年甚至更长时间，减少了土地资源被垄断的可能性。长期的租赁制度鼓励土地的合理利用和开发，在一定程度上避免了通过大量购买土地来获取利益的行为，有利于土地资源的公平分配。此外，土地年租制能够激励地方政府更积极地提供土地资源，增加住房的供应量。通过增加土地供应，可以降低房屋的价格，使更多的人能够购买到适宜的住房，从而实现了住房资源的公平分配。

3. 推进土地年租制改革的制度设计

（1）实行租价分离。

首先，在利用招拍挂方式出让土地使用权时，将其对象从"70年土地租金"转变为"年度使用租金"，通过调整土地招拍挂的程序，明确拍卖或挂牌出让的对象是土地使用权的年度租金，而不是一次性收取70年土地租金。其次，根据地方经济发展水平、开发商的承受能力以及政策要求，确定土地使用权的年度租金标准，当然，年度租金水平并非一成不变，而是根据当地消费物价指数、经济增长速度、居民收入水平、城市规划调整等因素进行相应调整。最后，开发建筑期内的土地租金由开发商缴纳，而从购房者与开发商签订的购房合同生效之日起，购房者成为了支付土地租金的主体，而这土地租金与房价是分离的，必须明确注明，不能将两者混同。

（2）实行分类管理、分步实施。

改革土地出让方式，将对现有地方政府土地收益分配、房地产市场价格机制产生巨大影响，采取分类管理、分步实施的策略是十分必要的。首先，将现有住宅种类区分为保障性住房、普通商品住宅、中高档商品住宅等种类，率先在公租房等保障性住房领域开展年租制试点①，积累实行土地年租制的相关经验，然后逐步过渡到普通商品住宅和中高档商品住宅。其次，根据各地区的土地资源利用情况和经济发展水平，优先选择一些重点地区或示范区进行土地年租制改革的试点工作，如优先考虑一二线城市，逐步扩大至其他三四线城市地区。最后，确立明确的阶段性目标和时间表，逐步推动土地年租制改革的实施，确保改革工作的有序进行。

（3）做好相关配套准备。

首先，应该从土地出让、土地租赁、土地管理等方面出发，制定相关法律法规和政策文件，明确土地年租制改革的目标、原则、程序和具体操作方法，为改革提供法律依据和政策支持。其次，成立专门的组织机构或工作小组，负责土地年租制改革工作的组织协调、政策研究和方案制定等工作。再次，在实施细节方面，可以采取"新地新制度，老地老制度"的办法，对已使用批租制出让的土地可等其70年土地租期到期后再实行年租制；实行年租制后，政府征收地租的对象将变为广大购房者，可选择与在线支付平台合作的方式，通过线上支付减轻征收地租的工作量；在调整土地租金标准时，可与征收房产税时采用的房地产价值评估相结合，让租金调整更加科学合理。最后，加强对土地年租制改革的宣传和解释工作，引导各方积极参与改革，形成共识，为改革提供社会支持和舆论环境。

7.4　土地出让金与房产税合并改革

第三阶段房产税改革中，考虑将地租与房产税相结合，统一征收房产

---

① 刘军民：《积极探索土地年租制　创新土地供应模式》，载《中国财政》2013年第7期。

税。同时还应简化房产税种类和征收管理程序，夯实地方财政基础和公共服务税基。上述改革是一项重要的改革举措，旨在简化税收制度、提高税收效率，促进土地资源的合理利用和房地产市场的健康发展。

7.4.1　租税合一模式的优势

租税合一式房地产税指的是一种对土地及其上所附房产实施统一征收的综合性财产税制。这种税制将原本可能分别针对土地与建筑物征收的多种税收项目整合为单一税种，从而简化税收体系，提高税收效率与公平性。以美国为代表的发达国家广泛采用此种房地产税制，取得了良好的效果。其核心在于通过综合评估土地与房产的整体价值，实现税基的广泛覆盖与税负的合理分配，既促进了房地产市场的健康发展，也增强了政府公共服务的财政支撑能力。该模式具有以下几个方面的优势：一是能有效体现"房地一体化"的特点，将土地租金税收化，并与房产税合并成房地产税统一征收，对于我国当前税种繁多、计税复杂等情况而言，既做到了简化税制，又能有效减轻征税成本。二是实行租税合一的差额甚至累进税制房地产税，能有效遏制房地产投机现象，对落实"住房"不炒政策具有重要的意义。三是租税合并能够增加财政收入的稳定性，减少财政收入的波动，为政府提供可靠的财政收入来源，有助于维持财政预算的稳定和促进经济社会的可持续发展。四是租税合并能够更好地激发土地资源的有效利用，减少土地因出让金过高而闲置的现象，推动土地资源的合理配置和利用效率的提升。

7.4.2　实行租税合一式房地产税的改革举措

将土地租金和房产税合并成房地产税这一个改革思路目前仍然存在较大争议，但是鉴于西方发达国家的成功经验，将其作为我国房地产税改革第三阶段的目标是必要且可行的，其改革具体举措如下。

一是将房地产相关税费进行合并。在顶层设计方面，应在国家层面通过相关法律、法规或政策文件明确房地产相关税费的合并和整合方案，为合并工作提供法律依据和制度保障。在具体操作上，除了将土地租金和房产税两大收入名目进行合并外，还应将原有涉房地产的相关税收合并入房地产税中统一征收，进一步简化我国涉房地产税收种类与征税环节，使房地产税成为我国政府针对房屋和土地征收的主要税种。在实施进度方面，还应逐步实施房地产相关税费的合并工作，包括税种合并、税率调整、纳税人权益保障等具体措施。

二是采用先试点后实施的办法。与我国于 2011 年开始的居民住宅房产税征收试点一样，在实行租税合一的房地产税改革时也可以采用试点的方法，在全国范围内选择若干个试点城市或地区，作为租税合一式房地产税改革的试点区域，同时，成立专门的工作组或委员会，由相关政府部门、专家学者等共同研究制定租税合一试点方案，明确试点的具体内容、范围、时间表等。试点城市的选择可以考虑城市规模、经济发展水平、税收基础等因素，通过试点探索实施租税合一房地产税征收的路径，发现其中存在的问题，在总结经验的基础上制定法律法规后向全国推广。同时，还应遵循分类推行的方式，先从经营性房地产开始试点，再推行至非经营性房地产。

三是建立完备的配套制度。租税合一的房地产税模式对各项配套制度的要求更为严格，在税收征管制度方面，房地产税征收模式的变化将影响税收征管制度的设计和实施，需要建立新的征收机构和流程，确保税收的准确、高效征收。在土地管理制度方面，房地产税的实施可能对土地管理制度产生影响，包括土地使用权的界定、土地出让金的征收方式等方面的调整。在财政体制方面，房地产税的征收将影响地方财政收入结构和规模，可能需要对财政体制进行调整和改革，以适应税制改革带来的变化。在信息系统构建方面，应着力构建完整的房地产税源信息系统、家庭房产信息库，完善房地产价值评估技术和方法，修正和改善房地产税征管流程[①]。此外，还应加强对房地产税立法和征收工作的宣传力度，使缴纳房地产税的意识被广大群众所接受，减少征税阻力。

---

① 田芳：《中国房地产税问题研究》，东北财经大学博士学位论文，2015 年。

第8章 构建租售并举制度研究

8.1 我国住房租赁市场发展情况

《中华人民共和国城市房地产管理法》对房屋租赁的定义为：房屋所有权人作为出租人将其房屋出租给承租人使用，由承租人向出租人支付租金的行为。显然，住房租赁是房屋租赁的一种类型，是住宅所有权人让渡住房的使用权，承租人支付租金的市场交换行为。

1998年《国务院关于进一步深化城镇住房制度改革 加快住房建设的通知》发布之前，我国长期实行的是住房实物分配制度，住房的所有权属于政府或集体，住户使用房屋并缴纳较低的租金。整个住房市场以租赁而不是交易为主，但这又不是完全的租赁市场，缺乏流动性，类似于以租赁为表征的交易市场。《国务院关于进一步深化城镇住房制度改革 加快住房建设的通知》停止住房实物分配，逐步实行住房分配货币化以后，市场化的住房租赁才真正出现。2000年，国家计委、建设部和财政部《关于积极稳妥地推进公有住房租金改革的意见的通知》要求推进公有住房租金改革，进一步理顺住房租售比价，实现住房商品化、社会化。对应廉租房、经济适用房和商品住宅的住房供应体系，强调公有住房的提租应充分考虑低收入家庭的负担，租金逐步过渡到市场化租金水平，并有利于公有住房和经济适用房的出售工作。其后，以商品住宅为主，经济适用房和廉租房为辅的住房格局开始形成。2001年发布的《福建省人民政府关于加快经济适用住房和廉租住房建设的通知》提出要推动县（市）启动经济适用房和廉租房等保障性住房安居工程。经济适用房只售不租，销售对象是具有当地城镇户籍的中低收入家庭；廉租房则主要针对本地的低收入户籍家庭开放，收取少量租金。住房租赁市场以私人租赁为主流，廉租房作为补充。2008 年出台《福建省经济租赁住房管理暂行办法》《福建人才限价商品住房销售管理暂行办法》。到 2009 年，经过不懈的探索和实践，福建省形成了廉租房、经济适用房、经济租赁房和限价房的多层次住房保障体系。

在廉租房、经济适用房、经济租赁房和限价房的多层次住房保障体系中，廉租房主要的保障对象是城市低收入群体，经济适用房是针对中低收入人群的住房需求设计，经济租赁住房针对的针对中等偏下收入人群；限价商品房以城中村改造为主，兼顾中等收入的住房困难人员。从现实情况观察，城市中住房困难人员除了具有户籍的城市人员外，还存在大量游离于购房市场和住房保障体系之外的"夹心层"人群。第一类是超过廉租房保障收入水平的群体，虽可列入经济适用房保障对象，但由于收入较低，买不起经济适用房。第二类是超过经济适用房保障收入水平的中等偏低收入群体，其收入不足以购买商品住房。第三类是没有城镇户籍的外来务工人员和新就业高校毕业生。促进地方经济发展，急需解决外来务工人员和高校毕业生的住房困难问题，使其住有所居，能安心工作。2010 年，国务院发布了《关于加快发展公共租赁住房的指导意见》，提出要加快发展公共租赁住房，满足进城务工人员、高校毕业生以及城市中等偏下收入家庭基本住房需求。当年我国的住房供应分类体系如表 8 - 1 所示。

表 8 - 1　　　　　　　　2010 年我国的住房供应分类体系

住房类型	供应对象	
	常住户籍人员	非常住户籍人员
商品住房	中高收入人群	
人才限价房	中等偏上收入人群、拆迁户	引进人才
公租房 1	中等收入人群	引进人才/高校毕业生
经济适用房	中等偏下/中等收入人群	无
公租房 2	低收入/中等偏下收入人群	高校毕业生/企业务工人员
廉租房（并轨）	最低收入人群	无

从表 8 - 1 中可以看出，福建省保障性住房体系中包括人才限价房、公共租赁住房、经济适用住房和廉租房（后来并轨公租房）。2006 年 5 月，建设部等九部门的《关于调整住房供应结构稳定住房价格的意见》中提出要建设限价房。限价房是购买者拥有完全产权的住房，其房价要较原有的经济适用房高，主要针对的是住房困难的中等收入人群。经济适用住房免缴土地出让金，价格较低，受限于政府财政支付能力，建设规模有限。另外，经济适用房上市 5 年后，购房者通过补缴当时的土地出让金差价，就可以以商品房形式进行转让，这容易引致寻租行为。今后的住房保障体系中，限价房、经济适用房会逐渐减少，其保障对象转而由公共租赁住房来承接。2013 年 12 月《住房城乡建设部　财政部　国家发展改革委关于公共租赁住房和廉租住房并轨运行的通知》要求各地从 2014 年起将廉租房建设计划并入公共租赁住房计划中，廉租房政府渠道资金和租金管理都按照公共租赁住房管理办法执行。实际住房市场上仅剩商品住房和公共租赁住房两种类型房源，租赁市场存在私有住房租赁和政府统一的公共租赁住房两种形式（见图 8 - 1）。

图 8 - 1　我国住房租赁市场发展历程

8.2　租赁供给市场问题及对策

8.2.1　租赁市场供给侧问题

我国现有的住房体系在满足市场需求，解决中低收入家庭住房困难方面起到积极的作用，但由于住房制度改革和新体制还处于不断创新和完善的阶段，不可避免地存在着这样或那样的问题，特别是"重售轻租"现象严重。福建省近年来大力发展住房租赁市场，但仍存在诸多问题：（1）租售比不合理，租赁市场发展迟缓，发展水平亟待提升。（2）相比发达国家完善的租赁市场而言，租赁市场整体规模较小，用于租赁专用的住宅数量占比远低于世界平均水平，保障性租赁住房供给不足。（3）缺乏专业的租赁平台及有效管理。

1. 租赁市场发展迟缓

由于我国居民住房消费偏好购买，重售轻租严重，导致住房租赁市场长期以来没有受到政策的足够重视，另一方面，商品住宅价格不断走高，租售比不合理，造成租赁市场发展迟缓。根据福州不动产交易登记中心统计数据，2019 年福州市区商品住宅成交均价为 2 6191 元/平方米，而 2009 年为 7 918 元/平方米（见图 8 - 2）。十年间，福州市区商品住宅成交均价上涨了 231%，超过了同一时期的物价上涨指数以及住房租赁价格指数。

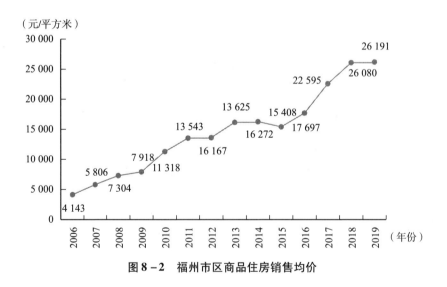

图 8 - 2　福州市区商品住房销售均价

国际上以住房租售比来衡量一个地区房地产市场运行是否良好的指标之一。租售比是指每平方米建筑面积的月租金与每平方米建筑面积的住房价格之间的比值，一般将［1∶200，1∶300］的比值用于界定一个地区房地产市场健康状况是否良好。经过测算，福建省 9 地市 2018 年 4 月的住房租售比如表 8-2 所示，参照国际租售比值标准区间［1∶200，1∶300］，福建省仅有南平市处于合理范围，其他地市均超出了国际住房租售比合理值，特别是厦门、福州、漳州三市，租售比分别达到 1∶826、1∶550、1∶543（见表 8-2），与合理租售比例偏离程度最大。同时，这也意味着投资住房租赁市场的投资回收期较长，从而对住房租赁市场的发展造成不利影响。

表 8-2　　　　　　　　2018 年 4 月福建省 9 地市住房租售比情况

城市	租金（元/平方米/月）	新房房价（元/平方米）	住房租售比
福州	36.05	19 828	1∶550
厦门	42.56	35 140	1∶826
泉州	25.58	8 903	1∶348
漳州	22.18	12 049	1∶543
莆田	26.68	10 039	1∶376
宁德	25.17	7 852	1∶312
龙岩	26.21	11 000	1∶420
三明	22.51	8 000	1∶355
南平	17.60	5 100	1∶290

资料来源：租金和新房房价数据来源于中国房价行情网。

2. 保障性租赁住房供给不足

租售比不合理导致的租赁住宅投资市场偏小，亟须政府新建大规模的保障性租赁住房来满足市场需求。福建省的保障性租赁住房建设规模从 2008 年开始逐年攀升（见表 8-3），2011 年新建租赁住房达到了当年商品住房销售套数 40.27% 的高峰，之后逐年回落。2017～2019 年的保障性住房均为棚户区改造项目，未有新增保障性租赁住房。

表 8 – 3 福建省新建租赁住房和商品住房比例

年份	租赁住房（套）		商品住房（套）	租赁住房占商品住房比例（％）
	廉租房	公共租赁住房		
2008	1 000	0	115 754	0.86
2009	17 233	0	224 223	7.69
2010	27 383	7 100	200 452	17.20
2011	11 845	70 000	203 238	40.27
2012	5 010	50 248	249 314	22.16
2013	3 082	28 302	363 100	8.64
2014	2 641	23 061	314 636	8.17
2015	—	14 082	296 405	4.75
2016		13 547	378 563	3.58
2017	—	0	417 153	0
2018		0	446 805	0
2019		0	474 039	0
合计	68 194	206 340	3 987 850	6.9

注：租赁住房数据来源于福建省住房和建设厅公布的每年各地市保障性安居工程项目计划套数，2008～2018 年商品住房数据来源于国家统计局网站，http：//data. stats. gov. cn/easyquery. htm? cn = E0103，福建地区地产开发企业成套住宅竣工及销售情况，2019 年商品住房销售面积 5 073. 73 万平方米，按照 2018 年商品住宅每套 107 平方米计算，销售套数为 474 039 套。

3. 缺乏专业的租赁平台及有效管理

政府的公共租赁住房实行统一管理，在房源来源、租金标准、配租以及退出等方面有详尽的管理制度。但政府保障性租赁房源少，市场主流还是私人租赁房源。专业的租赁经营组织，特别是国有或大型租赁企业、机构较少，住房租赁行业的专业性较差。私人房东作为非职业化的出租人，在租赁住房的生活设备配置、租户选择、房屋维修、押金收取以及租期长短等方面均存在较大的差异。更有甚者，在福州、厦门等市区房源紧张的地区，部分职业化的租赁人，将私人房源通过重新隔断装修进行群租，租赁市场管理水平有待提高。

8.2.2　租赁市场供给侧改革对策

2017 年 7 月，住建部批准了厦门等 12 个城市作为全国培育和发展住房租赁市场的试点城市；党的十九大报告和政府工作报告都提出将重点发展住房租赁市场；2018 年 5 月，证监会、住建部联合发布《关于推进住房租赁资产证券化相关工作的通知》，对开展住房租赁资产证券化的基本条件、政策优先支持领域、资产证券化开展程序以及资产价值评估方法等予以明确，并将在审核领域设立"绿色通道"。

除了国家层面的推动外，地方政府也纷纷出台政策以鼓励本地区住房租赁市场的发展，福建省在这方面也做了多项工作：2017 年 9 月出台的《福建省人民政府关于进一步加强房地产市场调控八条措施的通知》提出将增加租赁住房供应，2018 ~ 2020 年福州市每年新建成的各类租赁住房占新增住房供应总量的比例不低于 25%、厦门市不低于 30%。泉州市政府出台《关于加快培育和发展住房租赁市场的实施意见》，提出要积极培育住房租赁专业化企业及住房租赁新业态、新模式，增加租赁市场有效供应，促进住房租赁市场持续健康发展。厦门市作为全国培育和发展住房租赁市场的试点城市，在 2018 年 5 月首次推出的租赁住房（公寓）试点项目用地，标志着厦门房地产市场将进入租购并举的新阶段。

根据上述分析，福建省发展住房租赁市场依旧面临着市场发展不成熟、租售比严重不合理等问题，因此，建议着手抓好以下几方面工作：一是抑制房价过快增长。稳定房价水平是维持合理租金水平和租售比的重要前提，对促进租赁市场的健康发展具有重要意义。二是做好租房市场立法工作。相关政府及部门应出台法律法规，对租期、租金水平、租金补贴等方面做出明确规定，保障租赁双方的权利。三是鼓励企业、机构进入租房市场。特别引导国有企业及相关知名房企发展长租公寓，开展合理租金定价与完善的物业服务；加强对租赁企业与平台的监管，防止出现相关租赁企业、机构与平台蓄意囤积房源，抬高房租等行为。四是增加租赁型供地计划与住房数量。应有效增加租赁型供地数量，推进存量房改造，保障租赁市场需求。

8.3　长租公寓运营模式及金融支持

福建省城镇住房存量较大，福建省统计局数据表明，2018 年福建省城镇居民户均人口 2.93 人，人均住房面积 43.1 平方米，户均住房面积达 126 平方米，以 90 平方米一套计算，户均住房达 1.4 套。可见，市场上还有大量的房源可以用于租赁，充分利用这些房源来规范发展住房租赁市场，能有效缓解省内中心城市等地流动人口居住压力。但这些租赁住房主要是非职业化的出租人在运营，以短期租赁为主，给租户的体验较差。即使有少部分长租房源，业主迫于资金压力，租金较高，缺乏竞争力。从供给侧层面发展租赁市场，必须大力发展长租公寓，支持房地产国有企业对长租公寓的建设，保证租赁房源的稳定供给。

8.3.1　长租公寓运营分析

长租公寓对应房地产三级市场，主要是指专业的房屋运营机构收购市场上的针对性既有住房资源，实施系统性的装修改造工程后，将其转化为长期稳定的租赁房源，并辅以标准化与多元化并重的服务管理体系，以此获取长期回报的经营业态。因此，长租公寓跟传统租赁模式相比，有两个不同之处，一是经营主体不同。在长租公寓运营模式下，机构代替个人成为市场主体，能提供专业化的租赁服务，以规模经济降低房屋维修等各项成本，并且能提供稳定的房源，提高租户的居住体验感。二是盈利模式不同。传统租赁模式主要是以租金作为盈利点。长租公寓是以存量房装修改造或大量新建为前提，能有效提升房屋的使用价值，提供针对性的服务，盈利模式趋于多样化，包括租金、管理费以及各类增值服务。

（1）房源筹集。市场上现存的私人商品住房是最大的租赁房源来源，在房住不炒的大背景下，除改善型需求外，新增私人商品住宅难以有效地

转化为租赁房源。增加租赁性住房必须需要发挥政策性导向以及国有企业
的建设主导作用。

以国有企业建设长租公寓为主，其他私营企业与个体为辅。国有企业
除了盈利目的之外，还肩负着维护社会稳定和居民长住久安的社会责任，
要实现租赁市场的长期平稳发展，国有企业必须带头将长租公寓建设起
来。为推动住房租赁市场的稳定健康发展，应积极倡导并支持符合条件的
国有企业转型为专业化的住房租赁企业。此举可充分利用国有企业在资源
调配、风险管控及社会责任履行等方面的优势，发挥其在稳定租金水平、
保障租赁期限、有效激活并优化存量房产资源以投入租赁市场以及显著提
升租赁住房有效供给量等方面的引领示范作用。厦门市作为住建部租赁住
房试点城市，在长租公寓房源筹集方面有如下做法：第一，加大住房租赁
房源供应，厦门市按照"新建、改建、盘活"方式，多渠道筹集保障性租
赁住房房源，形成了新供应国有土地建设、存量非住宅改建、利用农村集
体发展用地、产业园区配套用地等 7 类房源筹集渠道。厦门市"十四五"
期间计划新增保障性租赁住房 15 万套（间），超过新增住房供应总量的
40%，截至 2024 年 8 月，厦门市已新增保障性租赁住房项目 183 个，新增
房源 12.4 万套（间）[①]。第二，在年度土地资源配置规划中，应系统性地
融入租赁住房用地的专项供应计划，以确保租赁住房市场发展的土地需求
得到有效满足。同时，要细化土地市场的价格经济管制机制，将现行的住
宅用地基准地价体系进行分层解构，明确区分商品住房与租赁住房用地的
基准地价标准。租赁住房用地的基准地价应设定为同一区域内商品住房用
地基准地价的 40% 水平，以反映两者在市场需求、开发模式及经济效益等
方面的差异性。第三，允许市、区属国企与集体经济组织合作，利用农村
预留发展用地指标建设租赁住房，截至 2022 年，厦门市利用农村集体预留
发展用地建设，已筹集 12 个项目，1.74 万套（间）房源[②]。第四，允许

① 《厦门持续加快住房保障和供应体系建设：培育专业化规模化住房租赁企业 30 家》，厦门
广电网，https：//www.xmtv.cn/xmtv/2024 - 08 - 09/02b3454ea80abb36.html（xmtv.cn），2024 年 8
月 9 日。
② 《加大保障性租赁住房供给，厦门"十四五"新增 21 万套任务目标》，网易新闻，
https：//www.163.com/dy/article/HFU34FSE0538DOCO.html，2022 年 8 月 29 日。

存量商业办公房地产土地用房允许变更为租赁住房。

根据 2019 年 1 月发布的《自然资源部办公厅　住房和城乡建设部办公厅关于福州等 5 个城市利用集体建设用地建设租赁住房试点实施方案意见的函》，福州制定了《福州市利用集体建设用地建设租赁住房试点实施方案》，2020 年起将在仓山区、晋安区分批开展试点租赁住房。首批地块共有 5 幅，总面积约 109 亩。

（2）长租租赁运营模式。就目前行业情况看，长租公寓的运营维护主要从资本运作和资产集中度两个维度来分析。

从资本运作的角度分析，要看长租公寓采取的是轻资产运营还是重资产运营。作为一种特定的企业运营方式，重资产运营模式指的是企业通过直接收购或自主开发建设的方式获取物业资产，随后进行必要的装修与配置，最终将其投放至租赁市场以获取租金回报的经营方式。在此模式下，企业不仅享有来自租赁活动的稳定现金流收益，还可潜在地享有因资产价值随时间增长而产生的资本增值收益。然而，重资产运营模式亦存在明显的缺陷，主要是其前期投入成本高，无论是通过市场收购还是自主开发，均需要巨额资金投入，这导致企业显著的资金占用与沉淀。因此，该模式对企业的资本实力、融资能力及财务规划提出了极高的要求。此外，重资产运营模式还面临着市场波动、资产折旧、维护成本高等潜在风险，要求企业具备强大的运营管理能力。值得一提的是，重资产模式运营模式下，企业获得全部资产，容易产生垄断，也容易导致租金价格居高不下。而轻资产运营模式下，企业是非直接持有物业资产，而是采取与资产所有者签订合同关系，在合同约定的特定时间段内，获取对特定资产的经营权与管理权。在合约期限内，企业获得对外出租的租金收入，减去双方约定的租金，即为企业实际获得的收入。该种模式无形中增加了很多中间环节，导致成本不断增加，从而也会带来租金价格上涨的风险。公司对成本敏感度高，成本是保证运营的重要因素。由于投入的资产较少，这种模式易于快速扩张，但房源分散，难以提供有针对性的物业服务，不易形成品牌效应，无法获得较高的品牌溢价。

按照所经营的资产集中度来分类，长租公寓市场的运营模式可划分为集中式（Business-to-Consumer，B2C）与分散式（Consumer-to-Consumer，C2C）两大类别（见表 8 - 4）。集中式运营模式聚焦于物业的整体性管理，即出租企业将整栋建筑进行全面改造，转型为公寓楼，并统一对外进行租赁服务。此模式下，企业的土地获取途径多样，如世联行旗下的红璞公寓案例所示，其曾利用杭州的农村集体用地开发长租公寓项目，同时，众多房地产企业亦通过旗下长租公寓品牌，对既有住宅楼进行改造与再利用，以激活资产价值。相较之下，分散式运营模式则以单个房间为基本单位，这些房间广泛分布于不同地理位置，通常跨越较大的地域范围。此模式强调对零散资源的整合与优化利用，通过精细化的市场分析与客户定位，实现跨区域的灵活布局与高效管理。

表 8 - 4　　　　　　　　　　　长租公寓运营模式分析

项目	轻资产	重资产
房源获取	存量房，私人房东	开发商新建或整栋租赁
租期	较短，3～5 年	较长，10 年以上
现金流	投入少，回流快	投入大，需要金融支持
增值服务	房源分散，服务少	房源集中，增值服务多，有品牌
扩展速度	较快	较慢
租金溢价	溢价少	有一定溢价
公司规模	小规模	大中型

国内的长租公寓品牌不断涌现，万科驿、自如友家、"YOU +"、蘑菇租房、蜗牛公寓等都是市场上常见的。现将自如友家、"Warm +"、蘑菇租房、寓见公寓及 "YOU +" 等代表性长租公寓品牌进行深入剖析（见表 8 - 5）。通过对各品牌的基本信息维度考察发现，一个明显的经营特点是，绝大多数长期租赁公寓品牌均选择将业务重心布局于住房需求旺盛且租金支付能力较强的一线城市，以及部分经济活跃、人口集中的核心二线城市。这一布局策略反映出长租公寓行业对市场需求的精准捕捉与应

对，以及对高成本运营环境下盈利可持续性的考虑。同时，观察发现，由于其他非核心城市在住房需求层面相对较为温和，加之租金水平难以充分覆盖高昂的运营成本，上述知名品牌目前尚未大规模渗透至这些城市的租赁市场，显示出它们在扩张策略上的谨慎与理性。另外，就品牌规模而言，各企业虽在各自领域内有所建树，但整体上仍处于相对均衡的竞争格局之中，市场占有率较为分散，尚未出现绝对的主导性品牌。长租公寓在国内住房租赁市场中正处于起步阶段，巨头型品牌尚未形成。目前市场两类收房模式并存，一是集中整体收房，以"YOU＋"、"Warm＋"为代表，主要选择交通便捷区域，优选工业厂房及整栋公寓作为租赁标的，通过签订长期租赁合约，实现物业的统一收储与改造。此方式的优点是通过批量获取物业，能够有效降低单位面积的收房成本，提升项目的整体经济效益。同时，可以实施标准化的装修与改造流程，不仅确保作业质量与效率，还促进装修成本的合理控制，体现规模化运营的优势。此外，该模式还有利于租客社交平台的构建，通过共享空间、活动组织等形式，增强租客间的交流与互动，有助于营造良好的社区氛围。由于物业筛选、谈判及合同签订等流程的复杂性，收房进度相对较慢，难以形成规模。二是集中式、分散式两手抓的收房模式，以自如友家、蘑菇租房、寓见公寓为代表，构建一套标准化的分散式收房体系，以迅速扩大市场覆盖面，有效满足多元化租赁需求，并推动租赁业务向规模化方向发展。该体系通过精细化的市场分析与物业筛选机制，确保所收房源符合既定标准，从而加速收房流程，提高运营效率。在创新方面，融合互联网技术，实现看房、租金缴纳、维修申报等租赁服务流程的全面线上化，构建起一站式、便捷高效的租赁服务平台。这一举措不仅打破了传统租赁服务在时间与空间上的限制，还显著提升用户体验，增强品牌的市场竞争力。同时，针对传统租赁市场普遍存在的痛点问题，实施一系列升级服务措施，包括对收房后的物业进行统一装修，确保装修风格统一、品质优良，满足租户的个性化需求；引入专业管家服务，为租户提供全方位的居住咨询与帮助；实施每周定期保洁与维修服务，确保物业环境整洁、设施完好，为租户营造舒适、安心的居住环境。以"租金收入＋服务费"作为主要的盈利模式。

表 8 - 5　　　　　　　　　　五大长租公寓品牌基本信息

品牌	分布	规模	收房模式	特色	盈利模式
自如友家	北京、上海、深圳	120 000 间	集中分散式	专人管家、品牌家具、押一付一	5% 服务费租金
蘑菇租房	北京、上海、深圳	100 000 间	分散式	统一改装、押一付一、三天不满意退款	10% 服务费租金
寓见公寓	上海	7 000 间	集中分散式	宜家风格、免费维护、两个月押金	押金沉淀租金
YOU +	北京、上海、深圳、杭州、福州	5 000 间	集中式	整租运营、社交平台、公共空间大	租金
Warm +	深圳	2 000 间	集中式	整租运营、地铁沿线	租金

8.3.2　长租公寓金融支持

1. 供给侧的金融支持

以重资产、集中式为运营特征的长租公寓是市场发展的方向。对于此类长租公寓的建设，资金需求量大，以长期的租金获取对短期的投资支出，资金回收期长。建设长租公寓，在融资方面主要面临以下几个方面的问题：（1）传统融资途径缺乏。如果重资产模式长租公寓运营方通过租赁市场上整栋房源，虽然投入了大量资金，但是并没有租赁物业产权，则难以通过银行获得抵押贷款支持。（2）融资成本高。由于其缺乏抵押资产，盈利水平低，很难获得银行的低息贷款，融资成本也相对较高。没有现代金融工具的支持，长租公寓难以发展壮大。

以长租公寓发展较为完善的美国为例，美国的长租公寓建设主要依靠权益型融资（房地产信托基金，REITs）和债务型融资（CMBs）[Real Estate Investment Trust 分为权益性（直接持有房产，这是主流）和抵押型（投资抵押贷款，以利息和手续费为主要收益来源）]。投资者购买 REITs，获得 REITs 所投资项目的收益分红。REITs 投资的项目主要是商业地产，收益主要来源于商业地产的租金收入。REITs 分为权益型、抵押型和权益抵押混合型三种模式。不同于 REITs 的权益投资，商业地产抵押资产证券化（CMBs）属于债务融资，以商业地产为抵押，并用该商业地产未来产生的租金等收入作为主要偿债来源。一般情况下，CMBs 是将非标的金融机构发放的抵押贷款转为标准化的固定收益证券。除了 CMBs 和 REITs，还有一类资产支持证券（ABS）可以用来针对轻资产的运营公式，它并不要求运营公司用于物业产权，仅以租金收益权为基础（见图 8 - 3）。三类融资模式的具体情况见表 8 - 6。

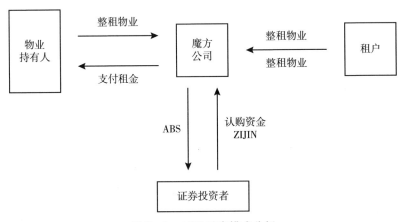

图 8 - 3　ABS 融资模式分析

表 8 - 6　　　　　　　　　　　　长租公寓融资模式

融资模式	ABS	REITs	CMBs
基础资产	租金	租金 + 产权	产权
类型	权益	权益、债务	债务
是否拥有物业产权	否	是	是
适用运营模式	轻资产	重资产	重资产

在长租公寓产业的萌芽与前期发展阶段，债务融资模式成为融资的重要方式，此阶段不仅是资本积累的重要时期，也是权益融资前期发展的铺垫。而随着市场环境的逐渐成熟与竞争格局的深化，权益融资的比例将呈

现出逐步上升的态势，反映出投资者对长租公寓行业长期价值的认可与信心的增强。然而，无论采用债务融资还是权益融资模式，提升融资资金的流动性是该行业融资成功与否的关键因素。资金流动性的增强不仅有助于缓解企业的资金压力，还能够为企业的持续扩张与业务创新提供坚实的资金支持。我国长租公寓行业尚处于快速发展但尚待完善的阶段，在融资方面还有很长的路要走。

2014 年末，中国证券监督管理委员会（CSRC）与中国银行监督管理委员会（CBIRC）联合颁布了针对企业资产证券化及信贷资产证券化业务的备案制管理办法，此举标志着监管层在促进资产证券化市场发展的战略导向上迈出了重要一步。通过实施备案制管理，显著增强对资产证券化业务的政策引导与扶持力度，加速资产流动性，拓宽融资渠道，并优化资源配置效率。在这一政策红利下，资产证券化市场迅速响应，实现规模上的增长与结构上的优化，成为金融市场创新与发展的一个重要里程碑。

2. 需求侧的金融支持

"租购并举"提出后不久，银行积极投身租赁市场建设。2017 年 11 月，建设银行广东分行与保利、碧桂园、万科、合生、雅居乐、奥园、华发、中惠熙元、珠江实业、合景泰富、恒大等 33 家知名房企共同签订住房租赁战略合作协议，推出 300 万套租赁住房，建行广东省分行提供专项融资额度 1 700 亿元。租户可通过建行"CCB 建融家园"App 提供的房源在线租房，以三年期租约为主，占到总量的七成。

2018 年 1 月，建设银行广东分行推出名为"家庭不动产财富管理"的存房业务。在该业务中，建行为存房者提供房产长租收益评估服务，并撮合房主与租赁机构达成住房长租权交易，租赁机构向房主支付未来的长租收益。

2020 年，建行在 11 个住房租赁试点城市开展政策性租赁住房合作业务，向试点城市提供金融产品支持、房源筹集运营、信息系统支撑等一揽子的综合服务。建行通过信贷产品、REITs、专项债券等方式为福州提供不少于 200 亿元的资金支持用于筹集租赁住房房源。此外，为积极倡导并促进长期租赁市场的发展，中国建设银行创新性地推出了个人住房租赁贷款产品——"按居贷"。这一金融服务的核心在于，商业银行以纯信用贷款的形式，直接向租户提供资金支持以满足其租赁住房的消费需求。尤为值得一提的是，"按居贷"的贷款利率设定较为优惠，借款人可享受基准利率待遇。租户可以向中国建设银行提交申请，以获取"按居贷"个人住房租赁贷款，该款项专项用于覆盖其长期租赁住房所产生的租金费用。在此机制下，租金款项将一次性全额划入房地产开发商或指定账户，而租户则依据贷款协议约定，以分期偿还的方式向建设银行履行还款义务。值得注意的是，此类贷款的利率区间通常设定在 3.63% ~ 3.96%，显著低于当前市场上个人住房按揭贷款的基准利率水平，从而有效降低了租户的经济负担。

但"按居贷"的申请条件较为苛刻，且需要以自身财产作为担保；又因为租金全款进入开发商账户，对租户不利，容易造成开发商办理各种证件的拖沓。"租金贷"作为一种新兴的金融模式，近期在租赁市场中引发了广泛关注。其基本运作模式通常涉及公寓运营商、租客及金融公司三方主体。具体而言，公寓运营商首先将其房源出租给租客，随后租客转向金融公司申请租赁贷款服务。金融公司在审核通过后，会一次性将租客应付的租金总额（或包含押金在内的总费用）支付给公寓运营商。对于租客而言，则需按照与金融公司签订的贷款协议，以月度为单位逐步偿还贷款本金及利息，这种安排不仅缓解了租客一次性支付大额租金的资金压力，还通过金融杠杆作用，使得部分租客甚至能够将押金也纳入贷款范畴，进一步提升租赁市场的灵活性与可负担性。

在国家层面，应致力于积极推动与长租公寓项目独特特征相契合的创新型债务融资工具的发展，尤其是 REITs 抵押贷款证券化产品。为契合长租公寓行业的长远发展需求，应着力构建以中长期为主导的融资产品体系，确保资金供给与项目运营周期相匹配，从而有效支撑长租公寓项目的持续扩张与稳健运营。在此过程中，需不断提升金融机构的主动管理能力，通过精细化管理与创新策略，优化融资交易的结构设计与操作流程，以提高融资效率并降低操作风险。应积极探索并实践降低融资成本的有效途径，包括优化融资条件、增强信用评级、拓宽融资渠道等。这些措施不仅有助于减轻长租公寓项目的财务负担，还能为权益型融资产品的发行奠定坚实基础。深圳开始实行的住房抵押贷款证券化等金融工具支持值得其他地方效仿和借鉴。国有企业有较好的信誉担保，可以将建设长租公寓资金打包以证券化的形式在金融市场出售，将证券价格以市场租金的形式体现，解决资金回报和周转问题。

8.4 租赁平台建设和租赁企业培育

8.4.1 租赁平台建设

随着互联网技术的不断进步和发展，搭建线上租赁平台成为大势所趋。目前，支付宝、中国银联、京东等各大金融品牌巨头开始带头进行线上租赁平台建设。中国银联与沈阳、武汉等地政府部门签订了住房租赁服务平台合作协议，京东支持了北京住房租赁市场平台，建设银行开发了"按居贷"等20多项住房租赁金融产品，支付宝推出了信用租房模式，互联网金融巨头作为一股新兴而强大的势力，正逐步渗透并深刻改变着租赁住房市场的格局，促使传统租赁流程发生颠覆性变革。租客可以充分利用互联网平台的便捷性，轻松获取丰富的房源信息，通过在线预约看房功能，租客能够灵活安排看房时间。互联网租房最大的特点在于真房源、利用目前的VR技术看房可以在线了解房源信息，节省了看房时间。更为关键的是，租客在选定心仪房源后，可直接在网络平台上进行电子合同的签署，在线支付房租，让租金缴纳变得更加便捷、快速，既降低了资金流转成本，又提升资金管理的安全性。此类新兴力量的崛起，正以前所未有的广度和深度，从市场营销、运营管理、金融服务等方面对住房租赁市场产生多维度的变革性影响，并带动住房租赁市场快速高效发展。

更进一步，政府可以整合辖区内的租赁平台，打造统一的住房租赁系统。将辖区内的公共租赁住房、国有企业建设的长租公寓以及市场上的租赁住房纳入其中。厦门作为全国加快住房租赁市场建设的 12 个试点城市之一，开发了住房租赁交易服务系统。系统由厦门市国土房产部门主导整合建设，厦门市房屋管理中心、建行、工行、中行、邮储等厦门分行以及厦门地丰置业有限公司、厦门市寓驿投资管理有限公司等多家金融机构以及租赁企业加入其中，租赁者可以完成咨询、选房、签约、支付等一系列操作。系统通过实名身份认证，确保信息真实有效。租赁合同完成备案后，系统将数据以共享方式与政府部门、金融机构互联互通，方便政府事项办理及金融服务。

8.4.2　租赁企业培育

目前长租公寓领域还未出现垄断性企业，在长租市场中，存在三类传统的市场参与者，分别是开发商背景型、中介服务导向型以及酒店品牌衍生型。其中，开发商背景型公寓管理公司凭借其独特的资源优势，深度挖掘并利用母公司持有的闲置不动产资产进行转型升级与优化改造。这些公司能够有效利用集团整体信用体系，实现低成本的融资战略，从而在长租公寓市场中奠定显著的先发优势。租赁企业还能够在市场扩张过程中，充分利用母公司强大的品牌影响力和市场认可度，加速市场的渗透与占领，在长租公寓市场竞争中占据十分有利位置。

一些长租公寓品牌是由房地产经纪机构创办的，如链家创办的自如友家、我爱我家创建的相寓。这些长租公寓品牌依托房地产经纪机构所掌控的庞大房源与广泛的客户群体，能够便捷地采用分散式公寓模式作为切入点，迅速渗透并占据长租公寓市场。它们通过将原有的租赁居间服务业务转型升级为长租业务运营模式，不仅实现服务链条的延伸与增值，还显著拓宽收益渠道，创造了更为丰厚的利润空间。一些实力强大的经纪机构会增加集中式公寓的比例，以集中式公寓为据点发展周边分散式租赁的托管服务，轻重结合，快速扩张，更好地发挥资源和客源的优势。

一些长租公寓品牌由酒店类集团创建，如华住集团旗下的城家公寓、铂涛旗下的窝趣公寓、住友酒店旗下漫果公寓等。酒店类长租公寓品牌运营的优势在于住客多、物业管理经验丰富，运用效率高，并且在酒店集团拥有较多的存量被物业用来改造成集中式长租公寓。

2016 年，国务院发布的《关于加快培育和发展住房租赁市场的若干意见》明显提出要"发展住房租赁企业，提高住房租赁企业规模化、集约化、专业化水平。鼓励房地产开发企业开展住房租赁业务"。无论是对于厦门金圆集团这样的国有企业还是自如等民营企业，均需要在税收优惠方面予以支持。税收优惠及经营奖励。房屋租赁面临着房产税、印花税、城建税、教育费附加、增值税等，房产税按照租赁收入的 12% 计征，租赁企业面临较大的税费压力。厦门市在促进住房租赁市场健康发展方面，采取双管齐下的财政扶持政策，即实施经营奖励与增量奖励政策。具体而言，对于企业在住房租赁业务中所产生的、应缴交于地方财政的税收部分，政府将按照其总额的 60% 比例给予经营奖励，以此激励企业持续扩大经营规模并提升服务质量。同时对新增房源的租赁企业进行 600 元每间的一次性增量奖励，年奖励金额不超过 200 万元。截至 2018 年 8 月，厦门已培育了厦门创新软件园管理公司、地丰置业、安居住房租赁等 12 家国有住房租赁企业和新景祥等民营企业，引入了万科泊寓、龙湖冠寓、世联红璞公寓和魔方公寓等全国知名品牌。

第9章 基于长效机制的房地产 市场基础性制度建设

近年以来，我国在构建房地产市场平稳健康发展的长效机制方面已取得一些阶段性成果，但目前面临的问题仍较为严峻。为全面构建房地产市场平稳健康发展的长效机制，应着力建设包括稳地价的土地出让方式、房地产税、房价经济管制、房地产市场交易秩序与行业管理、发展保障性住房和住房租赁市场等方面的基础性制度。

9.1　基于稳地价的土地出让方式制度建设

土地出让价格过高是导致当前房价居高不下的重要原因，故而着力建设稳地价的土地出让方式，摆脱地方对土地财政的依赖十分重要。应通过实施土地出让方式与房地产税改革、分清地方事权财权、改革现有土地"招拍挂"制度等措施，有效抑制地方政府的土地财政倾向，这也是解决目前我国房地产发展问题的治本之策。

目前，我国城市建设用地主要分为两类，第一类为城市工业与基础设施用地，第二类为城市住宅用地①。为了规范城市建设中土地资源的开发秩序，经过多年探索，我国建立了以"招拍挂"制度为核心的土地使用权

---

① 林丹、廖萍萍：《我国现行土地制度与城市经济发展的相关性研究》，载《河南工程学院学报》（社会科学版）2013年第3期。

出让制度。同时，在我国土地国有的背景下，土地市场属于供给方完全垄断市场，地方政府垄断土地供给，地价由垄断方，即地方政府通过"招拍挂"制度决定①，地价（土地出让金）的本质是税收。

在我国现行财政管理体制的背景下，地方政府财权弱化，但地方政府具有支配土地出让收入的权利。尽管土地财政对我国城市现代化进程起到了一定的促进作用②，但其弊端也十分明显。一是地方政府通过"招拍挂"制度抬高土地价格，在土地供给环节获取了巨额收入从而提高了房地产企业的用地成本，开发商会将高企的地价成本最终转嫁到消费者身上，这是造成目前我国高房价现象的主要原因之一。二是土地楼面地价占房价的50%～60%，地方政府在房地产开发中收取过高收益，不利于行业持续健康发展，容易导致行业资金枯竭。三是土地、资金等要素大量流入楼市，导致实体经济投资受到挤压，经济结构空心化开始蔓延，地方经济畸形发展。四是楼市库存大量积压。

土地出让收入主要用于城市基础设施建设、支持产业发展等用途，已成为地方政府的重要收入渠道之一。尽管土地出让收入并未纳入地方政府公布的一般公共预算收入之中，但地方政府土地出让收入与地方一般公共预算收入的比值仍是衡量地方政府对土地财政依赖程度的重要指标。以福建为例，从表9-1～表9-3可以看出，2005～2022年福建省土地出让金与地方一般公共预算收入的比值均值达到72.46%，2020年甚至超过100%，虽然随后的2021～2022年数值出现了较大幅度的下滑，但不可否认的是，土地出让收入仍是福建省地方政府收入的重要来源。同时，大中型城市对"卖地"收入的依赖程度更大，以福州与厦门两个城市为例，2005～2022年土地出让收入总额与地方一般公共预算收入的比值分别为103.68%、73.39%，高出福建全省31.22个、0.93个百分点。

---

① 王阿忠：《房地产市场政府管制的理论与实践》，经济科学出版社2017年版。
② 黄奇帆：《没有土地财政　中国的城市化没有这样的进程》，搜狐财经，http://www.sohu.com/a/239088895_313170。

表 9 - 1   2005～2022 年福建省土地出让、地方财政及经济增长情况

年份	土地出让金（亿元）	地方一般公共预算收入（亿元）	GDP（亿元）	土地出让金与地方一般公共预算收入比值（%）	地方一般公共预算收入与 GDP 比值（%）
2005	240.19	432.60	6 554.69	55.52	6.60
2006	519.79	541.17	7 583.85	96.05	7.14
2007	711.89	699.46	9 248.53	101.78	7.56
2008	232.90	833.40	10 823.01	27.95	7.70
2009	659.89	932.43	12 236.53	70.77	7.62
2010	1 138.42	1 151.49	14 737.12	98.87	7.81
2011	1 122.28	1 501.51	17 560.18	74.74	8.55
2012	1 033.21	1 776.17	19 701.78	58.17	9.02
2013	1 579.61	2 119.45	21 868.49	74.53	9.69
2014	1 085.18	2 362.21	24 055.76	45.94	9.82
2015	1 186.87	2 544.24	25 979.82	46.65	9.79
2016	1 389.33	2 654.83	28 519.15	52.33	9.31
2017	1 839.28	2 808.70	32 292.09	65.49	8.70
2018	2 422.62	3 007.41	38 687.77	80.56	7.77
2019	2 425.66	3 052.93	42 326.58	79.45	7.21
2020	3 278.86	3 079.04	43 608.55	106.49	7.06
2021	3 193.14	3 383.38	49 566.05	94.38	6.83
2022	2 492.79	3 339.21	53 109.85	74.65	6.29
均值	1 475.11	2 012.20	25 469.99	72.46	8.03

资料来源：历年《中国国土资源统计年鉴》《福建统计年鉴》。

表 9 - 2   2005～2022 年福州市土地出让、地方财政及经济增长情况

年份	土地出让金（亿元）	地方一般公共预算收入（亿元）	GDP（亿元）	土地出让金与地方一般公共预算收入比值（%）	地方一般公共预算收入与 GDP 比值（%）
2005	86.52	127.68	1 491.40	67.76	8.56
2006	133.30	152.52	1 686.93	87.40	9.04
2007	150.43	146.56	2 029.28	102.64	7.22

续表

年份	土地出让金（亿元）	地方一般公共预算收入（亿元）	GDP（亿元）	土地出让金与地方一般公共预算收入比值（％）	地方一般公共预算收入与GDP比值（％）
2008	53.50	168.86	2 355.67	31.69	7.17
2009	156.94	195.26	2 604.04	80.37	7.50
2010	366.03	247.82	3 123.41	147.70	7.93
2011	381.01	320.04	3 736.38	119.05	8.57
2012	301.31	382.02	4 210.93	78.87	9.07
2013	495.55	453.97	4 685.02	109.16	9.69
2014	286.35	510.87	5 169.16	56.05	9.88
2015	489.75	560.46	5 618.08	87.38	9.98
2016	539.74	598.91	6 197.64	90.12	9.66
2017	656.48	634.16	7 104.02	103.52	8.93
2018	736.02	680.38	8 516.09	108.18	7.99
2019	1 411.25	668.08	9 472.30	211.24	7.05
2020	1 411.25	675.61	10 020.02	208.89	6.74
2021	723.63	749.85	11 324.48	96.50	6.62
2022	556.81	698.52	12 308.23	79.71	5.68
均值	496.44	442.87	5 647.39	103.68	7.84

资料来源：历年《中国国土资源统计年鉴》《福州市统计年鉴》及中国地价监测网。

表9-3　　2005～2022年厦门市土地出让、地方财政及经济增长情况

年份	土地出让金（亿元）	地方一般公共预算收入（亿元）	GDP（亿元）	土地出让金与地方一般公共预算收入比值（％）	地方一般公共预算收入与GDP比值（％）
2005	78.34	103.81	1 006.58	75.46	10.31
2006	199.78	144.04	1 173.80	138.70	12.27
2007	271.10	186.53	1 402.58	145.34	13.30
2008	67.54	220.23	1 610.71	30.67	13.67
2009	302.27	240.56	1 737.23	125.65	13.85
2010	329.01	289.17	2 060.07	113.78	14.04

年份	土地出让金（亿元）	地方一般公共预算收入（亿元）	GDP（亿元）	土地出让金与地方一般公共预算收入比值（%）	地方一般公共预算收入与GDP比值（%）
2011	141.03	370.77	2 539.31	38.04	14.60
2012	174.63	422.91	2 815.17	41.29	15.02
2013	230.47	490.60	3 006.41	46.98	16.32
2014	227.19	543.80	3 273.58	41.78	16.61
2015	312.76	606.10	3 466.03	51.60	17.49
2016	426.67	647.94	3 784.27	65.85	17.12
2017	415.39	696.78	4 351.18	59.62	16.01
2018	386.3	754.54	5 468.61	51.20	13.80
2019	475.89	768.38	6 015.04	61.93	12.77
2020	475.89	783.94	6 435.02	60.70	12.18
2021	816.91	880.96	7 295.67	92.73	12.08
2022	668.89	838.81	7 802.66	79.74	10.75
均值	333.34	499.44	3 624.66	73.39	13.78

资料来源：历年《中国国土资源统计年鉴》《厦门经济特区年鉴》及中国地价监测网。

　　地方一般公共预算收入占地区生产总值的比重是反映地方宏观税负的重要指标，目前主流学界认为该比重若超过8%说明政府占有过多的生产资源，从而抑制个人与企业的生产积极性与生产能力，反过来造成税基的缩小。从表9-1～表9-3地方财政与GDP的比值可以看出，福建省2005～2014年呈现不断上升趋势，而2011～2017年均超过了8%，虽然2017～2022年该数值重新下滑到合理区间，但2005～2022年的均值却仍达到了8.03%；福州市2011～2017年地方财政与GDP比值超过了8%，但总体上看，2005～2022年该数值均值为7.84%，处于国际上公认的合理区间。与福建省全省以及福州市的情况不同，厦门市地方一般公共预算收入与GDP的比值明显更高，2005～2022年的均值高达13.78%，2012～2017年甚至超过了15%，这表明厦门市地方税收负担更重。

　　鉴于现存"招拍挂"制度的弊端以及土地价格居高不下等问题，福建省各级政府自 2016 年以来出台了大量房地产市场调控文件，将土地出让和土地价格作为重点调控内容。

在土地出让方面，调控文件规定了政府需公布住宅用地供应计划，部分人口净流入较大的城市应有计划增加年度供地面积；改革土地招拍挂制度，通过增加保证金和缩短支付期限等方式提高竞买门槛。地价管制方面，通过采取限制报价次数、"限地价、竞配建"等方式提高竞买入门槛，抑制地价的过快上涨。

更具体讲，建设基于稳地价的土地出让方式制度，一般采取"限地价、控房价"模式，该模式有两种竞拍方式，即"限地价、控房价、竞配建"与"限地价、控房价、竞自持"。其中，2017 年 4 月份漳州市首次采取限制地价、管控房价、竞拍配建的方式出让地块。政府在土地竞拍中设置合理的上限，当现场竞拍价达到该上限时，转入竞拍无偿提供的住宅面积，提供面积最大者以最高限价获得土地的使用权，且政府限定该项目住房的最高价格。不同于竞配建，竞自持则是竞拍只租不售的商品房面积。

"限地价、控房价"强调在对房屋价格进行限定的基础上，又设置土地竞拍上限，对于稳定楼市预期，抑制土地价格猛涨具有积极作用。该模式通过对房价的控制，挤压了开发商的不合理利润，有效稳定房价，保障普通工薪阶层的住房需求。通过对土地价格设定合理上限，避免开发商之间不计成本的恶性竞争，保障开发商的合理利润，并确保房屋质量。

当然，地价与房价的双限模式，都仅限于新建商品房市场，而一旦进入二手房交易市场就不限价了，因此，容易出现二手房价格高于新房的现象（即"房价倒挂"），导致限价房在二手房市场出现暴涨，若不控制二手房价格，房价还是会出现失控性上涨。

"限地价，控房价"模式是政府进行价格经济管制的一种模式，可以通过将房价从高至低往下叫价的"荷兰式"拍卖法，在地价限定基础上，政府部门将土地使用权给予竞拍房价最低的投标者，借助市场竞争形成最低房价。该模式注重把竞争机制引入市场价格管制中，让大量开发企业以竞标最低房价的方式竞争土地的使用权，并规定建筑质量标准。同时要避免企业在竞房价时串谋的发生。"限地价、控房价"模式能够使得开发成本最低的企业获得土地使用权，根据市场最优资源配置方式，将房价竞争到较低位置，从而能够有效抑制房价。但是，也可能出现个别企业不计成本恶性竞争扰乱市场秩序的情况。

一方面是要改革现有税收制度，推行房地产税，改革分税制度，构建房地产税改革与征收制度，合理分配土地收入，有效解决地方政府在土地环节抽走资金过多的问题，减轻对房地产市场资金的冲击。另一方面是要改革地方政府政绩评价指标，将房地产投资和消费排除在地方政府政绩指标之外，将实体经济发展纳入政绩考核体系，让地方经济发展摆脱过度依赖房地产发展的现状。

9.2　房地产税收征管制度建设

房地产税改革的呼声始终伴随着我国楼市发展的全过程，2011 年上海市、重庆市开展了个人住房房产税改革试点，我国房地产税立法与改革工作迈出了重要的一步。房产税被视为抑制房价过高、打击楼市投机的重要手段，但数据显示，沪渝 2011～2020 年商品房均价复合增长率分别为 9.9% 和 6.4%[①]，长期内房产税对房价影响程度并不大。2021 年 10 月，全国人民代表大会发布了《全国人民代表大会常务委员会关于授权国务院在部分地区开展房地产税改革试点工作的决定》（以下简称《决定》），房地产税改革试点工作正式提上日程。同时，财政部部长刘昆对房地产税相关试点工作安排进行了解释，我国房地产税制改革工作取得了重要突破。然而，随着我国房地产市场进入下行周期，房地产税改革工作又陷入了停滞。

税务征收管理，简称税收征管，是国家税务机关遵循国家相关法律法规所执行的征税行为与过程的总和。这一过程系统地涵盖了税收活动的组织、规划、执行、监控、促进及评估等多个环节，旨在确保税收法律的有

---

① 大众网，《房地产税改革试点将在部分地区开展 沪渝两地开征十年的房产税征收效果几何》，大众网，https://www.dzwww.com/xinwen/guoneixinwen/202110/t20211026_9339823.htm，2021 年 10 月 26 日。

效实施与税收目标的顺利达成。房地产税征管制度是房地产税制的重要内容，经过多年实践，我国房地产税收征管制度不断完善，但仍存在着税种多、税负重、重流转、轻保有等问题。因此，《关于授权国务院在部分地区开展房地产税改革试点工作的决定（草案）》的说明中提出"房地产税征管涉及大量自然人，为确保有效征管并优化纳税服务，国务院及其有关部门、试点地区人民政府将构建科学可行的征管模式和程序"，房地产税征管制度成为此次房地产税试点工作的重点之一。

为探索符合我国现实国情、便于操作的房地产税征管制度，本节将以《决定》有关精神为指引，积极吸收借鉴国外相关国家的房地产税开征经验与上海、重庆两市的房产税开征经验，提出关于构建我国房地产税征管制度的相关想法。

9.2.1　明确征税对象、计税依据与权限划分

一是同时将居住与非居住用等房地产纳入征收对象。以上也是《决定》设置的此次试点的征税对象，以目前中国的国情而言，将农村宅基地纳为征税对象，既不现实，也缺乏公平，同时，城市小产权房是否纳入征收范围，也存在较大争议。二是慎重使用交易价作为税基，探索采取批量评估方法。将市场成交价作为计税依据容易导致阴阳合同的产生，根据国外房地产税征税经验，由住建部门牵头建立评估机构，利用房地产相关数据、采用标准化的方法与统计检验技术开展批量评估。三是将房地产税作为重要的地方税种。根据"立法先行、充分授权、分步推进"原则，中央政府具备制定幅度比例税率的权限，这一举措体现了税收政策的宏观调控与灵活性。随后，地方政府根据各自辖区的具体经济状况、财政需求以及社会发展实际情况，在中央政府设定的合理幅度范围内，自主抉择并确定适用于本地区的具体税率水平，并设置相应税收优惠条件（包括优惠税率或免征面积）。

9.2.2　规范和简化现有税费种类与征收环节

房地产税改革的第一阶段应是开征房产税，优化房地产税内部结构。

因此，一方面，应在改革中厘清房地产领域的非税收费，对不合理、不合法的收费项目予以取消，对合理合法的收费项目采取变费为税的方式。另一方面，整合现有重复征税的税种，在流转环节，可以将契税、印花税和增值税以交易金额为计税依据进行合并；在保有环节，可将房产税和城镇土地使用税合二为一开征。在全面开征房产税后，我国面临的主要改革工作便是将土地出让金与房产税合并为房地产税进行统一征收，故而应先将土地批租制改为年租制，逐步实施租税合一的房地产税制，从而将房产税作为地方主税种，改变当前地方政府过度依赖土地出让收益的现状。

9.2.3　完善房地产税征管相关配套措施

一是全面推动不动产信息共享。立足现有不动产登记系统，加强不动产信息共享力度，促进权利人、交易价格、面积、地址等不动产信息全面共享，为开征房地产税提供信息支撑。同时，加强税务部门与住建、市场监管等多部门的信息互联互通，实现"以票治税"向"以数治税"的转变，利用大数据对房地产税征管各环节进行全业务、全流程、多维度的监管。二是延续纳税人自行申报纳税的征收方式。一方面要建立智能化、便捷化的税收缴纳系统，结合线上申报、线下银行与税务部门现场申报等方式供纳税人灵活选择；另一方面要大力打击逃税行为，征收房地产税会直接减少纳税人的个人所得，若缺乏监管将容易滋生逃税行为。三是要建立健全纳税服务和沟通机制。加强房地产税征税宣传力度，利用网络、电视、报纸与社区宣传等多种方式，向纳税人宣传房地产税有关法律法规；畅通纳税沟通反馈机制，利用税务网站、邮箱、热线电话等方式为纳税人提供疑难解答与争议反馈平台。

9.3　房地产价格经济管制制度建设

政府对房地产市场实施宏观调控能有效解决房地产市场存在的市场失灵、价格失效问题。我国政府对房地产市场的调控涉及土地市场、开发市场和交易市场等多个环节，其中，房价经济管制属于房地产市场交易市场调控的重要内容之一。在我国房地产上行周期中，抑制房价过快上涨成为房地产价格管制的主要目标，如 2018 年 7 月底召开的中共中央政治局会议提出"坚决遏制房价上涨"，为 2018～2022 年我国房价经济管制工作奠定了基调。而在房地产下行区间时，防止房价"硬着陆"则成为房地产价格管制的主要目标，特别是 2023 年 7 月中共中央政治局会议提出"适应我国房地产市场供求关系发生重大变化的新形势，要适时调整优化房地产政策"后，各地的房价管制政策纷纷进行了调整。

我国政府对房地产价格实施经济管制主要采取两个手段：一是直接的价格管制。如政府直接决定对商品房价格的限价，使其定价低于周边同类商品房价格的 20%～25% 或是在房价上涨或下跌速度超出一定幅度时，政府直接对房价实施管控，使房价变动维持在合理区间，即民间所谓的"限涨令"与"限跌令"。二是实行商品房预售价格备案制度。规定销售者不得在标价之外随意加价或降价，商品房实际销售价格不能高于或低于申报价格[①]。当然，若有房地产企业在市场上行周期时不合理涨价，或在市场下行期间不合理降价，房地产管理部门一般会予以约谈、警告、罚款以及限制网签等处罚。

至于地方，以福建省为例，该省及相关地市近年来房价经济管制主要涉及以下几个方面的内容：一是建立由住建、国土、税务、统计、价格等多部门定期会商制度，对商品住房预售备案价格实施评估，引导企业合理定价。二是明确规定房企必须按备案价格售卖商品房，若企业拒不执行此规定，则采取罚款、不予办理预售许可证等相关手续等惩罚措施。三是严控一切商品住房项目随意涨价或降价行为，同时，禁止房地产企业采取搭售、捆绑销售等手段对外销售。四是严惩开发企业与中介机构以发布不实信息、囤房抬价、故意诱导消费者等违法行为，保护房地产市场销售秩序。

在 2009～2022 年，福建省对房价的经济管制主要是以抑制房价过快上

---

① 彭爽、刘丹：《宏观调控、微观管制与房地产市场稳定》，载《经济学家》2017 年第 6 期。

涨为主。以房价规制政策出台较为密集的 2016～2018 年为例，国家统计局公布的全国 70 个大中城市住宅销售价格变动情况中将福州市和厦门市纳入了统计范围，两个城市此区间的新建商品住宅和二手住宅价格指数的变动情况。在新建商品住宅方面，2016 年前 9 月，福州、厦门两市价格均呈较快增长态势，但是在 2016 年 12 月以后，福州、厦门两市主要以限价为主，这与 2016 年 9 月出台的"9·30"楼市调控政策有关；二手住宅方面，其价格快速上涨趋势得到遏制的势头不明显，福州、厦门分别到 2017 年 9 月、2017 年 6 月才开始放缓，这可能是由于福建省各地调控政策多针对新建商品住宅价格。同时，福州、厦门两市的住宅价格仍处于较高水平，福州市 2018 年 6 月新房和二手房价格分别较 2015 年 6 月高出 28.7% 和 24.2%，厦门市 2018 年 6 月新房和二手房价格分别较 2015 年 6 月高出 52.9% 和 38.2%。

从上述分析可以知道，限价政策虽然在房地产市场上扬区间对抑制房价快速上涨有所作用，但仍未从根本上扭转楼市的发展趋势。而放在楼市下行区间时，"限跌令"效果可能也不一定能奏效。根据国家统计局公布的 2024 年 3 月 70 个大中城市商品住宅销售价格变动情况数据显示，在新建商品住宅销售方面，2024 年 3 月，福州、厦门两个主要城市的新房价格分别较 2024 年 2 月环比下降了 0.2%、0.6%，较 2023 年 3 月下跌了 4%、5.6%；在二手住宅销售方面，2024 年 3 月，福州市二手住宅价格环比上涨了 0.1%，但同比下跌了 6.9%，而厦门环比与同比则均出现下滑，分别跌去了 0.7% 和 9.6%。同时，在此区间内，除了抑制房地产商不合理降价行为外，福州、厦门等城市还相继取消或放宽"限购"政策，尽管如此，房价的下跌趋势可能仍难以改变。

尽管如此，为了防止房地产市场"过热"或"过冷"，房价管控是十分必要的，这能有效保障房地产市场的稳定健康发展。同时，要将二手房交易市场纳入管制范围，建立二手房销售价格上网申报制度，加强重点区域的二手房价格监控，减轻一、二手房价倒挂现象。基于房地产垄断市场结构特征及供给侧改革路径，特提出包括限价普通商品房开发建设的房地产价格经济管制制度建设对策建议如下：

（1）从立法和制度上，建立面向中等收入者的住宅分类供应制度。

缓解当前住宅价格相对过高导致的居民消费能力不足问题，必须在立法、财税、信贷、土地制度、价格监管等方面出发打造更加完善的住宅供应制度。应重点关注中等收入群体的购房需求，该群体由于无法享有政府廉租房、经适房等待遇，又面临过高房价造成消费难题，因此可以考虑加大限价房等住宅的供应。监管部门应加大对供给主体违规提高房价的惩处力度，将超出现价部分收回并加处罚金，同时严格审查购房资格，将住宅投资（机）者排除在限价房的购买资格外，打击利用限价房进行的"炒房"行为。

（2）给予优惠政策配套，激励国有开发企业为主参与开发限价房。

我国的房地产市场，特别是大中城市的楼市长期以来存在着明显的卖方市场，加之房地产市场结构的垄断特征，开发商定价权较大，可以借此获得垄断利润。限价商品房的价格由政府调控，必然会影响房地产公司的利润进而削弱房企的开发意愿。因此，政府要重点鼓励国有开发商建设限价商品房，在税收优惠方面，给予国有开发企业在开发限价房项目中的税收减免或税收优惠，以降低其成本压力，增加项目的盈利空间；在土地优惠方面，向国有开发企业提供低价或免费土地使用权，降低项目的土地成本，从而降低开发限价房的售价；在财政补贴方面，向国有开发企业提供一定的财政补贴或资金支持，用于项目的前期开发和建设，减轻其资金压力，增强项目的可持续性。在金融支持方面，引导金融机构向国有开发企业提供优惠的贷款利率和融资服务，支持其开发限价房项目，促进项目的顺利实施。

（3）构建"三段式"竞标体系，形成多样化的限价房管制模式。

鉴于限价房开发过程中住宅价格与土地出让价格存在反向关系，可以考虑打造"三段式"竞价体系，通过最高限价、特许开发权竞价、标竿竞争等竞价方式，加强政府对房价的管控力度。房管部门应要求企业按成本核算的有关规定，采取科学合规标准的成本核算方法，并加大对相关企业的逃税和虚增成本等行为的查处，并定期向社会予以公开警示。同时，鼓励社会组织、非营利机构和居民代表等社会力量参与限价房的管理和监督，形成多方参与、多方监督的格局，确保限价房政策的有效执行。此外，探索建立灵活多样的限价房管理模式，包括租赁型限价房、共有产权住房等多种形式，满足不同居民群体的住房需求，提高限价房政策的适用性和可操作性。

（4）加大打击价格合谋力度，规范住宅市场经济秩序。

我国房地产市场价格串谋现象十分普遍，既存在于商品房交易市场中，也存在于土地拍卖市场上。因此，打击房地产市场中的串谋行为要求各地政府应建立房地产管理、自然资源、市场监管等多部门联合机制，从土地交易、商品房买卖等市场入手，重点打击开发商之间合谋抬高地价房价，有效规范限价房市场交易秩序。同时，完善相关法律法规，明确价格合谋行为的认定标准和处罚措施，加大对价格垄断和操纵的打击力度，提高违法成本和风险。进一步地，鼓励住宅开发企业和房地产从业者加强自律，建立健全价格竞争的市场机制，杜绝价格操纵和垄断行为，维护市场公平竞争秩序。此外，加大舆论监督力度，通过媒体曝光和公众监督等方式，引导社会舆论监督，增强打击价格合谋的社会共识和压力，形成全社会共同抵制价格合谋的良好氛围。

（5）建立全过程开发销售监督管理机制，确保限价房建筑质量。

限价房是我国为保障居民住房需求推出的一项政策，但由于价格较低压低了开发商利润，且信息不对称也增加了一部分房企的道德风险，这一风险贯穿工程设计、工程建设、房屋销售等过程中。因此，在工程设计阶段，相关部门应对开发商的限价房设计方案、质量要求、档次标准等进行审查。在工程建设阶段，要求开发商严格按照前期设计进行建设，无特殊情况不得更改方案，确需更改的必须报房管部门批准，工程建设完工后必须经过相关部门的审核通过后方可销售，在销售阶段，相关部门应打击未按限价标准进行销售的行为，确保限价房的价格真正受限。

9.4 房地产市场交易秩序与行业管理制度建设

房地产行业管理对于规范市场秩序，促进房地产市场稳定健康发展具有重要意义。在国家层面，我国1994年颁布了《中华人民共和国城市房地产管理法》，并于 2007 年再次进行了修订，从立法层面再次强调了房地产市场交易秩序的重要性。

福建省各级各部门近年来坚持多措并举，加强对房地产行业的管理。在分类调控方面，出台了《关于加强精准调控稳定房地产市场的通知》《进一步加强房地产市场调控的八条措施》等规范文件。在市场监测分析方面，积极落实房地产交易日报制度，及时向有关部门和社会传递楼市信息；建立市场监测大数据平台，完善房价统计和市场监测预警指标体系。在打击市场违法行为方面，建立了多部门联合检查小组，对房地产开发企业和中介机构开展检查；积极推进行业立法进程，加强企业信用评价管理，打击房地产市场违规交易和失信行为。在提升物业服务水平方面，修订通过了《福建省物业管理条例》，并加强物业立法工作；出台物业管理专家管理办法，打造专业化的物业专家管理系统，同时发挥信用福建建设功能，建立物业企业信用档案和示范标杆。

围绕稳定房地产市场发展秩序，应借助国家住建部等多部门曾对福州、厦门等 30 个城市开展的治理房地产市场乱象专项行动，以一手房、二手房及租赁市场为重点，加强对房地产行业的监管。为了构建高效有序的租赁市场管理体系，亟须建立一套跨部门的租赁市场管理联动机制，强化不同政府部门之间的沟通协调，促进信息共享的深度与广度，以确保在租赁市场监管过程中形成合力。可通过定期召开联席会议、设立信息共享平台、明确职责分工与协作流程等手段，有效提升监管效率与协同性，及时发现并解决租赁市场中的各类问题。加强对长租公寓市场等主体的监管，禁止住房租赁企业通过借助资金优势恶性竞争、提高租金诱导房东提前解除合同等途径抢占房源，强化从业人员管理，维持合理的房租价格水平。进一步地，还可从以下几方面出发推进房地产市场交易秩序与行业管理制度建设。

一是规范商品房销售秩序。规定已经预售许可项目在一定时期内应一次性推出所有可用房源和车位，不得采取批量出售的方式。要求未取得预售许可证的商品房项目，不得向购房人收取押金、预售款等性质的费用。房地产开发商、房地产中介必须按照规定开展销售活动，及时准确发布销售信息，不得聘请人员恶意登记购房信息。禁止与第三方合作等方式，在相关线上或线下平台发布虚假信息误导消费者。

二是规范房地产中介机构经营行为。加强对房地产中介机构的监管，建立健全相关法律法规和规范性文件，规范中介机构的注册、备案、管理和经营行为。实行中介从业人员的准入制度，加强对从业人员的培训和考核，提高其专业素养和服务水平，增强其法律法规意识和职业道德。同时，有关部门应规定中介机构不得受理并对外发布挂牌价格明显高于合理成交价格的房屋信息。此外，市场监管、房管等部门应规定中介企业与工作人员在经营过程中不得提供虚假信息误导消费者。

三是加大部门协同力度。建立多部门联合整治房地产市场秩序机制，其中城乡建设部门负责查处房地产开发项目违法违规开工建设、房屋质量等问题。城市管理部门负责及时接收相关部门移送的案件、依法行使处罚权，并加强城管执法与小区物业管理监管工作衔接。信用管理部门可采取将相关违法违规记录按要求计入信用记录；公安部门应重点打击涉房地产领域的相关诈骗、非法集资等行为；税务部门应严格查处涉房地产的相关偷税漏税等行为；自然资源部门应该严格查处开发上在未取得许可情况下违法开工等问题。

9.5 租售并举制度建设

与商品房销售市场相比，我国住房租赁市场的发展仍处于初级阶段，具体表现为租赁市场规模较小、市场规制制度不完善、配套政策不足、租赁双方权责不对等问题凸显，极大限制了我国房地产市场的健康发展。

福建省现行的住房体系主要包括公共租赁住房、商品住房两大类。2010~2016年以及2019~2021年是福建省公共租赁住房建设的两个阶段。2010~2016年建设约20万套，为同时段商品住房建设量的10%。2019~2021年三年的建设量分别为2 531套、1 690套和5 733套，加上新建地块上的长租公寓，租赁住宅的市场供给占比处于下降趋势。根据全国第七次人口普查数据，福建三大中心城市福州、厦门和泉州 2021 年常住人口增量分别为 13 万、12 万和 7 万人，人口聚集效应进一步显现。在主要城市新增人口不断增加的情况下，租赁住房成为了很多"新市民"的选择，但是在现有租赁住房市场中，租赁市场整体规模不大，且由于相关规制的不完善，承租人相对于房东议价能力较弱。同时，部分职业化的租赁人，将私人房源通过重新隔断装修进行群租，"黑中介"、额外收费、群租房等问题常见，租赁市场管理水平有待提高。尽管，租购同权 2017 年就在厦门市进行了试点，但是租赁群体仍然不能完全平等享受购房群体享有的就医、就学、落户等公共服务。

实现住房租赁市场的长效机制，需要在租房人权利保障、市场供给、租金管制、市场管理制度方面进行建设。发展租赁市场，实现租售并举的建议。

（1）构建租售平衡的政策体系，保障租售同权。首先应制定相关法律法规，明确租户和购房者在住房权益上的平等地位，保障租户的合法权益，确保租户享有与购房者相同的权利和待遇。其次，建立租房信息公开平台，提高租房信息的透明度和公开性，帮助租户了解房屋租赁市场的价格水平、房源情况等，增加租户的选择权。进一步地，"租购同权"应重点保障承租人子女受教育权和享受医疗服务设施等公共服务的权利，这些同等权利得不到保障，租赁市场就难以长期稳定发展。最后，开展租购同权的宣传教育活动，增强社会对租户权益的关注和保护意识，促进租房市场的健康发展，实现租购同权的目标。

（2）合理控制租赁价格。租赁市场要平稳健康发展，必须将租赁价格稳定在居民收入可承受的压力范围内。国内提出的标准为房租不能超过收入的 25%。目前，租赁市场发展较乱，市场租赁定价没有明确的标准，这导致有些经营者以不正当理由恶意抬高价格，损害承租人的利益。政府必须对租赁价格进行管控，根据当地居民收入情况和不同住房类型设置合理区间，防止租赁住房的租金价格不合理波动。此外，政府可以通过税收政策、财政补贴、土地政策等手段，引导房东和租户在租金方面达成合理协商，保障租户的基本居住权益，防止租金过高。

（3）加大金融扶持力度，培育多元化租赁住房供应主体，建设长租公寓。要实现租赁市场的长效机制，构建健康的租售平衡房地产市场体系，必须建设长租公寓。政府可以设立专项资金，用于支持长租公寓的建设和发展，为长租公寓项目提供财政补贴、低息贷款等金融支持。鼓励银行、基金、保险等金融机构增加长租公寓项目的投资和融资，提供贷款、担保、股权投资等多种金融服务，降低项目融资成本。此外，鼓励金融机构开发长租公寓专属的金融产品，如长租公寓贷款、租赁保险、抵押贷款证券化等，满足长租公寓项目的资金需求，降低投资风险。

（4）加强租赁市场管理，完善对租赁市场管理的制度。实行岗位定职责制度，明确住房租赁相关监管部门各自的责任和管理范围，同时加强各部门间的通力合作和沟通，常态化开展市场监督检查，加强对租赁中介机构、房屋中介服务以及租赁双方的监管，及时发现和处理违法违规行为，维护租赁市场的正常秩序。此外，还可设立租赁市场准入门槛，对从事租赁业务的机构和个人进行资质审核，提高租赁市场从业者的素质和规范化水平，减少不良租赁行为。

（5）提高租赁市场经营主体的服务水平和专业水准，提升信息化分析市场运行趋势的水平。充分利用各种信息技术手段，如 GIS、计算机软件等，迅速了解租房周边信息，迅速匹配供求关系，增加信息透明度，加强网络公众监管。对租赁市场经营主体的服务流程和管理制度进行优化和完善，简化办事流程，提高办事效率，提升服务体验，增强市场竞争力。同时，进一步提高房地产租赁市场专员的专业知识储备和服务水平，对于入职人员进行员工岗位培训，确保其掌握租赁知识和法律法规的相关规定，从人才引入和服务上推动租赁市场发展。

（6）加快租赁交易网络平台建设。建立政府主导的统一的住房租赁交易网络平台。保障性的公共租赁住房由各地市自行建设，实行统一的申请、摇号、房源选择、备案申请、配租公示、退出等相关服务。市场性的租赁住房交易平台在住建部门的牵头下建设，严控房源真实性，并逐步将各类市场性租赁住房纳入平台统一管理，形成统一的监管和服务平台，实现信息数据的共享。在平台构建时，应加强与互联网企业、科研机构和高校等的合作，借助其技术和资源优势，共同推动住房租赁网络平台的建设和创新。此外，还建立住房租赁网络平台数据共享机制，与政府部门和房地产企业等共享数据资源，提高平台的信息覆盖率和服务质量。

第10章 构建多层次多类型保障性住房体系

10.1 构建我国保障性住房体系的意义及其历程

我国自 1998 年停止福利分房,开始住房市场化改革以来,住房供应大步迈向商品化、市场化。"十四五"规划提出要完善我国的住房市场体系和住房保障体系,进行顶层设计,加快住房保障制度建设,建立完善的住房保障体系和法律制度,解决好中低收入居民的住房困难问题,在注重市场经济效率的同时也处理好社会公平问题。逐步形成总量基本平衡、结构基本合理、房价与消费能力基本适应的住房供需格局,向着实现广大群众住有所居的目标迈进。

保障性住房是指根据国家政策以及法律法规的规定,由政府统一规划、统筹,提供给特定的人群使用,并且对该类住房的建造标准和销售价格或租金标准给予限定,起社会保障作用的住房。构建和完善我国住房保障体系,进行保障房顶层设计,其现实意义不言而喻。

首先,保障性住房建设对于改善民生、解决中低收入群体的住房问题、维持社会安定稳定具有重要作用。同时也是促进房地产市场平稳健康发展、推动建立房地产业发展新模式的重要举措。住房是价值量很大的消费品,绝大多数低收入家庭不具有在市场上购房的能力,商品住房市场无法解决所有群众的基本居住需求。政府需要平衡市场经济的效率与公平问题,履行社会公共服务职能,保障低收入家庭的基本住房需求,确保社会的安定与稳定。

其次，保障性住房建设为增大内需创造了有利条件，有利于缓解大城市住房矛盾、有力有序有效推进房地产转型和高质量发展、更好拉动投资消费、促进宏观经济持续向好。加大保障性住房的供应，能让数量庞大的中低收入群体以较低的成本实现"居者有其屋"。解除居住的后顾之忧后，居民的消费信心和能力也会增强，从而增加其他商品的即期消费，释放出更多的国民消费力，达到提高内需的目的。

最后，保障性住房建设对相关产业具有很强的带动效应，有利于扩大有效投资。新增的保障性住房建设投资及其所带动的地方和社会投资，可以拉动钢材、水泥、家电、轻纺等相关行业的消费，极大促进经济的繁荣与发展。

早在 1998 年 7 月，国务院发布《关于深化住房制度改革加快住宅建设的通知》中就指出取消福利分房制度，住房市场进入商品化市场发展阶段。1998 年 12 月 1 日前，各地市停止了住房实物分配。1999 年，逐渐出现房改房上市交易。上述文件中明确规定对不同收入人群实行不同的住房供应政策，开始了多层次多类型保障性住房体系的发展历程。其中，最低收入家庭租赁由政府或单位提供的廉租住房；中低收入家庭购买经济适用住房；其他收入高的家庭购买、租赁市场价商品住房。推行住房分类供应体系是合理地解决中国中低收入阶层住房问题的重要保证。全国各地积极响应国家政策，如 2001 年发布的《福建省人民政府关于加快经济适用住房和廉租住房建设的通知》提出要推动县（市）启动经济适用住房和廉租房等保障性住房安居工程。经济适用住房只售不租，销售对象是具有当地城镇户籍的中低收入家庭；廉租房则主要针对本地的低收入户籍家庭开放，收取少量租金。随着商品住宅价格的不断上升，市场上商品住宅的供应占比越来越大，适合中低收入阶层住宅类型的供给越来越少，中低收入人群的住房问题愈发凸显。对此，有必要进一步完善与细化我国的住房分类供应体系，对于既买不起市场价商品房又满足不了购买保障性住房条件的中等收入者，政府提出了限价商品房和公共租赁住房的住房类型。2006年 5 月，建设部等九部门《关于调整住房供应结构稳定住房价格的意见》

中提出要建设限价房。限价房是购买者拥有完全产权的住房，其房价要较原有的经济适用住房高，主要针对的是住房困难的中等收入人群。由此，我国开始逐步建立多层次多类型的保障性住房体系，各地积极响应政府号召。如2008年福建省出台《福建人才限价商品住房销售管理暂行办法》，聚焦解决高层次人才和青年专业人才的住房问题。公共租赁住房是面向符合规定条件的城镇中等偏下收入住房困难家庭、新就业无房职工和在城镇稳定就业的外来务工人员。由于经济适用住房免缴土地出让金，价格较低，受限于政府财政支付能力，建设规模有限。另外，经济适用住房上市5年后，购房者通过补缴当时的土地出让金差价，就可以以商品房形式进行转让，容易引致寻租行为。因此，我国经济适用住房开始逐步退出住房保障体系。

2007年国务院出台了《关于解决城市低收入家庭住房困难的若干意见》，明确把解决城市低收入家庭的住房困难作为政府公共服务的重要职责，加快建立健全以廉租住房制度为重点、多渠道解决城市低收入家庭住房困难的政策体系。2008年底，国务院下发了《国务院办公厅关于促进房地产市场健康发展的若干意见》，2010年6月国务院颁发《关于加快发展公共租赁住房的指导意见》，提出要加大保障性住房建设力度。"十一五"期间，我国以廉租住房、经济适用住房等为主要形式的住房保障制度初步形成。通过各类保障性住房建设，到2010年底，我国城镇保障性住房覆盖率已达7%~8%，城镇居民人均住房面积超过30平方米。"十二五"规划内容显示，到"十二五"末，全国城镇保障性住房覆盖率将提高到20%以上，基本解决城镇低收入家庭住房困难问题。"十三五"期间我国保障性住房覆盖率基本达到30%。2012年5月住房城乡建设部发布了《公共租赁住房管理办法》，详细规定了公共租赁住房的分配、运营、管理和退出机制，从此公共租赁住房进入规范化的发展道路。

按照党的十八大报告提出的要求，住房保障制度建设的基本方向是：加快建立市场配置和政府保障相结合的住房制度，完善符合国情的住房体制机制和政策体系，立足保障基本需求、引导合理消费，加快构建由政府提供基本保障为主、由市场解决商品房为辅，满足多层次需求的住房供应体系，正确处理好提供公共服务的政府与市场的关系、住房发展经济功能和社会功能的关系、基本需要和投资的关系、住房保障和防止福利陷阱的关系，等等。逐步形成总量基本平衡、结构基本合理、房价与消费能力基本适应的住房供需格局。2013 年 12 月《住房城乡建设部、财政部、国家发展改革委关于公共租赁住房和廉租住房并轨运行的通知》发布，文件规定从 2014 年起，各地廉租住房和公共租赁住房合并运行，统称为公共租赁住房。

目前，经过探索和实践，我国形成了包含公共租赁住房（廉租房并轨）、经济适用住房（目前暂停）、限价房、人才房、拆迁安置房、共有产权房和新配售保障房等的多层次多类型住房保障体系。公共租赁住房的主要保障对象是城市低收入群体、具有城镇户籍的住房困难人员以及大量游离于购房市场和原有住房保障体系之外的人群。而原来经济适用住房（暂停）的设计是针对中低收入人群的住房需求。我国的住房供应分类体系如表 10 - 1 所示。

表 10 - 1　　　　　　　　我国的住房供应分类体系

住房类型	供应对象	
	常住户籍人员	非常住户籍人员
商品住房	中高收入人群	
限价房（人才房）	中等及偏上收入人群、拆迁户	引进人才
公租房	低收入人群	引进人才/高校毕业生
经济适用住房（暂停）	中等偏下收入人群	无
公租房（廉租房并轨）	低收入人群	高校毕业生/企业务工人员
新配售型保障房	中低收入人群	引进人才

值得一提的是，2023 年 8 月 25 日国务院常务会议审议通过了《关于规划建设保障性住房的指导意见》，明确加大保障性住房建设和供给与推动建立房地产业转型发展新模式两大目标，重点保障住房有困难且收入不高的工薪收入以及城市需要引进人才等群体，保障房应按照"工薪收入群

体可负担、项目资金可平衡、发展可持续"的原则，按保本微利原则配售。由于保障性住房地位提升空前且按照成本价配售，为新的配售型保障房，指导意见被业界称为"新房改方案"。该新配售型保障房是相对于原有的经济适用房、限价房（人才房）和共有产权房而言的，新配售型保障房某种角度也是对经济适用房的替代。

在住房保障体系中，公共租赁住房为租赁型（配租）保障房，而经济适用住房（暂停）、限价房（人才房）、拆迁安置房、共有产权房与新配售型保障房为产权型（配售）保障房。产权型保障住房是住房保障体系中一个重要的组成部分。它使住房保障政策中的产权支持形式得以保留，并发挥促进家庭社会地位提升的功能。对部分中低收入家庭的住房产权支持，不仅在于解决住房困难，同时还可对家庭有正向激励，有利于家庭更好地融入社会。除了经济适用住房、限价房、配售型保障房等产权型保障房外，还有一种有限产权住房——共有产权住房。共有产权住房作为一种住房保障的制度创新，相对公共租赁住房等保障手段，有助于中低收入家庭尽快拥有住房产权，在解决住房消费问题的同时解决由住房财富分配不均所引发的问题。早在 2014 年的政府工作报告中，我国提出要发展共有产权住房，并于当年 4 月，确定了北京、上海、深圳、成都、淮安、黄石 6 个城市为共有产权住房试点城市。随后一些非试点城市也开始探索共有产权住房政策，包括南京、广州、烟台、福州、西安、宁波等城市。福建省的共有产权住房建设从 2018 年开始，在福州、厦门等地试点。共有产权住房相比其余两种产权保障房有明显优势。经济适用住房因为是价格保障房，所以其售价明显低于市场价，而限价房目前更多的是针对高层次人才，覆盖面不足。共有产权住房按照市场价出售，产权由政府部门和购房者共同所有，政府和购买者共同分享土地和房屋的增值收益，也共同承担土地和房屋贬值带来的风险。从制度设计上看，有限产权与完全产权的住房相比，本身就使投资获利的空间大为减少。购买者申购共有产权住房的价格高于经济适用房价格，低于市场价，一定程度上减轻了投资套利空间，对于中低收入群体也起到少支出就可获得部分产权，并起到住房保障目的。

从地方实践来看，福建省的产权型保障房发展经历了经济适用住房—

限价房—共有产权住房的几个发展阶段，2023 年新配售型保障房在福州长乐区投资开发新建 700 套，各类产权保障房发展历程如图 10 - 1 所示。

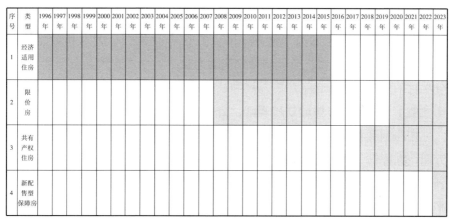

图 10 - 1　产权型保障房发展历程——以福建省为例

10.2　构建保障性住房体系的理论基础

10.2.1　公共品理论

公共品是由公共部门提供用来满足社会公共需要的商品和服务。根据萨缪尔森的定义，纯粹的公共品具有非竞争性和非排他性。保障房有如下特性：（1）非竞争性，保障性住房一般实行政府定价或限价，消费者数量的增加不会导致保障性住房价格的上升，也不会影响其享受保障房的面积，保障性住房消费的边际拥挤成本为零。（2）部分非排他性，这点表现为保障范围外的家庭无法享有它，但保障房对调节收入分配、缓和社会矛盾等重大的社会问题都作出了一定的贡献，为全体社会成员的和谐稳定都带来了福利，任何成员都无法被排除在外。因此保障房是一种准公共品，有着明显的外部性，其主要是由政府部门提供。

10. 2. 2　公平与效率理论

中国社会主义市场经济改革过程中出现了收入差距和贫富分化问题，这其实是效率与公平的关系问题。随着对这个问题不断深入和理性的探讨，"效率优先，兼顾公平"的理念应运而生。效率优先就是指分配制度、分配政策要以促进社会生产力发展和社会经济效率为首要目标，只有生产率发展了，才能有丰厚的物质基础，公平才能有更坚强的保障。

住房制度和政策的核心是住房资源配置的效率性与公平性的统一。一方面，保障性住房的建立初衷就是为了实现公平，实现收入的再分配，达到保护弱势群体的目的。另一方面，在保障房的后续管理上也应该注重公平与效率的统一。目前，保障房在分配监督的管理上，在准入与退出机制的完善上都存在着不少问题，而解决这些问题都应以兼顾效率与公平的统一为出发点。

10. 2. 3　住房过滤理论

住房过滤模型是保障性住房制度研究和设计的重要理论基础。不同于普通的消费品，住房是耐久性物品，存在由新向旧老化的过程。在住房逐步老化的自然法则和高收入者追求高质量住房的心理法则的共同作用下，市场上的高档住房不断被高收入阶层占有，高收入阶层的原有住房由于服务功能的部分缺失而被中等收入阶层使用，中等收入阶层的原有住房又被低收入阶层接着使用。人的需求不断发展变化，造成了住房市场的结构分层和互动性。住房这种耐用品在自己的生命周期内被不同收入阶层的住房消费者传递、过滤的现象被称为住房过滤现象，相关理论被称为住房过滤理论。

近年来，住房过滤模型已经成为各国进行住房市场分析的重要方法，尤其是在住房保障领域以及住宅福利领域中。相对于传统的住房供求理论，住房过滤理论具有众多的特点：一是把新旧住宅数量作为一个整体来考虑，从新旧住宅的联动来预测供求。二是充分认识到住宅的"持久性"，比较真实地反映了住宅的生命周期和市场运行机理。三是"过滤"的方法，根据不同的收入阶层来考虑其对住宅的需求，因此该方法为解决住宅供求的结构性问题即为不同收入阶层供给不同结构的住房提供了理论依据。

具体反映到我国各省份的保障性住房政策上，应该对相关部门有所启示：（1）当住房市场供大于求，有大量闲置房时，为了提高制度的补贴效率，政府不必再建设大量的保障房，而应当对低收入者实行货币补贴，促进低收入者在住房市场自行寻求住房。（2）当住房供小于求时，政府应当通过向开发商实行各种优惠的手段引导市场增加高品质住房的供给，这样一来，原来居住旧房子的中高收入者就会换更高档的住房，大量的旧房子就可以腾出来在市场上出售或出租，降低了低档住房的价格，低收入者的住房条件得到了改善。

10.2.4　和谐人居理论

人居，顾名思义是人类聚居生活的地方，是与人类生存活动密切相关的空间。人居环境的核心是"人"，人居环境的研究以满足"人类居住"需要为目的。关于人居环境的认识进一步拓展，从开始的"空间环境"概念，扩展为社会、经济、文化、生态等领域蕴含的深层次内容。"和谐人居"不仅表现为人与人之间的和谐、人与环境的友好相处上，还要求房屋必须将居住、生活、休憩、交通、管理、公共服务、文化等各个复杂的要素在时间和空间中融洽地结合起来。和谐人居是一个理念，是在满足保障性住房建设数量的同时，如何提高保障性住房建设品质，进一步改善保障人群居住环境，要倡导"开放式、混居型、高而不贵"的建设理念，还要避免出现"贫民窟"的现象。这要求政府的视野从住宅套内设计延伸扩展到居住环境品质上来，通过倡导"平等开放、和谐安居"理念，推行建设"和谐人居"保障性住房，提升保障性住房建设管理水平，实现创新社会管理，弘扬民族建筑文化，体现以人为本的目的。

10.3　建立多层次多类型保障性住房体系

我国保障性住房包括公共租赁住房、经济适用住房、限价房（人才房）、拆迁安置房、共有产权住房和新配售型保障房等。各类保障房对比见表10－2。

表 10 － 2　　　　　　　　　　　四类保障性住房对比

类型	公共租赁住房	限价房（人才房）	共有产权住房	新配售型保障房
管理规则	《关于加快发展公共租赁住房的指导意见》(2010)、《公共租赁房管理办法》(2012)	无全国性的统一管理办法，以北京为例：《北京市限价商品住房管理办法（试行）》	无全国统一管理办法，以最早淮安为例《淮安市全国共有产权住房试点工作实施方案》	《关于规划建设保障性住房的指导意见》(2023 年 8 月)
规定	限定建设标准和租金水平，面向符合规定条件的家庭出租的保障性住房	政府采取招标、拍卖、挂牌方式出让商品住房用地时，提出限制销售价格、限制住房套型面积、限制销售对象等要求，由开发企业通过公开竞争取得土地，并严格执行限制性要求开发建设和定向销售的普通商品住房	三种新模式：一是政府货币补贴助购普通商品房。形成共有产权住房。二是政府和企业共同出资助购普通商品房。三是政府公共租赁住房先租后售。个人出资 60% ~ 70%，政府出资 30% ~40%	明确了加大保障性住房建设和供给与推动建立房地产业转型发展新模式两大目标，提出保障性住房建设和筹集、保障对象和标准、配售和管理、支持政策等方面的基本原则
优惠政策	财政投资、贴息；税收优惠；中长期贷款等	限制销售价格	房价低于市场价	配售价格按基本覆盖划拨土地成本和建安成本、加适度合理利润的"保本微利"原则测算确定

续表

类型	公共租赁住房	限价房（人才房）	共有产权住房	新配售型保障房
对象	城镇中等偏下收入、住房困难家庭、新就业无房职工和在城镇稳定就业的外来务工人员	中等及偏上收入住房困难的城镇居民家庭、征地拆迁过程中涉及的农民家庭	保障对象不断放宽。对申请的城市无房家庭收入不再作限制；对申请的新就业人员婚姻状况不再作限制；对具有本市户籍进入市区务工人员户籍所在县城住房状况不再作限制	重点针对住房有困难且收入不高的工薪收入群体，以及城市需要的引进人才等群体
土地	划拨供地；也可出让、租赁或作价入股等方式有偿使用	招标、拍卖、挂牌	淮安采取出让方式；上海采取行政划拨方式	以划拨方式供应土地，仅支付相应的土地成本
保障方式	只租不售，只能自用，通过建设、改建、收购、长期租赁住房等方式筹集	出售，价格由政府参照同等地段和同品质普通商品住房确定	一是保障家庭购买国有或企业共有产权部分住房，形成完全产权。二是将共有产权住房上市交易	实施严格的封闭管理，禁止以任何方式违法违规将保障房变更为商品房流入市场。工薪收入群体购买的保障房不得长期闲置

10.4　租赁型保障性住房类型

租赁型保障房目前主要指公共租赁房。原有的廉租房是指政府投资建设并持有产权的，向符合条件的城镇低收入住房困难家庭提供的具有社会保障性质的住房，是非产权性质的保障住房。早在 1998 年国务院发布《关于深化住房制度改革加快住宅建设的通知》就提出最低收入家庭租赁由政府或单位提供的廉租住房。公共租赁房是指面向城镇的中等偏下收入住房困难家庭、新就业人员和外来务工人员等出租的，由政府主导的，政府公共机构建设并持有产权的，限定户型面积和租金价格的保障性住房。同样作为非产权性质的保障房，公租房比廉租房覆盖面更广。公共租赁住房最先出现在 2009 年《政府工作报告》中，2010 年 6 月国务院颁发《关于加快发展公共租赁住房的指导意见》，2012 年 5 月住建部发布了《公共租赁住房管理办法》，这一办法详细规定了公共租赁住房的分配、运营、管理和退出机制，从此我国公共租赁住房进入规范化的发展道路。公共租赁房和廉租住房的区别主要有：（1）申请对象不同。廉租房的申请对象仅限于市、镇低收入住房困难家庭，而公租房的申请对象不受区域和户籍限制。（2）保障对象不同。廉租住房对象为城市低收入家庭，公租房对象为城市中等偏下收入家庭，因此交纳的租金不同，公租房的租金比廉租房租金高一些。

需要注意的是，2013 年 12 月 6 日，住房城乡建设部、财政部、国家发展改革委联合下发《关于公共租赁住房和廉租住房并轨运行的通知》。从 2014 年起，各地公共租赁住房和廉租住房并轨运行，并轨后统称为公共租赁住房。2014 年以前年度已列入廉租住房年度建设计划的在建项目可继续建设，建成后统一纳入公共租赁住房管理，各地公共租赁住房和廉租住房并轨运行后统称为公共租赁住房。地方政府原用于廉租住房建设的资金来源渠道，调整用于公共租赁住房（含 2014 年以前在建廉租住房）建设。原用于租赁补贴的资金，继续用于补贴在市场租赁住房的低收入住房保障对象。公共租赁住房土地划拨供地，可通过建设、改建、收购、长期租赁住房等方式筹集，也可出让、租赁或作价入股等方式有偿使用。公共租赁住房限定建设标准和租金水平，只租不售，只能自用，面向符合规定条件的家庭出租的保障性住房。

10.5　产权型保障性住房类型

在住房保障体系中，除了租赁性保障房，还有产权型保障房，它包括经济适用住房、人才限价房、拆迁安置房、共有产权房和新配售型保障房等。产权型保障性住房作为住房保障体系内一个不可或缺的构成要素，其核心价值在于维护并强化了住房保障政策中的产权保障维度，进而扮演了促进家庭社会经济地位向上流动的关键角色。针对中低收入家庭实施的住房产权保障支持措施，其深远意义远超越于单纯解决居住困境的范畴，更在于通过赋予此类家庭以房产所有权的形式，实施正向的经济与社会激励。此类政策不仅有效缓解受惠家庭面临的住房压力，还激发其内在的积极动力，有助于促进家庭更好地融入并适应社会发展的步伐，实现家庭福祉与社会融合的双赢局面。

我国早在 1994 年的《国务院关于深化城镇住房制度改革的决定》中就提出经济适用房的建设问题，2004 年出台首部《经济适用住房管理办法》。经济适用房是政府提供政策优惠，限定套型面积和销售价格，按照合理标准建设，面向城市低收入住房困难家庭供应的有限产权住房，具有保障性质的政策性住房。从地方实践来看，福建省于 1996 年颁发《福建省城市城镇经济适用住房建设管理实施办法》，规定 2000 年前原则上每年安排用于经济适用住房建设的土地面积应不少于当年计划建设经济适用住房建筑面积的 50%，经济适用住房的建设由此开始。1998 年，根据《关于深化住房制度改革加快住宅建设的通知》，对实施办法修订后形成《福建省经济适用住房建设管理暂行规定》，对经济适用住房建设用地、规划设计、销售价格确定和进入退出制度做了具体安排。各地市也出台了经济适用住房的具体政策，《福州市经济适用住房销售管理若干规定（试行）》和《福州市经济适用住房管理办法》，规定经济适用住房面向具有福州市五城区城镇户口，并在福州市工作、居住，落户时间满 3 年的低收入住房困难家庭供应，单套的建筑面积控制在 60 平方米左右，产权类型属于有限产权，产权登记簿及产权证中注记"经济适用住房""划拨土地"等字样。销售价格实行政府指导价，综合考虑建设、管理成本和利润的基础上确定。在取得房屋所有权证满 10 年的可上市转让，转让方按照届时同地段普通商品住房与经济适用住房差价的一定比例向政府交纳土地收益等相关价款。

为规范经济适用住房的销售与管理，福建龙岩市出台了《龙岩市区经济适用住房销售管理暂行办法》《龙岩市区经济适用住房销售工作实施意见》以及《龙岩市区经济适用住房上市交易管理实施意见》等一系列政策文件。龙岩的经济适用住房面向具有龙岩中心城区户籍满 1 年的住房困难低收入家庭人员。上市交易时，需按交易之日的同地段同类普通商品住房市场评估价与原购买价格差价的 70% 向政府交纳土地收益等价款取得完全产权后方能进行。

福建省经济适用住房的建设有效地解决了部分中低收入人群的住房问题，但是存在总量小、面积控制不严格，以及转为商品房开发等问题。1998 ~ 2004 年，经济适用住房建设规模 711.81 万平方米，仅占全省商品住宅供应量的 10%。户型方面，70% 以上的户型面积在 80 平方米以上。福建省建设厅连同发改委等五部门于 2004 年 12 月联合下发通知，就福建省经济适用住房开发、建设、户型等提出具体的管理对策。2005 年开始，经济适用住房建设提速，2006 年建设规模达 303 万平方米。度过 2008 年金融危机后，住宅市场快速发展，商品住宅价格不断攀升，土地价格也水涨船高。受限于地方财政，采用划拨方式出让土地使用权的经济适用住房难以持续大规模建设。另外，经济适用住房采用建设成本为基础的定价方式，导致其销售价格与商品住宅价格的差距越来越大，而其管理不到位也产生了一系列乱象。经济适用住房建设规模逐步减少，据福建省住房和城乡建设厅数据，2008 ~ 2015 年全省共供应经济适用住房 80 423 套，占同期商品住宅供应量的 3.89%。经济适用住房的保障功能逐渐被人才限价房和共有产权住房接替。

人才限价房与限价商品房是控制高房价的一种举措，主要针对的是城镇户籍中的中等收入住房困难人群以及引进人才，在土地挂牌出让时就限定房屋价格、建设标准和销售对象，政府对开发商的开发成本和合理利润进行测算后，设定土地出让的价格范围，从源头上对房价进行调控。自 2006 年 5 月，建设部等九部门的《关于调整住房供应结构稳定住房价格的意见》中提出"土地的供应应在限套型、限房价的基础上，采取竞地价、竞房价的办法，以招标方式确定开发建设单位。"福建各地市均出台了限价房的管理办法。《福州市限价房销售管理办法》规定限价房面向被拆迁户、中等收入住房困难家庭和引进人才供应，其中引进人才不受户籍和收入条件限制。限价房建设用地以出让方式供应，其销售价格根据建设成本、土地成本及房地产市场状况，并合理考虑税费和地价变动因素后综合确定，在土地出让前予以明确。非拆迁安置的限价房取证5年后可以交易，需要补交交易转让时同地段普通商品住房市场平均价格与限价房购买价格之间差价的50%的土地收益价款。《龙岩市区限价商品住房管理暂行办法》规定其限价房面向五类人员：中等偏下收入户籍人员、引进人才、市级以上劳模及英模、高级技师、具有本科学历的中级职称人员。限价房的权证上注明"限价商品住房（有限产权）"，取得权证5年后，购房人向政府补缴交易之日的同地段同类普通商品住房市场指导价与原购买限价商品住房价格差价90%的土地收益价款后可上市交易。其他地市也发布了各自的限价房政策，如泉州的《泉州市中心市区普通（限价）商品住房销售管理暂行规定》和厦门的《厦门市限价商品住房管理办法（试行）》。福建专门针对引入人才住房问题出台了《福建人才限价商品住房销售管理暂行办法》，对在福州五城区工作的高层次人才、具有博士学位、副高专业技术或者高级技师资格的无房户提供人才限价房，参考周边同品质普通商品住房销售价格的70%～80%的比例核定销售价格。限价房作为价格保障性住房，对人才队伍安居乐业起到明显的保障作用。但是在快速上涨的房价面前，利益不平衡问题使其实际运行也遇到一定的困难。2008～2016年全省面向社会公开销售23 947套限价商品房，是同期商品房销售套数的1.15%。2016年以后限价房发展成为主要针对引进人才的住房保障手段，福州、厦门等中心城市每年仅有数百套的人才限价房供应。

除了经济适用住房和限价房等产权型保障房外，还有一种有限产权住房——共有产权住房。共有产权住房作为一种住房保障的制度创新，相对公共租赁住房等保障手段，有助于中低收入家庭短时间内就拥有部分住房产权，在解决住房消费问题的同时解决由住房财富分配不均所引发的问题。随着商品住房建设步伐的加快，解决中低收入住房困难家庭安居问题提上政府工作日程。

共有产权住房由政府和购房者共同承担房屋价款，并约定共有份额，在一定程度上避免了在土地出让、房屋建设、销售及分配过程中市场和计划的冲突。2014年的《政府工作报告》中，提出要发展共有产权住房，并于当年 4 月，确定了北京、上海、深圳、成都、淮安、黄石 6 个城市为共有产权住房试点城市。随后一些非试点城市也开始探索共有产权住房政策，包括南京、广州、烟台、福州、西安、宁波等城市。2017 年 9 月，原住房城乡建设部再次发布《关于支持北京市、上海市开展共有产权住房试点的意见》。2017 年 10 月，福建省出台《关于进一步加强房地产市场调控的八条措施》中明确要求各地的共有产权住房常态化供应，主要解决本地户籍无房户、符合购房条件的外来人口及重点人才的居住需求。福州、厦门两地都制定了共有产权住房的相关制度文件。福州市政府办公厅 2017 年 11 月 8 日印发《关于开展共有产权住房试点工作实施方案的通知》、厦门市政府 2017 年发布和 2022 年修订的《厦门市保障性商品房管理办法》对共有产权住房（保障性商品房）的房源筹集、产权份额、准入条件、上市转让和退出等都作了规定。厦门的保障性商品房（共有产权住房）针对的是在本市无房人员，包括户籍人员、本科及以上学历或中级职称或技师资格、骨干人才以及台胞。厦门共有产权住房按批次房源的市场评估价的 45∶55 一个档次份额确定，购房人份额为 45%，政府份额为 55% 进行产权共有。上市交易时，购房人应当按原购房价与提交申请时房屋市场指导价的差价的 55% 缴交土地收益等相关价款。福州共有产权住房的申请家庭为五城区住房困难户，购房者与政府按照 60∶40 产权份额拥有，购房者按照市场评估价的 60% 购买其份额产权，可以落户，共有产权住房有助于解决孩子教育问题。2021 年国务院办公厅《关于加快发展保障性租赁住房的意见》强调公租房、保障性租赁住房和共有产权住房是我国住房保障体系的构成主体。

10.6 保障性住房与管理的基础制度建设

保障性住房政策对满足中低收入者的住房需求具有十分重要的意义，国家出台了多份保障房建设文件以支持和规范我国保障性住房市场发展。目前，我国已基本建立起由公共租赁住房、限价商品房、配售型保障房、共有产权房和各类棚户区改造等多层次组成的住房保障体系①。

　　构建保障性住房建设与管理制度是福建省民生保障工作的重要内容，近年来，福建省保障房工程建设进度不断加快，2010 年以来累计建设套数超过 100 万套（其中各类棚户区改造建设住房超过 60 万套），有效保障了福建省中低收入阶层的住房需求。

　　但我国保障房建设仍在供给规模与结构、棚户区改造、经营管理等方面存在问题，需在构建房地产市场平稳健康发展与制度建设进程中着力解决，重点做好以下几方面的工作：

　　一是加大保障性住房的建设力度。例如以福建省为例，鉴于福建省城镇化水平的不断提高以及房价居高不下的现状，一方面，要增加保障性住房的供应总量，满足福州、厦门、泉州的保障房覆盖面达到 25%，莆田、漳州、龙岩的保障房覆盖面达到 22%，三明、宁德、南平的保障房覆盖面达到 20%。另一方面，要优化保障房的供应结构，提升公租房在保障性住房中的比例。黄奇帆（2018）认为公租房应覆盖大城市 20% 人群的住房需求②，而当前福建省还远未能达到这一标准（福建省福州、厦门、泉州三地市所有类型的保障房数量相加也未能达到这一标准），因此，增加公租房的建设规模与覆盖面，是福建省保障性住房建设的任务之一。

　　二是打造多元化保障房供给体系。采用政府自建、委托开发、购买存量房等多种建设模式，以满足不同地区和群体的需求。例如，政府可以自行投资兴建一部分保障房，同时委托开发商进行开发建设，也可以通过购买存量房改造成保障房。提供不同类型的保障房产品，包括公租房、限价房、人才房、拆迁安置房、共有产权住房和新配售型保障房等，以满足不同收入和家庭结构的住房需求。当然，也可鼓励和支持创新型的保障房供给模式，如租购并举、租赁补贴等方式，提高保障房的利用效率和可持续性。

---

　　①　盛光华、汤立、吴迪：《发达国家发展保障性住房的做法及启示》，载《经济纵横》2015 年第 12 期。

　　②　黄奇帆：《中国房地产的十大失衡和五大长效机制》，凤凰网，http：//finance. ifeng. com/ a/20180612/16339700_0. shtml。

三是合理界定棚改的范围和标准。首先，综合考虑城市居民的住房条件、居民生活水平、城市更新和改造等方面内容，明确棚改政策的目标。其次，根据居民的实际需求确定棚改的范围和标准，重点解决低收入、低保障、危房等特殊群体的住房困难问题，优先满足居民的基本居住需求。再者，充分考虑政府的财政承载能力和资源配置情况，确保棚改项目的可持续发展和顺利实施。最后，考虑社会稳定因素，加强政府与居民之间的沟通和交流，及时向居民公布棚改政策和方案，听取居民意见和建议，解决居民的合理诉求，增强居民的参与感和获得感。

四是加强保障房的管理。制定相关政策法规，规范保障房建设和使用的各项管理制度，明确各方权利义务，保障房屋的合理使用和管理。打造"规划科学，配套健全，环境良好，工程优质"的居住社区，加强道路交通、养老设施、体育设施、学校等基础设施建设力度，完善保障房社区的物业服务水平，满足群众对保障性住房的多元化需求。鼓励社会各界参与保障房管理，建立多方共治的管理模式，促进管理工作的公开、透明和民主化。配备专业的管理人员，加强对住户的社会服务和管理指导，提高居民的自我管理能力，促进社区和谐稳定发展。

五是多方位筹措建设资金。资金短缺问题是保障房建设面临的一大难题，首先，政府是主要的保障房建设资金来源之一，可以通过地方财政预算拨款、中央财政转移支付等方式提供资金支持。其次，吸引社会资本参与保障房建设，可以通过引入社会投资者、发行保障房债券等方式筹集资金。再次，将土地收益的一部分用于保障房建设资金，可以通过土地出让金、土地增值税等方式提供资金支持。从次，通过金融机构提供贷款、信贷支持等方式筹集资金，支持保障房建设。又次，鼓励社会各界提供捐赠资金，可以通过设立专项基金、开展募捐活动等方式筹措资金。最后，探索多元化的融资渠道，如发行保障房资产支持证券、引入社会投资基金等，拓宽资金来源渠道。

第11章 促进楼市平稳健康发展长效机制的政策建议

11.1 房地产市场长效机制构建的政策建议

房地产市场平稳健康发展长效机制的构建意义重大且任务复杂，要达到标本兼治的目的，所谓治标就是要稳定房价，采取价格经济管制和房地产税制改革，压缩市场投资投机利益空间，真正实现"房住不炒"。所谓治本，则要构建房地产市场体系与保障体系，特别是要着力解决中低收入者住房问题。通过包括房地产税制等一系列改革，在资金流上确保房地产业正常运转。由于土地财政不具有可持续性，应尽快开征房产税，另辟地方税源，以实现对土地财政的弥补与替换。基于构建楼市平稳健康发展的长效机制，我们应重点从政策取向、地价与房价管制、房产税改革、保障房建设、租赁市场发展、交易秩序管理等方面出发，多措并举，逐步推进各项政策机制的建立与完善。

一是努力保持房地产市场调控政策的稳定性与连续性。积极贯彻落实党的十九大以来中央关于调控房地产市场的有关精神，及时掌握楼市现状，做好事前政策评估，坚持房地产调控取向不放松，从限购、限价、限贷、土地出让方式、户口、税收等方面出发持续推出相关收紧调控的政策。在房地产金融调控领域，推行差异化的住房信贷政策，通过精细化的信贷管理手段，综合考虑购房者的家庭住房拥有情况、房屋面积、价格水平及区域特性等因素，细化首套住房与第二套住房，以及普通自住型住房与非普通自住型住房的界定标准。在此基础上，为提高市场调控的有效性与针对性，上调购买第二套住房所需支付的最低首付款比例。一般性调控的政策要事先征求上级部门意见，报住建部备案。实施"数据预警＋约谈＋问责"模式，对工作不力、市场波动大、未能实现调控目标的地方，进行约谈，整改不力者应坚决启动问责机制。此外，还要积极做好政策宣传，及时纠正媒体与公众的错误解读与报道，防止产生不良影响。

二是严格实施土地价格经济管制。继续改革土地"招拍挂"制度，严控土地溢价率，可借鉴重庆等市的做法，通过根据不同土地溢价率设置不同门槛与出让条件，实施"限地价＋竞配建""拍卖＋竞配建无偿移交公有租赁住房面积"等方式，设定土地溢价率超过50%～70%等不同限制等级，相应逐步提高出让门槛与条件，逐步提高自持或无偿提供公租房配建比例等，增加房企高价拿地成本，推动地价回归理性水平，以在源头上控制地价的快速上涨。事先做好地价评估工作，根据市场比较修正法以及基础设施完善前后的情况及时调整土地价格，科学地评估地价，对土地价格进行经济管制。合理规划土地供应，满足市场正常居住需求，全国各城市特别是东部沿海主要城市应建立供地合理增长计划，从源头上控制与稳定土地价格，稳定房地产市场预期。

三是坚决稳定房地产价格。在一手房市场，建立指导价格制与不合理定价会审机制，从稳定房价视角出发，根据新盘周边市场价格水平等建立指导价格制。并由房管、国土、建设等部门与相关估价专家组成省、市两级不合理定价会审评定专家组，根据土地价格、建安造价、税费与开发利润等对房企的不合理定价进行会审评定，对不合理定价进行劝阻、禁止其交易，对房企不合理定价行为进行评审与监督，以稳定市场交易价格。在二手房市场，建立存量房交易网签系统，规定房屋交易当事人必须在系统上完成交易信息核验、房源挂牌、合同网签等相关手续，防止"一房两价"乱象的出现。对于热点区域特别是所谓学区房要采取交易价格申报劝阻制度，并会同教育部门采取教育资源均等化措施，包括新住宅区域学校资源配置与教师的轮岗制等。

四是大力推动保障房建设。要按照人口城镇化的比例、人均收入水平、产业布局、城市规划、招商等情况来确定保障房的目标，制定保障房建设计划。实施"市场＋保障"模式，在继续探索共有产权房等新型保障房类型的同时，应加大力度提升保障房特别是公共租赁房建设规模，扩大保障房覆盖面，实现30%保障房覆盖率目标。特别是要重点发展公共租赁住房，保障低收入阶层的住房需求与稳定租金。全面提高保障性住房的居住质量，做好保障房物业服务、医院、公共交通、学校等基础设施配套的建设完善工作。

五是扎实推进住房租赁市场发展。解决各类毕业生与流动人口对住房的居住需求。在要素供应方面，增加租赁型土地供应总量，引导信贷资金流入租赁市场，试点多种形式的资产抵押证券化产品，给予市场主体更多的融资政策支持。在市场运营方面，组建并完善住房租赁网络信息平台，鼓励国有企业、大型房企、创业企业等发展长租公寓，开展优质服务和制定合理的租金水平。在政府监管方面，明确政府的监管要点和方向，对城市发展进行合理规划，引导开发组团式住宅群，并均等配置相应的教育、医疗、生活等基层设施资源，确保长租公寓相对稳定的租金、租赁服务质量与租户享有相应的基层设施资源，以吸引各层次人才幸福地生活并落户在相应城市。

六是积极维护市场交易秩序。建立多部门联合监管机制，在一手房市场，要严厉打击垄断房源、捂盘惜售、哄抬房价、更改预售合同、一房多卖、额外加价等违法销售行为；在二手房市场，试点采用"脱钩银行估价、保证最低地税"的方式整治"阴阳合同"问题，稳定二手房市场预期；在租赁市场，以租金为监管重点，对租赁企业利用优势资金囤积房源大幅涨价、违规使用"租金贷"等行为进行整治。

七是适时开展房产税制改革。房地产市场稳定健康发展机制的治本政策之一则是土地财政与房产税并轨改革，要紧跟国家房产税立法动态，开展相关房产税收改革课题研究，根据楼市发展实际，各地市应对房产税收改革的具体核定征税范围、征税标准、税率和抵扣标准等内容进行研究探讨。继续做好不动产登记联网工作，建立健全房地产价值评估机制和仲裁机制等。

11.2　各项政策的适用性分析与可操作性分析

11.2.1　各项政策的适用性分析

第一，保持政策的稳定性和延续性，能充分确保"住房不炒"定位，对稳定楼市预期具有重要的意义。各级政府应充分分析研判当前房地产市场发展形势，积极贯彻党中央严控房地产市场的相关精神，特别是省级主管单位应有效监督市县楼市调控政策的落实情况，及时纠正下一级政府相关不合理政策，保证调控方向不跑偏，力度不放松。稳定性与连续性是市场健康发展的基石。保持政策的稳定性与连续性有助于市场参与者形成稳定的预期，减少市场波动，促进市场平稳发展。在当前房地产市场面临调整压力的背景下，保持政策的稳定性与连续性尤为重要，可以稳定市场情绪，防止市场出现过度波动。

第二，土地价格是房地产成本的重要组成部分，对房价有直接影响。严格实施土地价格经济管制有助于控制房价上涨速度，防止土地市场出现过度投机和泡沫。取消或调整土地价格上限应根据市场实际情况进行，避免"一刀切"的政策导致市场失衡。

第三，房价稳定是房地产市场健康发展的重要标志。过高的房价会增加居民购房负担，影响社会和谐稳定；过低的房价则可能导致开发商资金链断裂，影响市场健康发展。稳定房价需要政府综合运用多种政策手段，包括土地供应、信贷政策、税收政策等。

第四，保障房建设是解决中低收入家庭住房困难的重要途径。大力推动保障房建设有助于促进社会公平和稳定，减轻政府住房保障压力。保障房建设还有助于平衡市场供需关系，对稳定房价起到积极作用。加大保障房建设力度，是保障当前主要城市房价居高不下背景下中低收入群体、新就业人群居住需求的重要途径，对提升城市就业人群与劳动力吸引力，稳定经济社会秩序具有重要意义。

第五，住房租赁市场是房地产市场的重要组成部分。发展住房租赁市场，有利于满足人口流入量较大城市的群众住房需求，缓解住房供应相对不足等问题。发展住房租赁市场有助于满足不同层次、不同需求的住房需求，促进房地产市场健康发展。住房租赁市场还可以缓解购房压力，提高居民居住品质。

第六，维护市场交易秩序是保障房地产市场健康发展的基本要求。维护市场交易秩序，有效打击各种违法交易现象，是保证各项楼市调控政策顺利实施的有效抓手。良好的市场交易秩序有助于保护市场参与者合法权益，促进市场公平竞争。

第七，开展房产税收改革，是解决当前地方政府税源问题，也是未来从根本上解决地方对土地财政的依赖，这是房地产市场健康稳定发展的治本之策，对构建房地产市场长效发展机制具有重要意义。房产税制改革是调节房地产市场供需、优化资源配置的重要手段。适时开展房产税制改革有助于完善税收体系、促进房地产市场健康发展。

11.2.2　各项政策的可操作性分析

第一，政府需加强政策制定和执行的协调性和前瞻性，确保政策在不同时间节点上的连续性和稳定性。建立健全政策评估和调整机制，根据市场变化及时对政策进行微调，但保持总体方向的稳定性。

第二，政府需加强对土地市场的监测和调控，根据市场供需情况合理制定土地供应计划和价格水平。完善土地"招拍挂"制度，提高土地市场透明度，防止暗箱操作和腐败行为。而实施土地价格经济管制，是鉴于土地财政以及开发、销售环节税费等采取的措施，它也是针对房地产市场不健康、供给难以为继现象的一项重要举措。各地可以组织有关部门和专家学习考察相关省市（重庆）的有效做法与举措，结合本地区楼市发展实际，从土地"招拍挂"制度、地价评估等方面出发，试点一系列控制土地溢价率的政策举措，以法律法规形式推广实施。

第三，政府需建立房价监测和预警机制，及时发现房价异常波动并采取相应措施。加强与金融机构的协调合作，通过调整信贷政策、提高首付比例等手段控制房价上涨速度。实行房地产价格经济管制，是直面当前高房价问题的治标之策，能在短期内对房价的快速上涨起到立竿见影的作用。房价指导制、会审机制、二手高价房的申报审核劝阻制与住房交易平台的建立，需要投入相关资金人力资源，吸收借鉴有关地方成功的经验做法，开展相关试点，积极总结经验教训，形成推广意见，加强宣传力度，促进相关政策与机制顺利落地。

第四，政府需加大财政投入力度，支持保障房建设；同时引导社会资本参与保障房建设，形成多元化投资格局。同时，要从金融机构贷款、国家财政转移支付等方面出发多措并举确保保障房建设资金有效筹集到位。完善保障房分配和管理制度，确保保障房真正惠及中低收入家庭。应详细制定保障房发展规划，不断提高保障房覆盖面。为了构建更加全面且高效的住房保障体系，应当着力建立公共租赁住房与市场私营租房补贴之间的有效衔接机制。通过政策协调与资源整合，确保住房需求者在公共租赁住房资源有限或不符合申请条件时，能够顺畅过渡到市场私营租房渠道，并享受相应的租房补贴支持，从而减轻其经济负担，提升居住质量。同时，为了进一步扩大住房保障覆盖面，应积极拓宽市场租房补贴的受益范围，使更多中低收入家庭及特定群体能够纳入保障体系之中，享受政策红利。此外，还需进一步完善共有产权住房、新配售保障性住房等相关配套政策。

第五，政府需加强住房租赁市场监管和服务，建立健全住房租赁法规体系和市场监管机制。鼓励和支持专业化、机构化住房租赁企业发展，提高住房租赁市场供给质量和服务水平。目前，我国租赁市场集约化程度较低，仍需通过资金、政策扶持大力引导相关企业进入租赁市场，构建与完善租赁平台，同时开展租赁市场监管试点，在总结相关经验的基础上出台专门的租赁市场法律法规，有效规范市场秩序。

第六，政府需加强市场监管力度，严厉打击违法违规行为；同时加强行业自律和诚信建设，提高市场参与者诚信意识。完善市场信息披露制度，提高市场透明度；加强消费者权益保护，建立健全投诉处理机制。目前，监管力量主要集中在一二手房市场，租赁市场监管力度较弱。应继续坚持对一二手房市场的监管力度，针对各种变相的违法交易行为，出台相关意见，及时进行规范。同时，应开始着手研究对租赁市场的相关监管政策，确保处于未来蓬勃发展期的住房租赁市场的稳定健康发展。

第七，房产税制改革需充分考虑市场实际情况和各方利益诉求；在改革过程中应循序渐进、稳步推进。加强与税务部门的协调合作；建立健全税收征管体系；加强税收宣传和培训工作；确保改革政策顺利实施并达到预期效果。当前，国家尚未全面正式推出房产税改革实施方案，但房产税改革是大势所趋，且目前普遍认为房产税收未来将作为地方税种①，因此各地应在积极掌握中央房产税改革动态的基础上，积极开展相关课题研究和基础配套体制机制的建设与完善工作，适时试水房产税改革。

综上所述，这七方面长效机制政策在适用性和可操作性上具有较高的价值和意义。政府应根据市场实际情况和政策目标灵活运用这些政策手段，促进房地产市场平稳健康发展。

---

① 楼继伟：《新时代中国财政体系改革和未来展望》，载《比较》2023 年第 124 辑。

参 考 文 献

［1］彭爽、刘丹:《宏观调控、微观管制与房地产市场稳定》,载《经济学家》2017 年第 6 期。

［2］高鸿业:《西方经济学》(微观部分)第四版,中国人民大学出版社 2007 年版。

［3］夏大慰、范斌:《电力定价:理论、经验与改革模式》,载《产业经济评论》2002 年第 1 期。

［4］汪秋明:《规制定价机制的激励强度权衡与模型设计——以我国电信产业的规制定价总体模型设计为例》,载《中国工业经济》2006 年第 3 期。

［5］胡晓微:《管制下的中国烟草行业绩效研究》,南京大学博士学位论文,2011 年。

［6］林健民:《中国石油产业的市场开放与政府管制研究》,武汉大学博士学位论文,2012 年。

［7］Malpezzi S., Wachter S. M. The Role of Speculation in Real Estate Cycles, *Journal of Real Estate Literature*, 2002, 13 (2): 143 – 164.

［8］Aoki K., Proudman J., Vlieghe G. House prices, consumption, and monetary policy: a financial accelerator approach, *Journal of Financial Intermediation*, 2004, 13 (4): 414 – 435.

［9］黄新生、王大珂、左吉吉:《基于 CGE 模型的房地产税收政策效应分析》,载《华商》2008 年第 10 期。

［10］王岳龙、张瑜:《基于中国省级面板数据的房价与地价关系研究》,载《山西财经大学学报》2010 年第 1 期。

［11］彭捷剑、王振营：《基于文献研究的 M2 与房价关系分析》，载《新建设：现代物业》2013 年第 6 期。

［12］黄奇帆：《建立房地产调控五大长效机制》，载《第一财经日报》2017 年 5 月 31 日 A11 版。

［13］彭文生：《构建房地产市场长效调控机制》，载《中国金融》2017 年第 20 期。

［14］李佩珈：《"去房地产化"是建立房地产长效机制关键》，载《清华金融评论》2017 年第 2 期。

［15］易宪容：《"房地产化"经济的转型与房地产长效机制的确立》，载《探索与争鸣》2017 年第 8 期。

［16］何芳：《何谓真正的房地产发展长效机制——从租售新政谈开去》，载《探索与争鸣》2017 年第 11 期。

［17］巴曙松：《中国房地产市场的主要问题及解决对策》，载《新金融》2017 年第 11 期。

［18］刘中显、荣晨：《房地产市场调控长效机制的建立与完善》，载《宏观经济研究》2017 年第 12 期。

［19］王阿忠：《中国住宅市场的价格博弈与政府规制研究》，中国社会科学出版社 2007 年版。

［20］余凯：《论我国房地产宏观调控的长效机制的构建》，载《城市发展研究》2008 年第 15 期。

［21］徐春华：《我国房地产调控的政策困境及其长效机制初探——基于动态一致性理论的检视与设想》，载《兰州学刊》2012 年第 8 期。

［22］宋春和、吴福象：《相机抉择、房价预期与地方政府房地产市场干预》，载《经济问题探索》2017 年第 1 期。

［23］裴亚洲：《建立中国房地产宏观调控长效机制的法律路径》，载《河北学刊》2014 年第 1 期。

［24］宋培军、张秋霞：《试论新加坡住房市场的体制特点及其成因》，载《当代亚太》2004 年第 8 期。

［25］胡昊：《新世纪新加坡住房发展的挑战与对策》，载《中国房地

产》2001 年第 11 期。

[26] 童悦仲等：《中外住宅产业对比》，中国建筑工业出版社 2004 年版。

[27]《平成十四年度大阪府统计年鉴》，2003 年 3 月。

[28] 严荣：《完善房地产财税政策：购租并举的视角》，载《财政研究》2017 年第 11 期。

[29] 田海东：《住房政策：国际经验借鉴和中国现实选择》，清华大学出版社 1998 年版。

[30] 姚玲珍：《中国公共住房政策模式研究》，上海财经大学出版社 2003 年版。

[31] 包宗华：《美国住房制度的稳中有变简析》，载《建筑经济》1999 年第 3 期。

[32] 姚玲珍：《中国公共住房政策模式研究》，上海财经大学出版社 2003 年版。

[33] 田海东：《住房政策：国际经验借鉴和中国现实选择》，清华大学出版社 1998 年版。

[34] 姚玲珍：《中国公共住房政策模式研究》，上海财经大学出版社 2003 年版。

[35] W. 基普·维斯库斯等：《反垄断与管制经济学》第四版，陈甬军等译，中国人民大学出版社 2010 年版。

[36] Robert D. Willig. Consumer's Surplus without Apology, *American Economic Review*, 66 (September1976), pp. 589 – 607.

[37] Harvey Leibenstein. Allocative Efficiency vs. X – Inefficiency, *American Economic Review*, 56 (June 1966), pp. 392 – 415.

[38] Verizon Communications, Inc. v. Law Offices of Curtis V. Trinko LLP, 02 – 682, (2004).

[39] 庞小冬、孙文凯、庞晓鹏等：《房地产投资与教育、收入差距：兼论理性选择的非理性结果》，载《世界经济》2023 年第 9 期。

[40] 苗天青：《房地产产业组织优化：中国香港经验及其对内地的启

示》，载《经济体制改革》2005年第4期。

[41] 苗天青、朱传耿：《中国房地产市场的地域特征分析》，载《经济地理》2005年第3期。

[42] W. 吉帕·维斯库斯等：《反垄断与管制经济学》，陈甬军等译，北京机械工业出版社2004年版。

[43] 况伟大：《空间竞争、房价收入比与房价》，载《财贸经济》2004年第7期。

[44] 李宏瑾：《我国房地产市场垄断程度研究——勒纳指数的测算》，载《财经问题研究》2005年第3期。

[45] 沈悦、刘洪玉：《住宅价格与经济基本面：1995～2002年中国14城市的实证研究》，载《经济研究》2004年第6期。

[46] 平新乔、陈敏彦：《融资、地价与楼盘价格趋势》，载《世界经济》2004年第7期。

[47] 苗天青：《我国房地产开发企业的价格行为分析》，载《华东经济管理》2004年第6期。

[48] 苗天青：《房地产产业组织优化：中国香港经验及其对内地的启示》，载《经济体制改革》2005年第4期。

[49] 威廉·配第：《赋税论》，商务印书馆1972年版。

[50] 魁奈：《魁奈经济著作选集》，商务印书馆1979年版。

[51] 杜尔阁：《关于财富的形成和分配的考察》，商务印书馆1978年版。

[52] 亚当·斯密：《国民财富的性质和原因的研究》（上卷），商务印书馆1972年版。

[53] 李嘉图：《李嘉图著作和通信集》（中译本）（第1卷），商务印书馆1962年版。

[54]《马克思恩格斯全集》（第25卷），人民出版社1974年版。

[55] 曹振良：《房地产经济学通论》，北京大学出版社2003年版。

[56] 萨缪尔森：《经济学》（中），商务印书馆1986年版，第254页。

[57] 戚名琛：《地价房价关系探讨》，载《两岸土地利用之探讨》，

台北永然文化出版股份有限公司 1992 年版。

[58] 徐艳：《北京市房价过高的原因和房价控制》，载《城市问题》2002 年第 1 期。

[59] 杨慎：《客观看待房价上涨问题》，载《中国房地信息》2003 年第 2 期。

[60] 包宗华：《怎样看待我国的住房价格》，载《中国房地产》2004 年第 1 期。

[61] 况伟大：《房价与地价关系研究：模型及中国数据检验》，载《财贸经济》2005 年第 11 期。

[62] 周京奎：《城市土地价格波动对房地产业的影响——1999～2005 年中国 20 城市的实证分析》，载《当代经济学》2006 年第 7 期。

[63] 郑光辉：《房价与地价因果关系实例分析》，载《中国土地》2004 年第 11 期。

[64] 鲁礼新：《成都市中心城区地价与房价关系分析》，载《四川师范大学学报》（自然科学版）2002 年第 25 期。

[65] 刘琳、刘洪玉：《地价与房价关系的经济学分析》，载《数量经济技术经济研究》2003 年第 7 期。

[66] Smith Barton A. The Supply of Urban Housing, *The Quarterly Journal of Economics*, Vol. 9, No. 3, 1976, pp. 389 – 405.

[67] O'Sullivan. *Urban Economics*, The McGraw – Hill Companies, Inc, 2000.

[68] Alonso, William. *Location and Land Use*, Cambridge, MA: Harvard University Press, 1964.

[69] Muth, RichardF. *Cities and Housing*, Chicago: University of Chicago Press, 1969.

[70] Davies Gordon W. A Model of the Urban Residential Land and Housing Markets, *The Canadian Journal of Economics*, Vol. 10, No. 3, 1977, pp. 393 – 410.

[71] Glaeser Edward, Gyourko Joseph, Christian Hilber. Housing Afford-

ability and Land Prices: Is There a Crisis in American Cities, NBER Working Paper No. 8835, 2002.

［72］王吓忠:《我国城市住宅商品房价格及市场走向》,载《价格理论与实践》2002 年第 10 期。

［73］刘洪玉:《房地产开发经营与管理》,中国建筑工业出版社 2005 年版。

［74］崔新明:《城市住宅价格的动力因素及其实证研究》,经济科学出版社 2005 年版。

［75］姚玲珍:《中国公共住房政策模式研究》,上海财经大学出版社 2003 年版。

［76］刘洪玉:《房地产开发经营与管理》,中国建筑工业出版社 2005 年版。

［77］秦正长,谢金余:《回归　回归　梯度消费——一步到位渐渐淡去　理性购房崭露头角》,载《浙江日报》2006 年 8 月 29 日第 7 版。

［78］植草益:《微观规制经济学》,中国发展出版社 1992 年版。

［79］Alan Stone. *Regulation and Its Alternatives*, Washington, D. C.: Congressional Quarterly Press, 1982, P. 10.

［80］王俊豪:《政府管制经济学导论——基本理论及其在政府管制实践中的应用》,商务印书馆 2001 年版。

［81］吕少华:《政府规制改革的三种理论视角》,载《理论与改革》2005 年第 6 期。

［82］W. 吉帕·维斯库斯等:《反垄断与管制经济学》,陈甬军教授等译,机械工业出版社 2004 年版。

［83］《资本论》(第 3 卷),人民出版社 1975 年版。

［84］刘学敏:《价格规制:缘由、目标和内容》,载《学习与探索》2001 年第 5 期。

［85］约瑟夫 . E·斯蒂格利茨:《社会主义向何处去》,吉林人民出版社 1999 年版。

［86］Levine, M. E. Revisionism revisited? Airline deregulation and the public interest，*Journal of Lawand Contemporary Problems*，44（1981），pp. 179 – 195.

［87］ Richard A. Posner. Theories of Economic Regulation，in *Bell Journal of Economics and Management Science*，5（Autumn 1974），pp. 335 – 585.

［88］陈迅、赖纯见：《非均衡市场下房地产寡头产量竞争研究》，载《财经理论与实践》2015 年第 3 期。

［89］ MarverH. Bernstein. Regulating Business by Independent Commission，Princeton，N J：Princeton Univ，1955.

［90］ Sam Peltzman. Toward a More General Theory of Regulation，*Journal of Law and Economics*，19（August），1976.

［91］植草益：《微观管制经济学》，中国发展出版社 1992 年版。

［92］让·雅克·拉丰，让·梯若尔：《政府采购与规制中的激励理论》，上海三联书店 2004 年版。

［93］让·雅克·拉丰，马赫蒂摩：《激励理论：委托—代理模型》，上海人民出版社 1998 年版。

［94］徐百柯：《星条旗旁的红色干部：赴美考察岗位实习报告》，南方网，http：//www. southcn. com/news/china/kx/200607260661. htm，2006 年 7 月 26 日。

［95］ Harold Demsetz. Why Regulate Utilities?，*Journal of Law and Economics*，11（April），1976，pp：55 – 65.

［96］王睿：《房地产税收政策调控房价影响效果评析》，复旦大学博士学位论文，2008 年。

［97］单志鹏：《在宏观调控中土地政策对房地产市场的影响效果研究》，吉林大学博士学位论文，2013 年。

［98］李硕：《城市土地调控政策与房地产市场的关联性分析》，北京交通大学博士学位论文，2014 年。

［99］《李强主持召开国务院常务会议审议通过〈关于规划建设保障性住房的指导意见〉》，中国政府网，https：//www. gov. cn/ yaowen/liebiao/ 202308/content_6900133. htm。

[100] 王吓忠：《中国限价房定价博弈与激励规制的经济分析》，载《经济学动态》2007年第9期。

[101] 傅鸿源、陈煜红、梁怀庆：《经济适用房合理价格测度研究》，载《消费经济》2008年第5期。

[102] 陈军：《基于利润空间模型的保障房政策建议——以北京市为例》，载《技术经济与管理研究》2014年第3期。

[103] 王德响：《保障性住房定价缺陷及其重构研究》，南京农业大学博士学位论文，2013年。

[104] 邓宏乾、王昱博：《我国共有产权住房定价机制问题探讨》，载《价格理论与实践》2015年第7期。

[105] 胡吉亚：《共有产权房中的博弈分析》，载《湖南大学学报》（社会科学版）2019年第6期。

[106] 张燕：《共有产权住房定价机制研究》，中南大学博士学位论文，2022年。

[107] 易成栋、赵鹏泽、陈敬安：《共同富裕视域下共有产权住房的定价政策》，载《学习与实践》2023年第3期。

[108] 朱建平等：《基于家庭收入的保障性住房标准研究》，载《统计研究》2011年第10期。

[109] 刘思峰、郭天榜、党耀国：《灰色系统理论及其应用》，科学出版社1999年版。

[110] 陈湘闽：《重构我国经济适用房的定价方式研究》，福州大学博士学位论文，2010年。

[111] 潘爱民、韩正龙：《经济适用房、土地价格与住宅价格——基于我国29个省级面板数据的实证研究》，载《财贸经济》2012年第2期。

[112] 王吓忠：《房地产市场政府管制的理论与实践》，经济科学出版社2017年版。

[113] 李振伟：《我国房地产税制改革研究》，中共中央党校博士学位论文，2014年。

[114] 李建军、范源源：《地方财政可持续视角下房地产税改革与收

入测度》，载《地方财政研究》2019 年第 6 期。

［115］朱立宇：《推动土地财政向房地产税转型的方案设计及其模拟研究》，福建师范大学博士学位论文，2018 年。

［116］李建军，范源源：《地方财政可持续视角下房地产税改革与收入测度》，载《地方财政研究》2019 年第 6 期。

［117］胡洪曙、杨君茹：《财产税替代土地出让金的必要性及可行性研究》，载《财贸经济》2008 年第 9 期。

［118］林小昭：《2019 年土地出让金创新高，这 16 个城市超 1000亿》，http：//www. jwview. com/jingwei/html/01 - 01/284790. shtml，2020年 1 月 1 日。

［119］赵海明：《我国国有土地出让方式的思考》，西南财经大学博士学位论文，2012 年。

［120］刘军民：《积极探索土地年租制 创新土地供应模式》，载《中国财政》2013 年第 7 期。

［121］田芳：《中国房地产税问题研究》，东北财经大学博士学位论文，2015 年。

［122］林丹、廖萍萍：《我国现行土地制度与城市经济发展的相关性研究》，载《河南工程学院学报》（社会科学版）2013 年第 3 期。

［123］王阿忠：《房地产市场政府管制的理论与实践》，经济科学出版社 2017 年版。

［124］黄奇帆：《没有土地财政 中国的城市化没有这样的进程》，搜狐财经，http：//www. sohu. com/a/239088895_313170。

［125］彭爽、刘丹：《宏观调控、微观管制与房地产市场稳定》，载《经济学家》2017 年第 6 期。

［126］盛光华、汤立、吴迪：《发达国家发展保障性住房的做法及启示》，载《经济纵横》2015 年第 12 期。

［127］黄奇帆：《中国房地产的十大失衡和五大长效机制》，凤凰网，http：//finance. ifeng. com/a/20180612/16339700_0. shtml。

［128］汤文彬：《我国房地产价格影响因素实证分析》，载《价格理论

与实践》2016 年第 1 期。

[129] 何青、钱宗鑫、郭俊杰：《房地产驱动了中国经济周期吗?》，载《经济研究》2015 年第 12 期。

[130] 黄振宇、马瑞华、黄少安：《中国房地产市场的周期演进、理论逻辑与政策构想——与 1991 年日本房地产危机的比较分析》，载《财经问题研究》2024 年第 7 期。

[131] 万晓莉、张冰涛、张栋浩：《去杠杆政策下房地产企业的销售分化及其对债务风险的影响》，载《财贸经济》2023 年第 8 期。

[132] 苏剑、杨盈竹：《房地产行业最优规模探讨》，载《社会科学研究》2024 年第 2 期。

[133] 周建军、周雅婧、董丹亚：《房地产价格对企业投资结构的影响研究》，载《财经理论与实践》2023 年第 6 期。

[134] 刘广平、孙尉：《房地产企业地位对跨区域投资行为的影响研究》，载《管理评论》2023 年第 11 期。

[135] 曹越、邹雪戈、彭可人：《房地产税试点改革决定的市场反应及影响因素》，载《会计与经济研究》2023 年第 6 期。

[136] 任强、侯一麟、张平、马海涛：《对关于房地产税若干疑惑的思考和回答》，载《中央财经大学学报》2023 年第 10 期。

[137] 李嘉珣、徐瑞慧、赵大伟：《房地产市场供求面临新形势》，载《中国金融》2023 年第 19 期。

[138] 徐瑞慧、李嘉珣、庞欣、吴京：《从国际经验看我国发展公募房地产 REITs 的难点和建议》，载《金融理论与实践》2023 年第 9 期。

[139] 马昭君、葛新权：《房地产泡沫抑制了我国技术创新吗?——来自省际面板数据的经验证据》，载《中国流通经济》2023 年第 9 期。

[140] 陈玉海：《共同富裕框架下推进房地产因城施策》，载《中国金融》2023 年第 17 期。

[141] 龙剑友、谢赤、王威忆晴、胡扬斌：《动态视角下房地产贷款对银行业系统性风险溢出研究》，载《财经理论与实践》2024 年第 2 期。

[142] 石军、庄新田、庄霄威：《房地产市场系统性风险空间关联及

溢出效应》，载《系统工程》2023年第3期。

[143] 盛夏、李川、王擎：《房地产市场、家庭杠杆率与消费——一个异质性代理人模型》，载《经济研究》2022年第11期。

[144] 王艺枞、关禹：《货币政策对房地产市场调控的周期非对称效应》，载《统计与决策》2022年第16期。

[145] 乔宝云、杨开宇：《地方政府债务、房地产市场与基本公共服务》，载《财政研究》2022年第9期。

[146] 张伟平、曹廷求：《中国房地产企业间系统性风险溢出效应分析——基于尾部风险网络模型》，载《金融研究》2022年第7期。

[147] 刘凤根、王一丁、颜建军等：《城市资源配置、人口集聚与房地产价格上涨——来自全国95个城市的经验证据》，载《中国管理科学》2022年第7期。

[148] 方意、赵胜民、黄丽灵等：《房地产市场与银行业系统性风险》，载《管理科学学报》2021年第11期。

[149] 梁若冰、张东荣、方心等：《限购政策是否降低了上市房地产企业价值？——基于强度双重差分法的经验研究》，载《金融研究》2021年第8期。

[150] 杨源源、贾鹏飞、高洁超：《中国房地产长效调控范式选择：房产税政策还是宏观审慎政策》，载《财贸经济》2021年第8期。

[151] 余华义、侯玉娟、洪永淼：《城市辖区合并的区域一体化效应——来自房地产微观数据和城市辖区经济数据的证据》，载《中国工业经济》2021年第4期。

[152] 张平、侯一麟、李博：《房地产税与房价和租金——理论模拟及其对中国房地产税开征时机的启示》，载《财贸经济》2020年第11期。

[153] 刘华、陈力朋、魏娟：《房地产税收入用途对居民纳税意愿的影响》，载《财贸经济》2020年第10期。

[154] 张路、龚刚：《房地产周期、地方政府财政压力与融资平台购地》，载《财经研究》2020年第6期。

[155] 周洪兵、范正根、王晨等：《新发展理念下中国房地产投资的

经济增长质量效应研究》，载《投资研究》2020年第5期。

[156] 崔志坤、吴迪、刘冰：《关于推进房地产税改革的思考》，载《税务研究》2020年第5期。

[157] 李伦一、张翔：《中国房地产市场价格泡沫与空间传染效应》，载《金融研究》2019年第12期。

[158] 陈长石、刘晨晖：《棚户区改造、非常规货币政策与房地产价格》，载《财贸经济》2019年第7期。

[159] 李迎星、田露、杨梦：《限购政策是否降低房地产价格增速？》，载《系统工程理论与实践》2019年第4期。

[160] 陈学胜：《违约风险、房地产贷款市场博弈与房地产价格》，载《统计研究》2019年第4期。

[161] 尹音频、金强：《房地产税免征模式：社会福利效应的测度与比较》，载《税务研究》2019年第4期。

[162] 岳树民、杨鹏展、徐从超：《居民住房房地产税免税扣除方式的效应分析——基于中国家庭收入调查数据的微观模拟》，载《财贸经济》2019年第1期。

[163] 郑挺国、赵丽娟、宋涛：《房地产价格失调与时变货币政策立场识别》，载《金融研究》2018年第9期。

[164] 陈创练、戴明晓：《货币政策、杠杆周期与房地产市场价格波动》，载《经济研究》2018年第9期。

后　　记

　　2007 年由中国社会科学出版社出版的《中国住宅市场的价格博弈与政府规制研究》是我在厦门大学完成的博士学位论文。十年后，2017 年经济科学出版社出版了我的专著《房地产市场政府管制的理论与实践》，加上此专著《房地产市场结构、经济管制与长效机制研究》，可以说这三部曲是与我国房地产市场的发展相伴而生的，该三部著作是对中国房地产发展历程的反映及总结，希望能给未来市场的健康发展留下一点参考与借鉴。在此，特别感谢我的研究生彭建林和田伟东，同时也感谢白瑜婷老师，他（她）们高效高质地完成了本书资料收集与前期相关课题部分章节的撰写工作。感谢福建省社会科学基金项目、三亚学院人才引进项目、海南省哲学社会科学重点实验室金融创新与多资产智能交易实验室的课题研究支持，才有本专著的研究成果。感谢我的家人在我写作过程中给我的支持、鼓励与帮助。感谢福州大学王应明教授和陈泓副教授在出版过程中的大力支持与帮助，感谢福建省资本运营研究会为本书出版提供的资助，在此表示感谢。

王阿忠

2024 年 9 月 10 日